# 权威·前沿·原创

皮书系列为
"十二五""十三五""十四五"时期国家重点出版物出版专项规划项目

BLUE BOOK

**智库成果出版与传播平台**

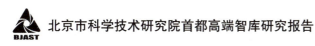

北京市科学技术研究院首都高端智库研究报告

北京高质量发展蓝皮书
**BLUE BOOK** OF BEIJING'S HIGH-QUALITY DEVELOPMENT

# 北京高质量发展报告（2023）

REPORT ON HIGH-QUALITY DEVELOPMENT OF BEIJING (2023)

方　力　贾品荣　姜宛贝　窦晓铭 等／著

社会科学文献出版社
SOCIAL SCIENCES ACADEMIC PRESS (CHINA)

图书在版编目（CIP）数据

北京高质量发展报告 . 2023 ／ 方力等著 . --北京：
社会科学文献出版社，2023. 10
（北京高质量发展蓝皮书）
ISBN 978-7-5228-2613-4

Ⅰ . ①北…　Ⅱ . ①方…　Ⅲ . ①区域经济发展-研究报
告-北京-2023　Ⅳ . ①F127. 1

中国国家版本馆 CIP 数据核字（2023）第 193250 号

**北京高质量发展蓝皮书**

**北京高质量发展报告（2023）**

著　　者／方　力　贾品荣　姜宛贝　窦晓铭 等

出 版 人／冀祥德
责任编辑／王玉山
文稿编辑／王　娇　张　爽　王雅琪
责任印制／王京美

出　　版／社会科学文献出版社·城市和绿色发展分社（010）59367143
　　　　　地址：北京市北三环中路甲 29 号院华龙大厦　邮编：100029
　　　　　网址：www. ssap. com. cn
发　　行／社会科学文献出版社（010）59367028
印　　装／三河市东方印刷有限公司

规　　格／开本：787mm×1092mm　1/16
　　　　　印张：19　字数：285 千字
版　　次／2023 年 10 月第 1 版　2023 年 10 月第 1 次印刷
书　　号／ISBN 978-7-5228-2613-4
定　　价／188. 00 元

读者服务电话：4008918866

·北京市社会科学基金重点课题"完善科技创新制度研究"（项目编号：20LLGLB041）阶段性成果

·北京市科学技术研究院"北科学者"计划"北京高精尖产业评价与发展战略研究"（项目编号：11000022T000000462754）阶段性成果

·北京市科学技术研究院创新工程"北京高质量发展报告贸易专题蓝皮书编制"（项目编号：11000022T000000446396）阶段性成果

# 《北京高质量发展报告（2023）》
# 编　委　会

# 主要著者简介

**方 力** 北京市科学技术研究院党组书记、研究员，北京市习近平新时代中国特色社会主义思想研究中心北科院研究基地主任，首都高端智库主任，北京市习近平新时代中国特色社会主义思想研究中心特邀研究员，《北京高质量发展蓝皮书》主编。毕业于北京航空航天大学。曾任北京市环境保护局党组书记、局长。主要研究方向为可持续发展。在《人民日报》《光明日报》《经济日报》发表多篇理论文章。主持北京市社科基金重大项目等。《北京高质量发展报告（2021）》获全国优秀新皮书奖。《北京市大气污染治理力度比较研究》获北京市第十三届优秀调查研究成果二等奖。出版《首都高质量发展研究》等专著。

**贾品荣** 博士，北京市科学技术研究院高质量发展研究中心主任、研究员、"北科学者"、高精尖产业研究学术带头人，北京市习近平新时代中国特色社会主义思想研究中心特邀研究员。博士毕业于华中科技大学，南开大学经济学博士后，专业为产业经济学。主要研究方向为高质量发展、高精尖产业。主持中国社会科学院重大招标课题、北京市社科基金重点课题、国家软科学重大项目等。著有《京津冀地区低碳发展的技术进步路径研究》《京津冀传统高能耗产业升级与新兴绿色产业培育研究》《城市高质量发展与影响力研究》《高精尖产业发展研究》等专著17部。在 *Energy* 等 SCI 一区和《中国管理科学》《系统工程理论与实践》《科学学研究》《科研管理》等中文核心期刊发表论文30多篇。《新华文摘》及中国人民大学复印报刊资料转载或摘编观点达 80 余次。决策咨询报告刊发于科技部《软科学要报》、中共北京市委《北京信息·特刊》等内参。多篇理论文章刊发于《人民日报》《光明日报》《经济日报》等。

**姜宛贝**　博士，北京市科学技术研究院高质量发展研究中心助理研究员。本、硕、博毕业于中国农业大学，中国科学院地理科学与资源研究所博士后。主要研究方向为低碳发展、多元信息建模。主持中国博士后科学基金面上项目"中国省际碳强度非均衡性的演变特征、效应及驱动机制"，参与国家重点研发计划等多项国家、省部级项目。在 *Science China Earth Sciences*、*Remote Sensing*、*Land Use Policy*、《中国科学：地球科学》、《农业工程学报》、《地理学报》、《地理科学进展》、《地理科学》及《资源科学》等中英文核心期刊发表论文 18 篇。

**窦晓铭**　博士，北京市科学技术研究院高质量发展研究中心研究人员。毕业于中国社会科学院大学。主要研究方向为"双碳"战略、可持续发展。主持中国社会科学院大学研创计划科学研究项目"碳中和目标导向下可再生能源投资风险管理研究"，参与国家社会科学基金重大项目等多项国家、省部级项目。在《新疆师范大学学报》（哲学社会科学版）、《企业经济》等期刊发表论文 11 篇。参与撰写 7 篇决策咨询报告，经中国社会科学院《要报》报送，2 篇获相关领导肯定性批示。

# 摘　要

　　党的二十大报告指出，高质量发展是全面建设社会主义现代化国家的首要任务。高质量发展覆盖了经济增长、社会事业、生态安全、科技创新、地域文化、城市治理等各个方面，贯穿了生产、流通、分配和消费等社会再生产的全过程，是一个复杂的系统性工程，必须结合国家和地区的资源禀赋特征开展系统的研究，制定合理可行的目标和路径。为更好地贯彻党中央和北京市的决策部署，北京市科学技术研究院联合清华大学、对外经济贸易大学、北京工业大学等高校，持续开展"创新驱动首都高质量发展"的系统性研究，持续举办"首都高质量发展"研讨会，发布《北京高质量发展报告》。本报告基于新发展理念，提出衡量城市高质量发展水平的6个维度——经济高质量发展、社会高质量发展、生态高质量发展、创新高质量发展、文化高质量发展、治理高质量发展，构建了衡量城市高质量发展水平的评价指标体系，评价分析了2012~2021年北京高质量发展水平，比较分析了中国21座超大特大城市的高质量发展水平。

　　在百年变局与世纪疫情相互交织、外需逐渐疲软的背景下，如何提升对外开放水平、推动贸易高质量发展成为国家和地区关注的焦点议题。以数字化手段推动服务贸易高质量发展的趋势与必要性也越发明显。《中共中央　国务院关于推进贸易高质量发展的指导意见》《全面深化服务贸易创新发展试点总体方案》等政策发布，北京市提出"五子联动"助推首都经济高质量发展，数字贸易成为世界各国经济高质量发展的重要抓手。本报告以贸易高质量发展为主题，尤其关注数字贸易高质量发展，提出数字贸易高质量发展

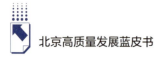

分析框架，包括概念界定、六大特征、五大内涵，并据此构建5个维度的数字贸易高质量发展评价指标体系。在分析北京数字贸易高质量发展影响因素与特征的基础上，提出具有针对性的对策建议，为北京数字贸易高质量发展建言献策。

本报告主要由总报告、分报告、专题报告3个部分共10篇报告组成。总报告梳理了2022年北京高质量发展相关政策进展、基本成效与困难挑战，以高质量发展内涵为理论基础构建数理模型，评价北京高质量发展的水平。分报告在分别阐释各维度高质量发展内涵的基础上，构建了经济、社会、生态、创新、文化、治理高质量发展评价指标体系，对2012~2021年北京经济、社会、生态、创新、文化、治理高质量发展水平进行测度，并与各维度指标得分较优的超大特大城市进行对比分析。专题报告聚焦北京贸易高质量发展，首次构建了数字贸易高质量发展分析框架，并在提出贸易高质量、数字贸易以及服务贸易高质量发展内涵的基础上，分别构建了评价指标体系，对北京贸易以及数字贸易、服务贸易高质量发展态势进行了深度分析。

本报告的主要建树有以下几个方面。

一是6个维度支撑高质量发展全局，72个评价指标测度北京转型发展。本报告从经济、社会、生态、创新、文化、治理6个维度构建了由72个评价指标构成的北京高质量发展评价指标体系。从国际权威文献看，经济维度、社会维度、生态维度是可持续发展的3个支柱，且可持续发展的实现不仅需要技术创新等"硬支撑"的突破变革，也有赖于治理能力、文化建设等"软实力"的优化提升。从新发展理念的要求看，高质量发展与经济高速增长相比，从关注经济单一维度，扩展至同时关注经济发展模式，以及社会事业、生态安全、科技创新、地域文化、城市治理等多个维度。从北京的"四大中心"的战略定位看，除经济高质量发展、社会高质量发展、生态高质量发展之外，创新高质量发展、文化高质量发展以及治理高质量发展是北京高质量发展的应有之义。作为科技创新中心，北京聚集了丰富的人才和科技资源，以创新为第一引擎，引领并驱动经济结构优化、提质增效，实现经济高质量发展；作为文化中心，北京有待大力挖掘历史文化资源、红色文化资源等，将丰富、优质的文化资源转化为文化产业，增强对首都高质量发展的驱动作用；作为政治中心、国际交往中心和全国首个实质性减量发展的城市，按照"七有"要求和"五性"需求，北京通过体制机制改革，优化治理体系和治理能力，满足人民日益增长的美好生活需要。

二是北京高质量发展水平位列第一梯队，治理、生态主要引擎作用凸显。本报告从经济、社会、生态、创新、文化、治理6个维度评价了2012~2021年北京高质量发展水平，重点评价分析并横向对比了2021年北京高质量发展情况。2012~2021年，北京高质量发展指数呈增长趋势，由0.612上升为0.960，增长幅度为56.86%，年均增长率为5.13%。2020~2021年，北京高质量发展指数增长10.09%。研究得出以下两点结论。（1）2012~2021年，北京高质量发展指数加速增长，治理和生态高质量发展为北京高质量发展的主要推动力，文化高质量发展的作用需要强化。（2）北京高质量发展水平位居全国第一，创新、文化、治理维度发展优势明显，经济、社会、生态维度仍有发展空间。本报告提出紧抓北京自贸区建设机遇以扩大数字贸易规模、以社会保障提升居民幸福感、深入实施"文化+"融合发展战略、进一步优化营商环境等对策建议。

三是北京经济高质量发展指数提速增长，规模增长与效率提高发挥主要驱动作用。本报告从规模增长、结构优化、效率提高和开放提升4个维度构建了经济高质量发展评价指标体系，评价分析了北京2012~2021年经济高质量发展水平。研究得出以下三点结论。（1）2012~2021年，北京经济高质量发展指数整体呈上升趋势，由0.593增至0.828，增长幅度为39.63%，年均增长率为3.78%。（2）北京经济高质量发展指数增长的关键为规模增长和效率提高：规模增长指数对经济高质量发展指数提升的贡献率为45.96%，效率提高指数的贡献率略低于规模增长，为41.28%。（3）与其他超大特大城市相比，北京规模增长指数和效率提高指数优势明显，结构优化指数领先，开放提升指数与全国最高水平相比仍有一定的差距。本报告提出持续发力建设北京国际消费中心城市、加快推进高精尖产业发展以及依托"两区"建设推进高水平对外开放等对策建议。

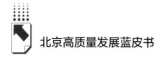

　　四是北京社会高质量发展指数总体呈倒"V"形增长态势,幸福指数有待提升。本报告从共同富裕、公共服务和幸福指数 3 个维度构建了社会高质量发展评价指标体系,评价分析了北京 2012~2021 年社会高质量发展水平。研究得出以下三点结论。(1)2012~2021 年,北京社会高质量发展指数总体呈倒"V"形增长态势,由 0.485 增至 0.712,增长幅度为 46.80%,年均增长率为 4.36%。(2)公共服务水平提高是北京社会高质量发展的关键驱动力,贡献率达 68.28%;共同富裕指数次之,贡献率为 22.03%;幸福指数的推动力度最小,贡献率仅为 9.69%。(3)横向比较而言,北京社会高质量发展指数位居第三,公共服务水平领先于其他城市,幸福指数、共同富裕水平位列 21 座超大特大城市的中下游,与全国最高水平相比有一定差距。本报告提出落实落细就业优先政策、推进城乡融合发展以及持续改善人居环境等对策建议。

　　五是资源利用表现亮眼,助力北京生态高质量发展。本报告从环境质量、资源利用和污染减排 3 个维度构建了生态高质量发展评价指标体系,评价分析了北京 2012~2021 年生态高质量发展水平。研究得出以下四点结论。(1)2012~2021 年,北京生态高质量发展指数由波动下降转变为持续增长,由 0.545 增至 0.849,增长幅度为 55.78%,年均增长率为 5.05%。(2)资源利用水平提升是北京生态高质量发展的第一动力源,贡献率达到 52.63%,于 21 座超大特大城市中排名第二,约为城市平均水平的 1.46 倍。(3)污染减排的贡献率为 25.66%,为北京生态高质量发展的第二驱动力;污染减排指数(0.890)位居前列,高于城市平均水平(0.834)。(4)环境质量指数位于中上游,约为城市平均水平的 1.05 倍。本报告提出以碳治理引领大气污染防治、统筹推进生态保护修复、优化城市垃圾处理模式等对策建议。

　　六是北京创新高质量发展指数整体呈增长态势,创新产出提升发挥主要驱动作用。本报告从创新投入和创新产出维度构建了创新高质量发展评价指标体系,评价分析了北京 2012~2021 年创新高质量发展水平。研究得出以下三点结论。(1)2012~2021 年,北京创新高质量发展指数由 0.731 增至

1.000，增长幅度为36.80%，年均增长率为3.54%。（2）创新产出提升是北京创新高质量发展的主要驱动力，贡献率达到62.08%；北京创新产出指数排名第一。（3）创新投入的贡献率为37.92%；创新投入指数亦领先于其他城市。本报告提出了推动基础研究高质量发展、优化科研人员创新生态、加速创新成果向生产力转化等对策建议。

七是文化资源和文明程度引领北京文化高质量发展，指数前期波动下降、后期强劲增长。本报告从文化资源、文化设施、文化产业、文明程度4个维度构建了文化高质量发展评价指标体系，评价分析了北京2012~2021年文化高质量发展水平。研究得出以下三点结论。（1）2012~2021年，北京文化高质量发展指数总体呈上升趋势，由0.556增至0.628，增长幅度为12.95%，年均增长率为1.36%。（2）文化资源、文明程度和文化设施对北京文化高质量发展起到正向推动作用，贡献率依次降低，分别为66.67%、59.72%和18.06%。文化产业起到负向抑制作用，贡献率为-44.44%。（3）与超大特大城市横向对比发现，2021年，北京文化高质量发展指数排名第一；文化资源（0.755）、文化设施（0.094）、文化产业（0.345）和文明程度（0.909）的指数值分别约为平均水平的2.22倍、0.62倍、1.37倍、1.87倍。本报告提出构建公共文化基础设施网络，创新文化产品、服务供给模式，促进文化资源保护性、合理化开发利用等对策建议。

八是北京治理高质量发展指数整体呈"N"形增长态势，今后应更加关注基础设施完善及布局优化。本报告从基础设施、行政调控和行政服务3个维度构建了治理高质量发展评价指标体系，评价分析了北京2012~2021年治理高质量发展水平。研究得出以下三点结论。（1）2012~2021年，北京治理高质量发展指数整体呈"N"形增长态势，由0.431增长至0.784，增长幅度为81.90%，年均增长率为6.87%。（2）行政服务和行政调控的贡献率分别为51.84%和43.63%，是北京治理高质量发展的核心动力，基础设施对北京治理高质量发展的贡献率（4.53%）偏低。（3）与超大特大城市横向对比发现，北京治理高质量发展水平高于其他城市；行政调控和行政服务水平优于大多数城市，基础设施指数略高于城市平均水平。本报告提出提

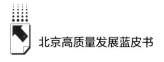

升行政服务水平、完善基础设施建设及布局，以及深化基层社会治理等对策建议。

九是贸易成为首都高质量发展的重要抓手，需要由重视"量"向重视"质"转变。本报告梳理北京市贸易发展现状，在阐释贸易高质量发展内涵的基础上，充分考虑到中国的贸易发展阶段与北京市的贸易发展情况，从创新贸易、协调贸易、开放贸易、共享贸易、贸易竞争力5个维度构建包括16个二级指标的北京市贸易高质量发展评价指标体系，详细分析北京市贸易价值链发展与高质量出口情况，并据此提出北京贸易高质量发展的路径选择。研究得出以下五点结论。（1）北京贸易高质量发展指数整体上呈现上升趋势，机电产品和高新技术产品的出口贸易额排名靠前，出口技术复杂度历年来与上海市基本持平，高于天津市和重庆市。（2）北京市货物贸易进出口整体呈现增长态势，与北京贸易往来密切的国家分别为拥有高技术产品和高精尖产品垄断地位的国家，以及本土资源丰富的国家。其中，进出口贸易最多的国家为美国。（3）北京市贸易呈现出国有经济、民营经济和外资企业相互协作、共同发展的态势。贸易方式以一般贸易为主，保税物流也发挥了重要作用。（4）北京市贸易发展质量集中体现在高新技术产业方面，生命技术、生命科学技术、计算机与通信技术和电子技术等高新技术产品进出口贸易额较高。（5）北京市内贸活跃，制造业与津冀两地协同发展。本报告提出以下对策建议：推动贸易创新，增强外贸综合竞争力；传统产业、新兴产业双端发力，持续优化贸易结构；改革、开放双轮驱动，打造国际一流营商环境；深化双边和多边贸易关系，拓展外贸发展空间；大力发展绿色贸易，推动贸易可持续发展。

十是北京数字贸易高质量发展在全国具有引领作用，呈现六大特征。本报告构建了数字贸易高质量发展分析框架——提出了数字贸易高质量发展的定义与内涵，从5个维度建构数字贸易高质量发展的评价指标体系，分析数字贸易高质量发展的影响因素，提出数字贸易高质量发展的对策建议。研究得出以下三点结论。（1）数字贸易具有数据成为新型生产要素，贸易运作环节呈现虚拟化，数字化平台是贸易活动的重要载体，贸易生产实现集约化管理，贸易主体更加多元化，以及贸易监管更为复杂六大特征。（2）数字贸易高质量发展，是以建设贸易强国为目标、实现数字贸易更加高效、更为平衡和更可持续的发展；反映数字网络基础设施建设水平、物流环境的建设情况、数字技术水平、数字与产业的融合情况，以及贸易潜力。（3）2013~2020 年，北京数字贸易高质量发展指数呈持续上升趋势。全国创新要素集中、信息基础设施建设有力、金融科技等第三产业发展迅猛、政策支持有力、数字生态位居全国前列等因素共同驱动北京数字贸易高质量发展。本报告提出以下对策建议：第一，加强顶层设计，加快数字网络基础设施建设；第二，提升数字技术水平，完善数字人才培养体系；第三，全力打造国家数字贸易示范区，推进数字产业化和产业数字化发展；第四，发挥引领作用，努力挖掘区域发展潜力；第五，强化国际交往中心功能，营造国际一流营商环境。

十一是北京服务贸易高质量发展是建设国际交往中心的重要抓手。本报告从贸易结构、竞争力、开放水平、可持续和创新水平 5 个维度选取 18 个指标构建了北京服务贸易高质量发展评价指标体系，评价分析了北京服务贸易高质量发展状况，分析服务贸易对北京宏观经济的拉动作用，并与其他自贸区进行比较分析。研究得出以下两点结论。（1）北京服务贸易发展总体向好、可持续发展动力强劲且极具竞争优势，但出口贸易有待加强，创新水平和平衡度仍有待提升，生活性服务贸易应多加关注。（2）服务贸易对北京宏观经济的拉动作用主要体现在以下几个方面：第一，优化人力资源结构，促进产业转型升级；第二，缓解失业矛盾，维持社会和谐稳定；第三，优化经济结构，推动经济持续增长；第四，吸引外资，激发经济活力。本报告据此提出持续促进服务贸易出口、着力推进新兴服务贸易、进一步扩大开放和完善市场准入和退出机制、充分发挥交流合作平台的积极作用、激发生活性服务贸易潜力、提高服务贸易与货物贸易的融合程度等对策建议。

**关键词：** 高质量发展 数字贸易 服务贸易 北京

# 目 录 ⬎

## Ⅰ 总报告

## Ⅱ 分报告

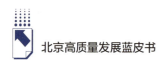

# Ⅲ 专题报告

皮书数据库阅读**使用指南**

# 总 报 告

## General Report

# B.1

# 北京高质量发展评价分析（2023）*

**摘　要：** 高质量发展是全面建设社会主义现代化国家的首要任务，首都高
质量发展受到广泛关注。本报告梳理北京高质量发展的政策成效
和挑战，在明晰概念内涵的基础上构建评价指标体系，测度分析
北京高质量发展状况并提出对策建议。主要结论包括以下几点。
（1）2012~2021年，北京高质量发展指数提速增长，治理和生态高
质量发展发挥主要驱动作用。（2）北京高质量发展水平于国内21座
超大特大城市中居首位，创新、文化、治理维度优势明显。（3）北
京经济高质量发展指数加速增长，规模增长与效率提高为关键驱动

---

\* 作者：北京市科学技术研究院高质量发展研究中心。执笔：方力、贾品荣、姜宛贝、窦晓铭。
方力，北科院党组书记、研究员，北京市习近平新时代中国特色社会主义思想研究中心北科院
研究基地主任，首都高端智库主任，北京市习近平新时代中国特色社会主义思想研究中心特邀
研究员，主要研究方向为可持续发展；贾品荣，博士，北科院高质量发展研究中心主任、研究
员、"北科学者"、高精尖产业研究学术带头人，北京市习近平新时代中国特色社会主义思想研
究中心特邀研究员，主要研究方向为高质量发展、高精尖产业；姜宛贝，博士，北科院高质量
发展研究中心助理研究员，主要研究方向为低碳发展、多元信息建模；窦晓铭，博士，北科院
高质量发展研究中心研究人员，主要研究方向为"双碳"战略、可持续发展。

力，结构优化、开放提升亟待加强。(4) 北京社会高质量发展指数呈倒"V"形增长态势，公共服务水平提升为主要驱动力且居领先地位，共同富裕指数需要提升。(5) 北京生态高质量发展指数总体增长，资源利用为主要动力，在 21 座国内超大特大城市中位列前三，污染减排和环境质量高于平均水平。(6) 北京创新高质量发展指数提速增长，创新产出提升为关键驱动力，创新投入和产出均优于其他城市。(7) 北京文化高质量发展指数后期强劲增长，文化资源与文明程度共为核心动力，文化设施指数有待提升。(8) 北京治理高质量发展指数整体呈"N"形增长态势，行政服务和行政调控为主要动力且均居上游，基础设施略高于平均水平。

**关键词：** 经济高质量发展　社会高质量发展　生态高质量发展　创新高质量发展　文化高质量发展　治理高质量发展　北京

党的二十大报告提出"高质量发展是全面建设社会主义现代化国家的首要任务"的最新论断，明确"要坚持以推动高质量发展为主题，把实施扩大内需战略同深化供给侧结构性改革有机结合起来，增强国内大循环内生动力和可靠性，提升国际循环质量和水平，加快建设现代化经济体系，着力提高全要素生产率，着力提升产业链供应链韧性和安全水平，着力推进城乡融合和区域协调发展，推动经济实现质的有效提升和量的合理增长"。作为首善之区，北京具备先行探索高质量发展路径的资源优势，也负有发挥典型示范"头雁效应"、在全国激发"群雁活力"的责任。高质量发展是其未来一段时期的主要转型方向和重要目标。那么，北京高质量发展现状如何？其历史变化趋势有怎样的规律？优势和短板分别是什么？未来高质量发展的着力点又在哪里？对以上问题进行深入分析，有助于更好地推进北京高质量发展，从而为全国的高质量发展提供"北京经验"。本报告在梳理北京高质量发展相关政策以及政策成效和问题的同时，通过构建北京高质量发展评价指标体系，运用数理模型对北京高质量发展状况进行测度，并提出相应的对策建议。

# 一 主要进展与基本成效

## （一）政策陆续出台，北京高质量发展迈入新阶段

自党的二十大报告提出"加快构建新发展格局，着力推动高质量发展"，北京相继发布、出台相关政策，在高质量发展的道路上步稳蹄疾。相关政策构建北京高质量发展的顶层设计、战略规划和实施路径等，涉及高精尖产业、服务业、数字经济、城市管理等重点行业和重点领域。本报告以"高质量发展"为关键词对2022年北京市出台的相关政策进行梳理，发现北京市2022年主要从经济发展、民生保障、环境保护、科技创新、文化建设、城市治理等领域发力以推动高质量发展（见附录一）。政策着力点集中于以下方面。

第一，优化营商环境，助企惠企促进市场主体发展壮大。为推动疫情后经济运行整体好转，北京围绕市场主体精准实施宏观政策，高新技术企业、中小企业受到重视。北京市实施"筑基扩容""小升规""规升强"三大工程，支持和服务高新技术企业发展；特别关注中小企业朝专业化、精细化、特色化、新颖化方向发展，提升中小企业创新能力和专业化水平，分梯度培育优质中小企业，研究制定《北京市市场监督管理局助企惠企促进市场主体发展壮大若干措施》《北京市中小企业公共服务示范平台管理办法》《关于推进北京市中小企业"专精特新"发展的指导意见》《优质中小企业梯度培育管理暂行办法》等政策。

第二，提升公共服务水平，以群众诉求驱动城市治理变革。北京市秉持以人民为中心的发展思想，紧扣"七有"要求和"五性"需求，加强首都规划建设管理、基础设施优化以及智慧城市建设。北京市发布《北京市城市更新条例》《北京市基本公共服务实施标准（2021年版）》《北京市"十四五"时期城市管理发展规划》等政策。特别值得注意的是，北京强调公共文化服务供给，发布《北京市公共文化服务保障条例》《北京市全民科学

素质行动规划纲要（2021—2035 年）》，提供公共文化设施、产品、活动以及其他相关服务。

第三，加快发展数字经济，促进数字经济与实体经济深度融合。北京市加快建设全球数字经济标杆城市，印发《北京市数字经济全产业链开放发展行动方案》《北京市推动软件和信息服务业高质量发展的若干政策措施》等政策，积极与国际数字经济、数字贸易规则对接。同时，其他领域的政策也将数字经济发展作为重要一环。例如，《关于推进北京城市副中心高质量发展的实施方案》中明确提出，推动城市副中心建设一批数字技术与经济融合创新平台，完善数字经济产业技术创新生态。

第四，依托自由贸易试验区，深化服务贸易对外开放。北京市印发《北京市外经贸发展资金支持北京市外贸企业提升国际化经营能力实施方案》《北京市外经贸发展资金支持北京市对外投资合作实施方案》《北京市外经贸发展资金支持北京市跨境电子商务发展实施方案》《关于进一步推进跨境电子商务创新发展的若干措施》《把握 RCEP 机遇　助推"两区"高水平发展行动方案》等政策，为外经贸发展提供资金支持，促进北京市外贸新业态新模式持续健康发展，促进服务业扩大开放示范区建设。

此外，北京陆续发布指导重点行业、重点领域高质量发展的政策。例如，印发《北京市人民政府关于加快推进气象事业高质量发展的意见》《关于科学利用林地资源　促进木本粮油和林下经济高质量发展的意见》《北京市"十四五"时期乡村振兴战略实施规划》《北京市住房和城乡建设委员会等五部门关于进一步加强老旧小区改造工程建设组织管理的意见》《北京市"十四五"时期制造业绿色低碳发展行动方案》《北京市"十四五"时期农业科技发展规划》等。

（二）重要政策成效

高质量发展相关政策相继出台后，北京市各项事业积极推进，在经济发展、民生保障、环境保护、科技创新、文化建设、城市治理等方面取得了一定的实践进展与政策成效。

1.经济发展方面

北京市经济保持恢复态势，2022年实现地区生产总值41610.9亿元，比上年增长0.7%，在高精尖产业链供应链延链、强链、补链，京津冀区域协同，以及"两区"建设和对外开放方面取得一定进展，主要成效如下。

（1）高精尖产业生态持续优化

2022年北京科技、商务、文化、信息等高精尖产业新设经营主体占比达65.6%。北京瞄准高端、智能、绿色方向，积极发展先进制造业。逐渐确立海淀、大兴亦庄、顺义三大集成电路产业空间布局，形成新一代信息技术、科技服务两个万亿级，医药健康、智能装备、人工智能、节能环保、集成电路五个千亿级高精尖产业集群。擦亮"北京智造"品牌，高技术产品生产保持较快增长。新能源汽车、风力发电机组、气动元件产量分别增长1.9倍、45.6%和36.5%，新能源汽车类商品零售额增长17.1%。现代服务业优势巩固扩大，打造"北京服务"新名片。2022年服务业增加值占全市地区生产总值的比重保持在八成以上，信息传输、软件和信息技术服务业，金融业，科学研究和技术服务业增加值分别增长9.8%、6.4%和1.8%，合计占地区生产总值比重提高2.5个百分点。国家级高新技术企业、专精特新"小巨人"企业和独角兽企业数量均居全国各城市首位。

（2）京津冀区域协同取得重大进展

2022年，京津冀地区生产总值合计10万亿元，相比上年增长2%[①]。北京发挥首都"一核"引领带动作用，构建现代化首都都市圈，携手张家口举办第二十四届冬奥会、第十三届冬残奥会，冬奥综合效应带动张家口发展后奥运经济；与北三县一体化进程稳步推进，通州与北三县签约合作项目37个，共计280亿元。京津冀三地充分发挥各自比较优势，优化区域产业链供应链布局。京冀曹妃甸协同发展示范区已签约北京项目465个，天津滨海—中关村科技园新增注册企业累计超过4000家。在集成电路产业集聚区

---

① 《中华人民共和国2022年国民经济和社会发展统计公报》，中国政府网，2023年2月28日，http://www.gov.cn/xinwen/2023-02/28/content_5743623.htm。

分布方面形成了"北设计、南制造,京津冀协同发展"的格局。生态环境联建联防联治、优质医疗资源均衡布局和京津冀医疗卫生协同发展取得阶段性成效。作为北京新"两翼"中的一翼,雄安新区建设全面提速。北京以"交钥匙"的方式支持雄安新区3所学校、1所综合医院项目建设基本完成;北京40余所学校、5个医疗卫生机构对接支持雄安新区相关机构,17家市管国企在雄安新区投资项目达100余个;京雄城际铁路全线贯通,大运河京冀段实现旅游通航,由"通勤圈""功能圈""产业圈"组成的现代化首都都市圈的建设迈出实质性步伐。

(3)"两区"建设带动对外开放水平提升

2022年北京"两区"项目库新增入库项目5794个,同比增长61.7%。"两区"建设累计落地全国突破性政策42项、全国标志性项目61个、向全国复制推广改革创新经验34项。在"两区"建设带动下,2022年北京地区进出口总值36445.5亿元,比上年增长19.7%。其中,进口30555.5亿元,增长25.7%;出口5890.0亿元,下降3.8%。全年实际利用外商直接投资174.1亿美元,按可比口径计算,比上年增长12.7%。2022年对外直接投资额69.3亿美元,比上年增长5.3%。对外承包工程完成营业额增长44.5%,对外劳务合作派出各类劳务人员3.6万人。重点领域加快开放,2022年北京地区对"一带一路"共建国家进出口1.6万亿元,增长28.2%,占地区进出口总值的43.9%。服务业扩大开放重点领域实际利用外资158.6亿美元,增长20.6%,其中科技、互联网信息、商务和旅游服务领域比重超九成。在疫情冲击和打压制裁的情况下,首都开放型经济实现了逆势增长。

2. 民生保障方面

北京市立足"共同富裕"目标,从就业、教育、社会保障等方面入手,提升民生保障和公共服务水平,着力补齐民生领域短板,优化社会分配格局。

(1)就业和居民收入形势总体稳定

出台稳就业专项行动实施方案,"春风行动"等就业扶持政策落地显效。2022 年城镇新增就业 26.1 万人，发布事业单位、社区工作岗位 2 万余个①。2022 年城镇调查失业率均值为 4.7%，在年度调控目标内②，且走势基本稳定。高校毕业生相比上年增加 1.6 万人，北京生源高校毕业生就业率达 96.1%。第二季度北京市技术含量高、人员紧缺的"高、新"热招岗位集中在数字经济行业以及信息传输、软件和信息技术服务业，高校毕业生月薪中位数超 7500 元，位居第一梯队；技术研发/专业技能类职业薪酬最高。2022 年全市居民人均可支配收入实际增长 1.4%，农村居民人均可支配收入增速比城镇居民高 1 个百分点以上。城镇居民人均可支配收入为 84023 元，增长 3.1%；农村居民人均可支配收入为 34754 元，增长 4.4%。促进城乡就业困难人员就业 19.9 万人，农村劳动力就业参保 6.5 万人，零就业家庭动态清零，启动新就业形态就业人员职业伤害保障试点。

（2）教育等基本公共服务能力持续提升

教育、社会保障和就业、卫生健康支出共占一般公共预算支出的 40.4%，比上年提高 1.0 个百分点。全市基础设施投资投向交通运输和公共设施管理的比重分别为 42.3% 和 21.1%，超额完成租赁住房用地供应计划。北京教育资源布局持续优化，重点支持"三城一区"、临空经济区等地区建设 17 所优质学校，着力补充回天、城南、生态涵养区老城区等人口密集区域的教育设施短板。已建成学校新增小学学位 6240 个、初中学位 4560 个、高中学位 4650 个，共计 15450 个学位。市属医院医疗服务能力提升，区级医疗服务体系优化完善，公共卫生应急管理体系建设得到加强。世纪坛医院急诊急救综合楼、延庆区中医医院一期等建成投用，朝阳医院东院基本建成。全民健身场地设施短板加快补齐，高标准完成了北京冬奥会、冬残奥会筹办任务，将做好冬奥遗产后续利用。

---

① 《关于北京市 2022 年国民经济和社会发展计划执行情况与 2023 年国民经济和社会发展计划的报告》，北京市人民政府网站，2023 年 1 月 15 日，https：//www.beijing.gov.cn/zhengce/zhengcefagui/202302/t20230223_2923014.html。

② 《2022 年北京市就业形势总体稳定，居民收入稳步增加》，国家发展和改革委员会网站，2023 年 1 月 31 日，https：//www.ndrc.gov.cn/fggz/jjyxtj/dfjjyx/202301/t20230131_1347864_ext.html。

（3）群众社会保险待遇稳步提高

2022 年，全市社会保险基金预算收入 5672.2 亿元，完成调整预算的 100.7%；社会保险基金预算支出 4283.1 亿元，完成调整预算的 91.4%；收支结余 1389.1 亿元。年末参加企业职工基本养老、城镇职工基本医疗、失业、工伤和生育保险的人数分别比上年末增长 2.3%、0.7%、2.4%、2.3% 和 0.4%。基本养老、基本医疗保险筹资和待遇调整政策落实，支持推行长期护理保险试点。落实退役军人安置等政策，保证军队移交地方政府人员的生活和医疗待遇，支持英雄烈士纪念设施修缮维护。加大对残疾人权益维护、残疾人康复、残疾人就业等支持力度，持续优化无障碍设施环境。疫情期间，建设应急保供调度平台，延长主要农产品批发市场免除蔬菜等进场交易费政策，保障生活必需品量足价稳。落实社会救助和保障标准与物价挂钩联动机制、阶段性调整价格补贴联动机制，加大对困难群众物价补贴力度，发放价格临时补贴 5867.2 万元，惠及 169.2 万人次。截至 2022 年底，低收入农户全部脱低，低收入村全面消除。

3. 环境保护方面

北京市深入贯彻落实习近平生态文明思想，正式印发《北京市碳达峰实施方案》，切实加大生态环境保护力度，取得显著成效。

（1）碳达峰引领大气污染防治攻坚，细颗粒物（PM$_{2.5}$）再创新低

PM$_{2.5}$ 年均浓度降至 30 微克/米$^3$，持续保持历史同期最优、京津冀及其周边地区"2+26"城市中最优的"双优"成绩；连续两年达到国家二级标准，达到 PM$_{2.5}$ 国家二级标准的行政区个数由北至南逐年增多。可吸入颗粒物（PM$_{10}$）、二氧化氮（NO$_2$）年均浓度分别下降 1.8% 和 11.5%，二氧化硫（SO$_2$）年均浓度与上年持平，继续保持极低的个位数水平。PM$_{10}$、NO$_2$ 和 SO$_2$ 的年均浓度多年稳定达到国家二级标准，总体保持下降趋势，全市空气质量持续改善。北京全力打好蓝天保卫战，"冬奥蓝""1 微克蓝"成为底色。2022 年优良天数为 286 天，全年空气质量优良率近80%。其中一级优 138 天，较上年增加 24 天；重污染日仅有 3 天，较上年

减少 5 天①。

（2）生态环境质量明显改善

水环境质量持续向好。密云水库等城市主要集中式饮用水水源地水质达到国家标准；在国家地表水考核断面中，优良水体断面占比 75.7%。2022年污水处理率为 97.0%，其中城六区污水处理率达到 99.7%，分别比上年提高 1.2 个和 0.2 个百分点。国家和市级考核断面劣五类水体全面消除，五大河流全部重现"流动的河"并贯通入海。全市清运处置生活垃圾 740.57万吨，共有生活垃圾集中处理设施 32 座，实际处理能力 25111 吨/日。土壤环境状况总体良好，土壤环境风险得到有效管控。声环境质量基本稳定，辐射环境质量保持正常。施工、道路、裸地经"三尘共治"，181 项工程被评为"绿牌"工地，完成揭网见绿约 7500 公顷，农机深松整地、秸秆粉碎覆盖还田等保护性耕作作业得到持续推广。新一轮百万亩造林绿化任务圆满收官，2022 年新增造林绿化 10200 公顷，建成温榆河公园一期等一批大尺度绿化空间，全市人均公园绿地面积增加 0.27 平方米，国家植物园正式揭牌，森林覆盖率达 44.8%。

（3）生产活动资源节约、提效降耗成果显著

2022 年全市规模以上工业企业综合能耗为 1409.0 万吨标准煤，比上年下降 2.5%。截至 2022 年末，基础设施绿色升级贷款余额同比增长27.3%，占绿色贷款余额的比重为 54.1%，主要用于支持北京绿色交通与绿色建筑等细分领域的发展。清洁能源产业贷款余额同比增长 54.4%，占绿色贷款余额的比重为 35.4%，主要用于清洁能源设施建设和运营、能源系统高效运行等细分领域，着力激发清洁能源降碳减碳功能。2022 年末平原区地下水埋深比上年末回升 0.75 米，全年生产生活用水总量下降1.7%，生活用水、工业用水、农业用水分别下降 0.2%、2.4%和 7.4%。万元地区生产总值（按不变价格计算）水耗下降 2.7%。生物质能、水

---

① 《十年接续奋斗　实现蓝天常驻　30! 2022 年北京市 PM2.5 年均浓度再创新低》，北京市人民政府网站，2023 年 1 月 4 日，https：//www.beijing.gov.cn/ywdt/gzdt/202301/t20230104_2891277.html。

能、太阳能、风能等可再生能源发电量增长 1.2%，占总发电量的比重比上年提高 0.2 个百分点。

**4. 科技创新方面**

北京重点开展"从 0 到 1"原始创新和"卡脖子"关键核心技术攻关，围绕"三城一区"融合发展、国际一流人才高地建设、知识产权事业提质发展等推进了一系列工作，着力提升全要素生产率，主要成效有以下几方面。

（1）科技创新综合实力显著增强

技术合同成交额达 7947.5 亿元，同比增长 13.4%；全市新设科技型企业首次突破 10 万家，同比增长 12.2%；中关村示范区企业总收入预计超过 8.6 万亿元，涌现出一批世界领先的知识产权等科技成果。2022 年专利授权量比上年增长 2.0%。其中，发明专利授权量增长 11.3%，年末拥有有效发明专利增长 18.0%，每万人口高价值发明专利拥有量比上年增加 17.8 件。在量子信息领域，研发"天工"量子直接通信样机，创造量子直接通信距离 100 公里的世界纪录。搭建国内第一条 20.3 厘米硅光量产工艺线；200 多项新技术在北京冬奥会应用，科技成为冬奥会一大亮点。截至 2022 年底，全市拥有国家高新技术企业 2.82 万家；全国科技中小企业 1.55 万家，同比翻番；全年新增上市公司 61 家，累计 780 家，独角兽企业 102 家、潜力独角兽企业 143 家。北京已经进入全球创新型城市前列，国际科技创新中心加快建设，创新核心地位得到强化。

（2）创新投入力度持续加大

2022 年，北京市研发经费投入强度保持在 6% 以上，科学研究和技术服务业固定资产投资增长 60.7%，研发支出占地区生产总值比重稳居全国第一。全市高技术产业投资增长 35.3%，占全市固定资产投资比重为 15.7%。高技术制造业投资在集成电路制造、医药制造项目带动下增长 28.3%，高技术服务业投资在互联网相关服务领域带动下增长 41.3%。创新人才服务体系持续完善。2022 年人才联合培养基地共有 21 家企业上榜，先后建设了

24 个高校高精尖中心。截至 2022 年 2 月，全市共有博士后科研工作站 166 个①，在 13 个中关村科技园区设立分站 332 个，覆盖了全市优先发展的全部十大高精尖产业领域，成为"两区"建设主力军，基本形成了以首都功能定位为指引、以学科建设为基础、以市场需求为导向、以推动科技进步和产业发展为目标的创新型青年英才培育体系，基本实现科研成果与经济社会效应的链接。

（3）"三城一区"主平台和中关村示范区主阵地建设加快

北京经济技术开发区在"3 个 100"重点工程中承担诸多项目，包括 12 个重大科技创新及高精尖产业项目，以及市郊铁路亦庄线工程、亦庄 500 千伏输变电工程、瀛海国际人才公寓、德茂养老 4 个重大基础设施和重大民生改善项目。经开区已有 71 家企业人才联合培养基地，全面启动高级别自动驾驶示范区 3.0 阶段建设。怀柔综合性国家科学中心已见雏形，科技创新主体集聚效应开始显现。"十三五"29 项科学设施土建工程全部完工，地球系统数值模拟装置和 5 个第一批交叉研究平台正式运行，综合极端条件实验装置进入科研状态。"十四五"重大项目加速落地，人类器官生理病理模拟装置和 4 个平台完成选址。未来科学城"生命谷"国际研究型医院主体竣工，百济神州创新药研发中试生产基地等项目开工建设，"能源谷"中兵未来科研中心、国家电投二期等项目开工建设，2022 全球能源转型高层论坛集中签约落地项目 18 个。中关村科学城推动成立世界数字友好园区联合创新实验室，全国首个临床医学概念验证中心揭牌，重点布局 23 个标杆型孵化器和 10 个高品质科技园区，进一步提升各分园创新承载能力和全链条服务水平②。

5. 文化建设方面

北京把文化建设放在全局工作的突出位置，大力实施"文化+"战略，积极培育文化新业态、新模式，文化软实力不断提升，主要成效有以下几方面。

① 《北京人社部门倾力服务"两区"建设》，北京市人力资源和社会保障局网站，2022 年 2 月 14 日，http：//rsj.beijing.gov.cn/xxgk/gzdt/202202/t20220217_2611483.html。
② 《北京国际科技创新中心建设实现新跃升》，《人民日报》（海外版）2023 年 2 月 1 日。

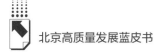

（1）公共文化活动日益丰富

北京积极推进"三条文化带"建设，城市副中心剧院、图书馆、博物馆三大文化设施基本完工，将成为城市副中心的文化新标识。北京冬奥会场馆向大众开放，带动后冬奥时代奥运场馆利用。推动出台《北京市公共文化服务保障条例》，优质文化供给加快培育扩大。开展首都市民系列文化活动 1.7 万场，完善实体书店扶持政策，扶持 310 余家书店、1400 余场阅读文化活动。2022 年制作电视剧 36 部 1260 集，电视动画片 20 部 4351 分钟，纪录片 150 部，网络剧 58 部，网络电影 98 部，网络微短剧 43 部，网络动画片 28 部。2022 年生产电影 135 部，共有 30 条院线 292 家影院，共放映电影 262.9 万场，观众 2575.4 万人次，票房收入 14.2 亿元。

（2）冬奥遗产有效利用

落实场馆赛后利用计划，国家速滑馆打造"一湖一场一赛道"，首钢滑雪大跳台成为网红打卡地，国家游泳中心升级为"水冰双驱"的"水立方+冰立方"，延庆冬奥赛区挂牌延庆奥林匹克园区、国家级滑雪旅游度假地。北京奥运博物馆启动升级改造、完成奥运藏品全球征集。北京国际奥林匹克学院完成概念方案设计。截至 2023 年 4 月，"冰丝带"累计接待游客近 26 万人次，1.5 万人次参与了项目培训，专业队训练达 8000 人次；陆续设计"冰丝带建筑结构之旅""冰丝带制冰科技之旅"等多种主题的研学产品，以满足不同学段、不同主题、不同时长的研学活动需求。

（3）活化文化遗产，历史文化名城保护取得重大进展

北京推动出台、施行《北京中轴线文化遗产保护条例》，南中轴御道景观全线贯通。中国长城博物馆改造提升工程完成国际方案征集和文物藏品搬迁入库，三山五园艺术中心主体结构封顶，路县故城遗址保护展示工程主体结构完工。举办纪念国家设立历史文化名城制度暨北京成为历史文化名城 40 周年系列活动，有点有面讲述历史文化名城新动态。现代科技助阵历史文化名城保护，运用大型弧幕投影、动画等新形式在颐和园举办"园说Ⅳ——这片山水这片园"展览。东城区利用科技手段通过新型的多维感官沉浸和丰富的交互体验，积极助力北京中轴线文化遗产价值阐释和公众参与。

6. 城市治理方面

北京深入实施城市总体规划，深化推进"疏解整治促提升"专项行动，区域协调发展取得了阶段性成效，城市精细化治理持续深化。

（1）全面完成营商环境 5.0 版改革任务

北京加快推动营商环境创新试点城市建设，高质量完成 5.0 版 362 项改革任务，出台助企纾困优化营商环境"34 条"，为企业减少制度性交易成本约 20 亿元。创新构建"6+4"一体化综合监管体系，31 个场景已初步建立综合监管机制，搭建全市统一信用评估中心。市区两级 98% 以上事项实现网上办理，推出 20 个"一件事"集成办服务场景。实施中小企业"畅融工程"，设立"专精特新"成长基金。截至 2022 年 10 月，北京市已累计认定"专精特新"中小企业 5360 家、国家级专精特新"小巨人"企业 588 家，获得中央财政资金重点支持的"小巨人"企业 138 家。编制形成 668 项行政许可事项清单，拓展"一业一证""证照联办"等改革，办理材料和时间大幅压减 70%。实现"证照分离"改革全覆盖，企业开办、不动产登记等多个领域率先实现一天办结。国企改革三年行动高质量收官，顶格落实国家减税降费政策，2022 年新增免减退缓税费超 2000 亿元。

（2）城市基础设施建设日益完善

北京市人工智能算力发展水平排名全国第一，无人出行服务从示范运营迈入商业化试点新阶段，迈向全域场景开放的智慧城市 2.0 阶段。政务数据开放走在前列，创新开展吹哨报到、接诉即办，深化主动治理、未诉先办。已无条件开放 115 个市区级单位，公共数据集 15880 个。深化超大城市交通治理，全力推进市郊铁路建设。相比上年末，2022 年末全市公路里程增加 42.9 公里，城市道路里程增加 41.3 公里；公共汽电车运营线路增加 74 条，长度增加 1594.2 公里，运营车辆增加 386 辆；轨道交通运营线路长度增加 14.3 公里，运营车辆增加 164 辆；新增有偿错时共享车位约 8000 个。2022 年末医疗卫生机构比上年末增加 484 个，床位增加 0.4 万张，卫生技术人员共 32.2 万人。建成覆盖 1.6 万个小区（村）的垃圾分类体系，垃圾分类示范小区（村）1965 个，生活垃圾回收利用率达到

38%以上。普惠性幼儿园覆盖率达到88%，业委会（物管会）组建率、物业服务覆盖率均达到97%。元大都城垣遗址公园、庆丰公园、大望京公园3个公园试点"拆栏透绿"。2022年前三季度已有104个老旧小区完成改造，超额完成全年任务；完成285个3000户以上大型社区规模优化调整，城市更新稳步推进。

（3）城乡融合和区域协调发展水平提升

城市副中心高质量发展水平持续提升，"城市绿心"三大建筑——剧院、图书馆、博物馆主体工程完工，成为全国首个大型公共建筑全面执行绿建三星级标准的地区。城南行动计划加快推进，北京丰台站开通运营，大兴国际氢能示范区起步区北区全面投运、南区一期建成，大熊猫科研繁育基地开工。深入推进新一轮回天行动计划，积水潭医院回龙观院区二期主体结构封顶。全面实施京西行动计划，完成"一线四矿"文旅康养休闲区项目建设国际方案征集工作，中关村科幻产业创新中心揭牌。首轮生态涵养区支持政策圆满收官，密云、怀柔、门头沟等5个区被授予"国家森林城市"称号。扎实推进美丽乡村建设，城乡接合部地区发展后劲进一步增强。累计1500多个村庄实现污水收集处理，农村卫生户厕基本全覆盖。

（三）依然存在的问题和困难

在高质量发展阶段，北京在重点领域和重要政策方面的工作都取得了明显成效。北京经济运行整体保持平稳，非首都功能疏解进一步加快，一般性产业快速退出，大气治理取得明显成效，城乡统筹持续优化，民生福祉不断增进，社会和谐稳定。但在全国整体面临需求收缩、供给冲击、预期转弱"三重压力"的背景下，北京高质量发展仍面临诸多问题和困难。

一是消费与内需拉动作用有待增强。北京人均GDP与国际大都市之间仍有较大差距。2022年，全市居民人均消费支出比上年下降2.2%，其中城镇居民人均消费支出下降2.5%。主要表现为内需恢复水平偏低，物价上涨仍有较大压力；作为扩大就业的重要力量，量大面广的中小企业的生产和经营面临多重困难，居民就业困难与家庭实际收入降低导致消费能力趋弱。二是城乡区域发展不平衡不充分问题依然突出，民生领域还有短板弱项。尽管近年来城乡居民收入比逐步缩小，但农村集体经济发展不均衡，适宜农民就地就近就业的乡村产业发展还不充分，需要在发展农业特色产业、生态友好型业态以及壮大集体经济等方面持续发力。三是北京城市体量大、人口多，建筑、交通等消费端碳排放预期呈上升趋势；且考虑到北京作为政治中心的特殊地位，必须关注其对能源安全的高需求，这导致化石能源退出速度趋缓，碳达峰后稳中有降并持续下降的刚性减量目标与经济发展之间面临权衡。四是科技创新成果的转化、应用、部署与产业化有待加强。技术创新成本依然偏高，应用场景开放与企业发展需求错位问题有待破解，同时有待与高精尖产业发展进一步结合，才能将科技优势进一步转化为发展优势。这也导致了高精尖产业核心零部件对外依存度较高，芯片、生物技术等领域"卡脖子"问题还需突破，产业链供应链安全与韧性存在一定风险。五是文化产业发展及其对经济的牵引、驱动作用不足。由于文化产业中小企业数量庞大，大部分是轻资产企业，因此普遍因抵押质押物缺乏而存在贷款难的问题，需要政府发展文化金融，帮助解决文化企业的融资困难等问题。六是疏解非首都功能、解决拥堵问题以及城市老旧管线更新改造任务依然繁重。

## 二　北京高质量发展评价

### （一）高质量发展内涵与评价维度

高质量发展是指一个国家或地区经济社会发展在物质数量增长的基础上，以新发展理念为引领，通过结构优化、效率提升、创新驱动、环境保护、福利增进等实现数量与质量共同提升的发展，更加注重发展效率提升、要素高效配置、结构持续优化、创新驱动发展、生态环境有机协调和成果共享。

高质量发展的内涵包括以下五个方面。一是高质量的经济增长。不仅表现为经济数量上的稳健增长，而且表现为质量的持续攀升。二是高质量的资源配置。不仅要充分发挥市场在资源配置中的决定性作用，也要打破资源由

低效部门向高效部门配置的障碍。三是高质量的投入产出。进一步发挥人力资本红利，并依靠创新驱动发展，实现全要素生产率的提升。四是高质量的生态环境。以更低的能源、土地等资源消耗，支撑更高质量、更可持续的发展，形成经济、社会、环境和谐共处的绿色、低碳、循环发展。五是高质量的社会保障。发展成果惠及民生，扩大基本公共服务覆盖面，提升基本公共服务保障水平，持续推动基本公共服务发展，实现高质量的社会分配。

北京高质量发展可从经济、社会、生态、创新、文化、治理六个维度进行评价。主要依据以下几点。第一，高质量发展被视为可持续发展理论的具体化实践。可持续发展不仅探讨人与自然之间的关系，也关注人与人之间的关系，经济、社会、环境是其中的三大传统维度。可持续发展的实现不仅需要技术创新等"硬支撑"的突破变革，也有赖于治理能力、文化建设等"软实力"的优化提升。第二，高质量发展遵循新发展理念的指导和要求。新发展理念即创新、协调、绿色、开放、共享的发展理念，回答了关于发展的目的、动力、方式、路径等一系列理论和实践问题，是践行高质量发展的先导。其中，创新不仅是攻克"卡脖子"关键核心技术、实现科技自立自强的根本举措，也是维护产业链供应链安全和韧性，实现经济高质量发展的深层次要求。第三，从经济、社会、生态、创新、文化、治理六个维度评价高质量发展符合北京的城市战略定位。作为科技创新中心，北京集聚了丰富的人才和科技资源，创新投入"质""量"双提升促进创新高质量发展；又以创新为第一引擎，引领并驱动经济结构升级、经济增长效率提升，助推经济高质量发展。作为文化中心，北京以首善标准做好首都文化的大文章，构建历史文脉和生态环境交融的整体空间结构，推动文化高质量发展。作为全国首个实质性减量发展的城市以及首善之区，北京以适当减量倒逼机制改革，既在土地等资源环境硬约束下降低投入产出比，也着力解决好发展不平衡不充分的问题，协同推动治理、社会、生态高质量发展。

## （二）评价方法

本报告中采用的是客观赋值法中的熵值法，基于指标数据提供的信息量大小，求解评价指标体系中各个指标的权重。基于熵值法获取的指标权重较为客观，能有效弥补主观赋值法的随意性缺陷，故可使分析评价结果更加科学。具体步骤如下。

### 1. 建立决策矩阵 $X$

设有 $m$ 个评价对象，$n$ 个评价指标。$i=1, 2, \cdots, m$；$j=1, 2, \cdots, n$。评价对象 $i$ 中指标 $j$ 的样本值记为 $x_{ij}$。其组成的初始决策矩阵可以表示为：

$$X = \begin{bmatrix} x_{11} & \cdots & x_{1n} \\ \vdots & \ddots & \vdots \\ x_{m1} & \cdots & x_{mn} \end{bmatrix} \equiv [x_{ij}]_{mn} \tag{1}$$

### 2. 决策矩阵标准化 $X^{'}$

第二步需要对上述初始决策矩阵中的数据进行标准化，本报告所用方法为极差标准化法。一般而言，将与总指标（本报告中为高质量发展水平）指向相同的指标（越大越好）定义为正向指标或效益型指标，并按照（2）式将其进行标准化处理；将与总指标指向相反的指标（越小越好）定义为负向指标或成本型指标，并基于（3）式对其进行标准化处理：

$$x_{ij}^{'} = \frac{x_{ij} - \min(x_j)}{\max(x_j) - \min(x_j)} \tag{2}$$

$$x_{ij}^{'} = \frac{\max(x_j) - x_{ij}}{\max(x_j) - \min(x_j)} \tag{3}$$

基于（2）式和（3）式可获取初始决策矩阵的标准化矩阵，记为：

$$X^{'} = [x_{ij}^{'}]_{mn} \tag{4}$$

### 3. 确定指标权重 $w$

本报告以熵值法确定各指标权重，计算过程如下。

（1）$x_{ij}^{'}$ 为原始数据标准化结果，计算指标 $j$ 下评价对象 $i$ 的特征比重 $p_{ij}$

$$p_{ij} = \frac{x_{ij}^{'}}{\sum\limits_{i=1}^{m} x_{ij}^{'}} (0 \leqslant p_{ij} \leqslant 1) \tag{5}$$

（2）基于斯特林公式获取指标 $j$ 的信息熵值

$$e_j = \frac{1}{\ln(m)} \sum_{i=1}^{m} p_{ij}\ln(p_{ij}) \left[ 当 p_{ij} = 0 \text{ 或者 } 1 \text{ 时,定义 } p_{ij}\ln(p_{ij}) = 0 \right] \qquad (6)$$

一般而言，信息熵值越小，意味着指标 $j$ 下 $x_{ij}^{'}$ 值之间的差异越大，由此提供给被评价对象的信息也就越多。

（3）计算指标 $j$ 的权重 $w_j$

得到信息熵值后，定义差异系数为 $d_j = 1 - e_j$。因此，$d_j$ 越大，指标 $j$ 在评价指标体系中的重要性越大，权重亦越大。用 $w$ 表示权重，指标 $j$ 的权重可以基于下式计算而得：

$$w_j = \frac{d_j}{\sum_{j=1}^{n} d_j} \qquad (7)$$

基于指标 $j$ 权重 $w_j$，对标准化数据 $x_{ij}^{'}$ 进行加权求和，得到高质量发展水平得分：

$$g_{ij} = w_j \times x_{ij}^{'} \qquad (8)$$

$$G_{ij} = \sum_{j=n}^{n} g_{ij} \qquad (9)$$

## （三）北京高质量发展状况

北京高质量发展指数由经济高质量发展指数、社会高质量发展指数、生态高质量发展指数、创新高质量发展指数、文化高质量发展指数、治理高质量发展指数构成，采用上述熵值法计算 6 个维度指数的权重，加权求和得到北京高质量发展指数。

北京高质量发展指数呈持续增长趋势，增长速度有所提升。2012~2021年，北京高质量发展指数由 0.612 上升为 0.960，增长幅度为 56.86%，年均增长率为 5.13%。具体来看，2012~2017 年北京高质量发展指数增长相对平缓，增长幅度为 16.99%，年均增长率为 3.19%。2018~2021 年北京高质量发展指数增速加快，增长幅度为 24.03%，年均增长率为 7.44%，相比 2012～2017 年二者均较高。2020～2021 年，北京高质量发展指数增长 10.09%（见图 1）。

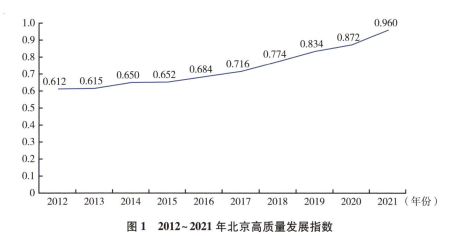

**图 1　2012～2021 年北京高质量发展指数**

资料来源：笔者根据指数计算结果制作。以下图未注明资料来源的均为笔者自制。

治理和生态高质量发展为北京高质量发展的主要推动力，文化高质量发展的贡献率相对较低。从高质量发展的 6 个维度来看，2012～2021 年，经济、社会、生态、创新、文化、治理高质量发展指数对高质量发展总指数增长的贡献率分别为 14.56%、15.05%、22.52%、14.00%、7.15% 和 26.72%。治理和生态高质量发展指数的贡献率排名靠前，经济、社会和创新高质量发展指数的贡献率居中，文化高质量发展指数的贡献最低。这表明 2012～2021 年，北京城市治理水平提升、生态环保事业推进大大提升了北京高质量发展水平，文化维度对北京高质量发展水平的提升作用有限。分不同时间段来看，治理和生态高质量发展指数对总指数增长的贡献率随时间有所下降，2012～2017 年的贡献率分别为 35.35% 和 25.74%，2018～2021 年分别为 23.05% 和 21.15%；文化高质量发展指数的贡献率则随时间有所上升，由 -21.65% 增长为 19.39%。

2021 年，北京高质量发展指数在中国超大特大城市中位居第一，创新、文化、治理维度发展优势明显，经济、社会、生态维度仍有发展空间

（见图2）。2012～2021年，北京高质量发展指数均领先于其他城市。就2021年而言，中国超大特大城市中高质量发展指数排名前20%的城市依次为北京、深圳、上海和杭州，其高质量发展指数均接近或在0.700以上。相比深圳，北京在生态、创新、文化、治理维度具有优势，上述维度的得分分别高于深圳0.001、0.031、0.116和0.002；经济维度得分二者一致；但在社会维度有一定劣势，得分低于深圳0.028。相比上海，北京在经济维度与其有一定差距，得分差为0.006；对于其他维度，北京的得分均高于上海。相比杭州，北京社会维度的得分低于杭州0.008；其他维度的得分均高于杭州。

**图2　2021年中国超大特大城市高质量发展指数**

说明：因为超大特大城市是根据人口规模来划分的，所以其数量会出现动态变化的情况，为保持时间序列研究的一致性，笔者采用的是学术界广泛使用的21座城市的说法，其他各篇报告同。

2012～2021年，北京经济高质量发展指数整体呈上升趋势，增长速度逐步提升。2020～2021年，该指数同比增长10.11%。2012～2021年，北京经济高质量发展指数由0.593增至0.828，增长幅度为39.63%，年均增长率为3.78%。从4个子维度来看，2012～2021年，规模增长指数对经济高质量发展指数提升的贡献率为 45.96%，为 4 个子维度中最高。效率提高指数的贡献率略低于规模增长指数，为 41.28%。结构优化指数和开放提升指数的贡献率相对较低，分别为 10.64% 和 2.13%。横向比较而言，2021 年，北京经济高质量发展指数排名第三，低于上海和深圳。从子维度来看，规模增长指数排名第二；结构优化指数领先；效率提高指数位居第二；开放提升指数排名居中。

2012~2021 年，北京社会高质量发展指数总体呈倒 "V" 形增长态势。2020~2021 年，该指数同比下降 1.25%。2021 年北京社会高质量发展指数为 0.712，相比 2012 年增长幅度为 46.80%，年均增长率为 4.36%。从子维度来看，2012~2021 年，3 个子维度对北京社会高质量发展均起到正向促进作用。公共服务的促进作用最强，贡献率达到 68.28%，远高于共同富裕和幸福指数；其次为共同富裕，贡献率为 22.03%；幸福指数的推动力度最小，贡献率仅为 9.69%。2021 年，北京社会高质量发展指数排名第三，低于深圳和杭州。共同富裕水平相对较低，指数为 0.448；公共服务指数为 0.789，于 21 座超大特大城市中位居第一；幸福指数水平略高于 21 座超大特大城市平均水平，指数为 0.699。

2012~2021 年，北京生态高质量发展指数由波动下降转变为持续增长，增长速度不断加快。2020~2021 年，该指数同比增长 8.99%。2012 年的生态高质量发展指数为 0.545，2021 年为 0.849，增长幅度为 55.78%，年均增长率为 5.05%。从子维度来看，2012~2021 年，资源利用能力增强对北京生态高质量发展水平提升的促进作用强于其他两个子维度，贡献率达到 52.63%。污染减排的贡献率（25.66%）低于资源利用，为北京生态高质量发展的第二驱动力。环境质量的贡献率为 21.71%，对生态高质量发展的推动作用略弱于污染减排。2021 年，北京生态高质量发展指数排名第二。环境质量指数位于中上游；资源利用指数于 21 座超大特大城市中排名第二；污染减排指数居于前列，高于 21 座超大特大城市平均水平。

2012~2021 年，北京创新高质量发展指数整体呈增长态势，增速不断加

快。2020~2021年创新高质量发展指数同比增长4.17%。2012~2021年，北京创新高质量发展指数由0.731增至1.000，增长幅度为36.80%，年均增长率为3.54%。从子维度来看，2012~2021年，创新产出提升是北京创新高质量发展的主要驱动力，贡献率达到62.08%。创新投入的贡献率为37.92%，其对北京创新高质量发展的推动力度远小于创新产出。横向比较而言，2021年，北京创新高质量发展指数位居第一，后面依次为深圳和杭州等。从子维度来看，北京创新投入指数排名第一；创新产出指数亦领先于其他城市。

2012~2021年，北京文化高质量发展指数整体呈现出前期波动下降、后期强劲增长态势。2020~2021年该指数同比增长15.44%。2012~2021年，北京文化高质量发展指数由0.556增至0.628，增长幅度为12.95%，年均增长率为1.36%。从子维度来看，2012~2021年，文化资源、文明程度和文化设施对北京文化高质量发展起到正向推动作用，作用力度依次减小，贡献率分别为66.67%、59.72%和18.06%。文化产业起到负向抑制作用，贡献率为-44.44%。2021年，北京文化高质量发展指数排名第一，昆明和上海分别位列第二和第三。文化资源指数排名第一，为0.755；文化设施指数居于中游；文化产业指数排名第四；文明程度指数处于第一梯队。

2012~2021年，北京治理高质量发展指数整体呈"N"形增长态势，增长速度逐步加快。2020~2021年该指数同比增长10.11%。2012年的治理高质量发展指数为0.431，2021年为0.784，增长幅度为81.90%，年均增长率为6.87%。从子维度来看，2012~2021年，行政服务和行政调控是北京治理高质量发展的核心动力，其贡献率分别为51.84%和43.63%。基础设施的贡献率（4.53%）显著低于行政服务和行政调控，对北京治理高质量发展推动作用较弱。横向比较而言，2021年，北京治理高质量发展指数优于其他城市，于21座超大特大城市中排名第一，其次为深圳和上海等。基础设施指数处于21座超大特大城市中游；行政调控指数排名第二，低于上海；行政服务指数为0.695，于21座超大特大城市中排名第四。

# 三　北京数字贸易高质量发展评价

## （一）数字贸易高质量发展概念界定

数字贸易高质量发展，是以建设贸易强国为目标、实现数字贸易更加高效、更为平衡和更可持续的发展。国际上对于数字贸易的定义经历了狭义阶段、扩展阶段和广义阶段三个阶段。

阶段Ⅰ为数字贸易定义的狭义阶段。最初，数字贸易来源于"电子商务"这一概念。1998年世界贸易组织将"电子商务"定义为用电子方式进行贸易的过程。2013年，美国国际贸易委员会首次正式提出"数字贸易"，认为数字贸易是国际和国内利用互联网传输产品以及服务的商业活动。这种传输依托于互联网和数字技术，仅包含在线交付的产品和服务，而现实经济中线下出售的电子产品并不包含在内。阶段Ⅱ为数字贸易定义的扩展阶段。在这一阶段，数字贸易包含了数字产品、服务贸易和货物贸易三大部分。2014年，美国国际贸易委员会完善了数字贸易的概念，将其更新为"互联网或基于互联网的技术在产品和服务的订购、生产或交付中扮演重要角色的国内和国际贸易"，这一概念包含了数字技术发挥作用的货物贸易。阶段Ⅲ为数字贸易定义的广义阶段。这一阶段引入支持贸易的数据流和信息流。2018年，美国贸易代表办公室在《数字贸易的主要障碍》中提出，数字贸易不仅包括互联网或依托互联网进行的贸易活动，而且包括实现全球价值链的数据流、实现智能制造的服务和无数的其他平台及应用。我国商务部提出，数字贸易"以数据为生产要素、数字服务为核心、数字交付为特征"，分为数字技术贸易、数字产品贸易、数字服务贸易和数据贸易。

## （二）数字贸易特征

作为一种新型的贸易方式，数字贸易呈现出以下六大特征。

特征一：数据成为新型生产要素。数字技术成为降低贸易成本、提升贸易效率的重要支撑。《中共中央　国务院关于构建数据基础制度更好发挥数据要素作用的意见》已于 2022 年底发布。数据作为新型生产要素，已成为推动经济高质量发展和产业数字化的关键要素。譬如，目前越来越多的科技企业投入"无人工厂"建设热潮，人工智能等技术的存在使机械在很大程度上代替人工，人力资本的红利和优势逐渐减少。

特征二：贸易运作环节呈现虚拟化。从三个层面理解。首先，在数字贸易的生产过程中采取虚拟化、数字化的知识和信息；其次，交易环节往往是在虚拟的互联网平台上开展和实现的，交易双方通常使用虚拟化的电子支付方式；最后，数字化产品和服务的运输可以通过虚拟化的方式实现。

特征三：数字化平台是贸易活动的重要载体。基于数字化平台，商家集聚在一起进行在线沟通互动，卖家通过数字化平台展示产品和服务、接受订单，买家通过数字化平台搜索产品和服务，进行在线订购和支付，高效地实现数据、产品和服务供需信息的对接及交易的达成。数字化平台为企业之间开展研发、创新和生产等活动的协同合作提供重要的支持，使得供应链各方能够高效沟通，及时获取信息和享受技术溢出带来的协同创新效应。

特征四：贸易生产实现集约化管理。在数字贸易中，贸易活动主要通过数字化的方式实现，互联网、大数据等数字技术与贸易的各个环节深度融合，促进产品和服务的研发设计、生产制造、市场营销、交易结算、运输支付、海关通关、售后服务等贸易环节的集约化，不仅实现了精准的供需匹配，促进要素资源的集约化投入，减少库存积压情况，而且降低了运营成本，减少了信息不对称，有效提高了贸易效率。

特征五：贸易主体更加多元化。在以信息通信技术为基础的数字贸易中，交易主体不仅包括大型跨国公司，中小型企业和个人消费者也直接参与贸易活动，这是传统贸易没有的特征。在传统贸易中，中小型企业和个人消费者难以享受贸易红利。在数字贸易中，贸易潜力被深度挖掘。数字化的信息在个人消费者、中小型企业和大型跨国公司之间共享，为各个贸易主体提供更加平等的贸易环境，促进贸易普惠化。

特征六：贸易监管更为复杂。数字技术的融入使数据跨国流动更加频繁、全球贸易往来更加密切成为必然趋势。个人隐私、数据安全、数据跨国流动、贸易双方数字贸易协定的制定正在成为关注的焦点。

## （三）数字贸易高质量发展内涵

数字贸易高质量发展的内涵包括以下五大方面。

第一，反映数字网络基础设施建设水平。数字网络基础设施建设水平往往与一个地区的技术水平密切相关，数字网络基础设施的硬件和软件是影响数字贸易活动开展的关键要素，其建设水平直接关系数字贸易的深度和广度。截至2022年8月底，我国千兆用户超过7000万人，5G基站已超过210万个，全国算力总规模超过150EFlops，数字网络基础设施建设处于较高水平。

第二，反映物流环境的建设情况。物流是数字贸易发展的重要支撑，物流环境影响数字贸易中供应链的整体服务功能，直接影响贸易效率、贸易成本和贸易质量。截至2023年1月，我国中欧班列通达欧洲24个国家196个城市，国际道路运输合作范围拓展至19个国家，水路国际运输航线覆盖100多个国家和地区，航空网络覆盖60余个国家和地区，立体化、全方位、多层次的交通互联互通网络加快建设，有力服务了国内国际双循环。

第三，反映数字技术水平。数字技术水平往往影响数字贸易的发展高度，数字技术投入、人才等也是衡量数字贸易发展高度的重要指标。不容忽视的是，我国数字贸易在底层技术上面临"卡脖子"问题，在数字技术的基础理论、核心算法、关键设备上与发达国家存在一定差距。

第四，反映数字与产业的融合情况。数字产业化和产业数字化是数字贸易发展过程中的重要环节，也是国家转型时期优化经济结构的重要途径之一。当前，我国数字经济规模已经位居世界第二，但数字产业化和产业数字化的拓展不够，数字产业国际化程度较低。据调查，许多知名大型数字化平

台企业的营业收入中，海外营收规模占比不足10%。

第五，反映贸易潜力。贸易潜力是数字贸易发展的基础。地区宏观经济实力直接影响总体贸易水平，进而在一定程度上影响数字贸易规模。我国因时因势调整优化政策，有效推动经济全面快速恢复，迎来2023年"开门红"，在多重政策红利推动下，未来数字贸易必将成为我国参与国际竞争合作的新优势。

相应地，数字贸易高质量发展评价应着眼于五大维度，即数字网络基础设施、物流环境、数字技术水平、数字与产业融合及贸易潜力。一是数字网络基础设施。本报告选取域名数、网页数、长途光缆线路长度、互联网宽带接入端口数衡量。二是物流环境。选取快递量、快递业务收入和邮路总长度衡量物流环境的建设情况。三是数字技术水平。在人才维度，选取规模以上工业企业R&D人员全时当量及信息传输、软件和信息技术服务业城镇单位就业人数衡量；在企业维度，选取信息传输、计算机服务和软件业法人单位数衡量；在研发维度，选取规模以上工业企业R&D经费、国内专利申请授权量衡量。四是数字与产业融合。产业数字化是数字技术融入传统产业的过程，通过数字技术和数据为传统产业赋能，进而实现产出增加和效率提升的目的；选取电子商务销售额、有电子商务交易活动的企业数比重衡量。数字产业化主要指数字技术所带来的产品和服务，具体业态包括信息传输、软件和信息技术服务业以及电子信息制造业等；选取电信业务总量、软件业务收入、技术市场成交额衡量。五是贸易潜力。通过地区宏观经济指标来反映。选取经营单位所在地进出口总额、人均地区生产总值、社会消费品零售总额衡量。

### （四）北京数字贸易高质量发展评价

本报告测算2013～2020年北京数字贸易高质量发展指数，发现其由2013年的0.20增长到2020年的0.46，8年间北京数字贸易高质量发展指数翻倍增长（见图3）。由图3可以看出，其间北京数字贸易高质量发展指数呈持续上升趋势。

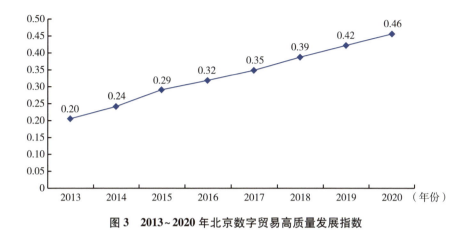

图3 2013~2020 年北京数字贸易高质量发展指数

"十三五"时期，北京深入贯彻落实习近平总书记重要讲话精神，将推动数字经济与数字贸易发展上升至影响经济高质量发展的城市战略，积极培育新动能。2022 年北京数字经济增加值占 GDP 比重上升至 41.6%，为全国最高。面对日新月异的数字经济，北京发展数字贸易正逢其时。北京将数字贸易作为贸易高质量发展的亮点，在充分发挥数字资源优势的基础上，加快试点示范与政策创新，吸引数字经济高端产业落地，大力发展以数字经济为引领的高精尖产业，努力争创全球有影响力的数字贸易先导区。

尽管北京数字贸易发展迅猛，但互联网、电子商务头部企业从事数字贸易活动的水平仍较低，进出口规模偏小，贸易潜力有待挖掘，产品服务和质量亟须提高。此外，北京数字产品服务的标准规范发展滞后，监测跨境数据流的标准缺乏，制约了北京数字贸易国际竞争力的提升。

# 四 主要研究结论及对策建议

## （一）主要研究结论

本报告从经济、社会、生态、创新、文化和治理维度对北京高质量发展进行了测度和评价,主要研究结论如下。

2012~2021 年,北京高质量发展指数提速增长。治理和生态高质量发展为北京高质量发展的主要推动力,文化高质量发展的贡献率相对较低。对 21 座超大特大城市横向比较发现,北京高质量发展水平位居第一。创新、文化、治理维度发展优势明显,经济、社会、生态维度仍有发展空间。

2012~2021 年,北京经济高质量发展指数加速增长,规模增长与效率提高为关键驱动力,结构优化和开放提升的贡献率相对较低。横向比较而言,北京经济高质量发展指数排名第三,低于上海和深圳。结构优化指数领先于其他城市,规模增长和效率提高优势亦相对明显,开放提升指数略高于 21 座超大特大城市平均水平。

2012~2021 年,北京社会高质量发展指数总体呈倒"V"形增长态势。公共服务水平提升是北京社会高质量发展的主要动力源,其次为共同富裕,幸福指数的贡献最小。横向比较而言,北京社会高质量发展指数排名第三,低于深圳和杭州。公共服务指数于 21 座超大特大城市中位居第一,幸福指数略高于 21 座超大特大城市平均水平,共同富裕指数低于 21 座超大特大城市平均水平。

2012~2021 年,北京生态高质量发展指数由波动下降转变为持续增长。资源利用水平提升为北京生态高质量发展的重要力量。污染减排和环境质量的推动作用相对较小。横向比较而言,北京生态高质量发展指数排名第二,低于佛山,高于深圳。资源利用指数位列前三,污染减排和环境质量指数亦高于 21 座超大特大城市平均水平。

2012~2021 年,北京创新高质量发展指数提速增长,创新产出提升为其增长的关键驱动力,创新投入的推动力度远小于创新产出。横向比较而言,北京创新高质量发展指数排名第一,其次依次为深圳和杭州等。创新投入和创新产出指数均高于其他城市。

2012~2021 年,北京文化高质量发展指数呈现出前期波动下降、后期强劲增长态势。文化资源和文明程度是推动北京文化高质量发展的关键力量，文化设施的推动力度较小，文化产业起到负向抑制作用。横向比较而言，北京文化高质量发展指数居于 21 座超大特大城市首位。文化资源指数排名第一，文明程度和文化产业指数处于上游，文化设施指数居于中游。

2012~2021 年，北京治理高质量发展指数整体呈"N"形增长态势，增长速度逐步加快。行政服务和行政调控是北京治理高质量发展的核心动力，基础设施的推动强度较弱。横向比较而言，北京治理高质量发展指数于 21 座超大特大城市中排名第一。行政调控和行政服务水平高于大多数城市，基础设施指数略高于 21 座超大特大城市平均水平。

北京数字贸易高质量发展指数由 2013 年的 0.20 增长到 2020 年的 0.46，8 年间翻倍增长，且呈持续上升趋势。尽管北京数字贸易发展迅猛，但互联网、电子商务头部企业从事数字贸易活动的水平仍较低，进出口规模偏小，贸易潜力有待挖潜，产品服务和质量亟须提高。此外，北京数字产品服务的标准规范发展滞后，监测跨境数据流的标准缺乏，制约了北京数字贸易国际竞争力的提升。

### （二）提升北京高质量发展水平的对策建议

经济高质量发展、社会高质量发展、生态高质量发展是助力北京高质量发展的"三驾马车"，创新高质量发展、文化高质量发展、治理高质量发展则是更为深层次的驱动因素。本报告对北京高质量发展现状进行评估后发现，生态高质量发展和治理高质量发展为现阶段北京高质量发展的主要推动力，文化高质量发展的驱动作用有待进一步发挥。继续发挥北京生态高质量发展和治理高质量发展的优势，进一步释放文化高质量发展的潜力，仍是北京高质量发展的应有之义。

#### 1. 紧抓北京自贸区建设机遇，着力扩大数字贸易规模

一是依托北京自贸区科技创新、数字经济优势增强数字贸易国际竞争力，积极探索数字贸易、文化贸易等新业态发展模式，建设国际信息产业和数字贸易港。推动大兴机场自贸区规划建设数字产业园，试点开展数据跨境

传输安全管理，构筑数字经济和数字贸易开放格局，打造临空经济创新引领示范区，构建京津冀协同发展的高水平对外开放平台。二是扩大数字内容和数字服务的贸易规模。在进一步加大服务业开放力度，将"服务贸易"打造成北京的新名片的同时，促进视频、影音、游戏等数字内容的跨国贸易持续上升，以及教育、医疗等服务的可数字化交付程度提升与跨国贸易规模扩大。三是推动数字贸易相关产业升级，聚焦数字贸易全产业链发展。全力支持数字产业与实体经济深度融合，加快"双循环"背景下的全球产业链、供应链的数字化构建。同步推动数字产业化与产业数字化，既促进电子信息制造业等通信产业发展，也推动工业互联网、智能制造等传统产业的数字技术应用。四是加快数字网络基础设施建设，强化数字治理能力，充分调动数字贸易主体的积极性。依托智慧城市2.0建设，推进城市算法算力平台等新型数字网络基础设施建设工程，完善数字贸易产业、平台、生态、制度、监管，在知识产权保护、征信服务、信息安全保障等领域完善体制机制，通过建设市场准入统一平台、简化商事审批手续、优化国际贸易办理流程，构建数据联通、系统联动的数字治理体系。

2. 做好社会保障，不断提高居民幸福感

一是以人民为中心大力发展民生经济，稳定经济环境、物价和就业，增加居民收入，减轻人民生活负担。以稳经济作为稳就业的基础，持续发力降低房租等生产经营性成本，加快落实退税减税降费、缓缴社保费等助企纾困政策，精准推动制造业、接触型服务业、中小微企业和个体工商户的纾困发展。增强双创示范基地引领作用和服务能力，深入开展创业带动就业示范行动。二是以服务为导向创新社会管理，落实社会保障。着力帮助就业困难人员就业，深入推进职业技能提升行动，促进人民群众高质量就业。稳定食品、能源等大宗商品的供给，扩大医保覆盖面，拓展保障性住房建设的对象，关注社会不同利益群体幸福感的状况，推进保障和改善民生的制度化、法治化建设。三是重点构建契合首都特点的新型城乡关系。加快农业产业化，发挥市场作用做大农村产业"蛋糕"，盘活并增加集体经营性资产，拓宽农民增收渠道，为农民增收"保底"。优化投入结构，完善资助体系，以对口支持或合作帮扶等方式促进城乡基础教育均衡发展。推动城乡融合发展，强化要素配置双向流动，打造乡村振兴人才队伍，发掘土地要素价值，优化城乡金融资源配置，努力探索具有"首都特点"的共同富裕之路。

3. 深入实施"文化+"融合发展战略，扎实推进文化惠民工程

一是推动文化产业园区高质量发展。紧紧围绕全国文化中心建设的"一核一城三带两区"总体框架，擦亮历史文化"金名片"，重现重点文物建筑群历史文化风貌，促进非物质文化遗产发展；也借助三大文化设施建成投用繁荣发展首都文化，完善公共文化服务体系；培育高品质文艺展演场所，依托故宫—王府井—隆福寺"文化金三角"，以及 CBD、三里屯、前门（北京坊）等著名商圈，加快建设彰显文化时尚魅力的消费地标。二是培育数字文化等新消费模式，以文化消费拉动"演艺之都""漫步北京"等品牌建设。顺应文化消费升级趋势，强化"线上虚拟+线下体验"融合互动。充分利用大数据、移动互联、虚拟现实等现代科技，实现文化供给精准触达，推出数字消费新场景新模式，既拓展文化消费规模，也为优质文化产品向公共文化产品转变搭建渠道，降低优质文化产品及服务的竞争性和稀缺性。三是依托环球主题公园、冬奥遗产可持续利用等强化文化旅游产业功能，打造文旅融合发展新模式。有效提升旅游产业链各环节的文化价值内涵，发挥文旅融合的拉动、渗透、催化功能，深化文旅与一二三产业跨界融合发展。推动"非遗+旅游""文创+旅游""博物馆+旅游"等新旅游业态创新发展，将文化内涵、文化价值融入旅游产业链各环节，促进形成文商旅产业资源整合、业态嵌合、市场复合机制，实现最大化有形载体利用及综合经营效益。

4. 强化行政服务意识，进一步优化营商环境

一是进一步优化营商环境，给予市场主体更多的自主权，减轻市场主体在融资、物流、用能等方面的负担。重点推广"一业一证"改革，制定行业目录，建设网上申办系统，促进实现"一表申请、一窗受理、一证准营"。推动、推行服务事项"掌上办"，纳税缴费"网上办"，规划许可等事

项承诺制、容缺办，政策性住房不动产登记全程网办，以及社保缴费、公积金补缴跨省通办。二是推进数据北京建设，构建城市、产业大数据平台，整合政府各部门数据，为精准服务企业提供有力支撑。依托科技创新，建设基础数据库，促进大数据采集和分析应用，推动城市管理标准化、智能化、专业化和社会化。三是提高政府服务产业发展的能力和精细化管理水平，增强公共服务的均衡性、可及性和公平性。建立公共服务质量实时监管机制和长效评估机制，对公共服务供给情况进行全流程监管，实时获得公共服务的绩效反馈。建立公共服务数据库和相应的质量评价体系，提升公共服务效率和前瞻性，切实保障公共服务供给的品质。

## 参考文献

Z. Song，K. Storesletten，F. Zilibotti，"Growing Like China，" *American Economic Review* 1（2011）.

Robert U. Ayres，"Sustainability Economics：Where Do We Stand?" *Ecological Economics* 2（2008）.

高培勇等：《高质量发展背景下的现代化经济体系建设：一个逻辑框架》，《经济研究》2019 年第 4 期。

王一鸣：《百年大变局、高质量发展与构建新发展格局》，《管理世界》2020 年第 12 期。

汤铎铎等：《全球经济大变局、中国潜在增长率与后疫情时期高质量发展》，《经济研究》2020 年第 8 期。

刘志彪、凌永辉：《结构转换、全要素生产率与高质量发展》，《管理世界》2020 年第 7 期。

赵剑波、史丹、邓洲：《高质量发展的内涵研究》，《经济与管理研究》2019 年第 11 期。

张军扩等：《高质量发展的目标要求和战略路径》，《管理世界》2019 年第 7 期。

荆文君、孙宝文：《数字经济促进经济高质量发展：一个理论分析框架》，《经济学家》2019 年第 2 期。

李金昌、史龙梅、徐蔼婷：《高质量发展评价指标体系探讨》，《统计研究》2019 年第 1 期。

金碚：《关于"高质量发展"的经济学研究》，《中国工业经济》2018 年第 4 期。

任保平、文丰安：《新时代中国高质量发展的判断标准、决定因素与实现途径》，《改革》2018 年第 4 期。

前瞻产业研究院：《2022 年中国及全球数字贸易发展趋势研究报告》，2022。

# 分 报 告
## Topical Reports

## B.2
## 北京经济高质量发展报告（2023）<sup>*</sup>

**摘　要：** 经济高质量发展是高质量发展的重要维度之一。本报告从规模增
长、结构优化、效率提高和开放提升4个维度构建了经济高质量
发展评价指标体系。首先对2012～2021年北京经济高质量发展
水平进行定量测度，从4个维度解析了北京经济高质量发展的关
键动力；其次将北京与各维度得分较高的超大特大城市进行对比
分析；最后基于北京经济高质量发展中的短板提出针对性对策建
议。研究发现，2012～2021年北京高质量发展指数提速增长，其
增长的关键为规模增长和效率提高，开放提升指数增长缓慢，

---

\* 作者：北京市科学技术研究院高质量发展研究中心。执笔：方力、贾品荣、姜宛贝、窦晓铭。
方力，北科院党组书记、研究员，北京市习近平新时代中国特色社会主义思想研究中心北科院
研究基地主任，首都高端智库主任，北京市习近平新时代中国特色社会主义思想研究中心特邀
研究员，主要研究方向为可持续发展；贾品荣，博士，北科院高质量发展研究中心主任、研究
员、"北科学者"、高精尖产业研究学术带头人，北京市习近平新时代中国特色社会主义思想研
究中心特邀研究员，主要研究方向为高质量发展、高精尖产业；姜宛贝，博士，北科院高质量
发展研究中心助理研究员，主要研究方向为低碳发展、多元信息建模；窦晓铭，博士，北科院
高质量发展研究中心研究人员，主要研究方向为"双碳"战略、可持续发展。

贡献率相对较低。规模增长指数和效率提高指数优势明显，结构优化指数领先于其他城市，开放提升指数与全国最高水平相比仍有一定的差距。为稳定经济增长，促进提质增效，本报告提出持续发力北京国际消费中心城市建设，加快推进高精尖产业发展，以及依托"两区"建设推进高水平改革开放等针对性对策建议。

**关键词：** 经济高质量发展　结构优化　提质增效　对外开放　北京

# 一　经济高质量发展的内涵

经济高质量发展是新的经济发展模式，强调国家或区域经济总量与规模增长到一定阶段后，通过经济结构优化、经济效率提升、新旧动能转换以及开放水平提升，实现全要素生产率的提高。换言之，经济高质量发展不仅局限于经济总量的增加和物质财富数量的积累，更强调包括配置比例、方式、结构等在内的经济要素的配置关系及综合结果。其以实体经济发展为核心，以市场机制有效、微观主体活跃、宏观调控有度的经济体制为基础，呈现生产要素投入低、资源配置效率高、资源环境成本低、经济社会效益优等特点。

在新发展阶段，理解经济高质量发展要求辩证认识、科学统筹经济量的合理增长和质的有效提升。前者是后者的重要基础，没有一定水平的、稳定的经济增速，难以实现稳就业、稳预期、保市场主体、保基本民生等"六稳""六保"工作要求。但随着经济总量的增加和物质财富数量的积累，一味的要求保持经济高速增长在客观上并不现实，延续传统工业文明发展范式下的经济增长更是与经济高质量发展的内在要求相悖。在"双循环"新发展格局下，经济高质量发展不仅表现为经济总量上的持续稳健增长，而且表现为质量的持续提高，使经济目标从总量扩张单一维度向提质增效、结构优

化、开放提升多维度目标拓展。结构优化使产业结构由劳动、资源密集型向知识、技术密集型转变；效率提升使发展方式由粗放式向集约式转变；对外开放水平提高，使国内市场和国际市场更好联通，更好利用国内国际两个市场。

## 二 指标体系构建与测度结果

### （一）指标体系构建

根据上文对经济高质量发展内涵的界定，本报告构建北京经济高质量发展评价指标体系（见表1），包括规模增长、结构优化、效率提高和开放提升4个一级指标，18个二级指标。北京经济高质量发展指数由规模增长指数、结构优化指数、效率提高指数和开放提升指数构成，采用熵值法计算4维指数的权重，加权求和得到北京经济高质量发展指数。亦采用熵值法计算二级指标权重，加权求和得到4个一级指标指数。具体评价方法和计算方法与高质量发展的评价方法保持一致。

规模增长。要求城市提高经济增长水平；扩大内需，弥补外向型经济的不足，培育经济增长的动能。基于此，本报告采用GDP、人均GDP、第一产业增加值、第二产业增加值和第三产业增加值衡量城市经济规模增长情况。

结构优化。优化经济结构，是实现高质量发展的必由之路。本报告采用第三产业增加值占GDP比重、社会消费品零售总额占GDP比重、高端制造业产值占工业总产值比重、中国五百强企业数量、战略性新兴产业占比和数字经济产业占比评价经济结构优化程度。

效率提高。要求以最少的要素投入获得最大的产出，优化资源配置，表现为要素利用配置效率高。基于此，本报告采用全员劳动生产率、资本生产率和全要素生产率反映城市的要素配置效率。

开放提升。高水平开放是实现高质量发展的内在要求。党的二十大报告强调坚持深化改革开放。基于此，本报告采用对外贸易依存度、对外资本依存度和高新技术产品出口比重表征外贸水平，采用人均货运量表征国内贸易水平。

表1 北京经济高质量发展评价指标体系

| 维度 | 指标名称 | 权重 | 备注 |
|---|---|---|---|
| 规模增长 | GDP（亿元），2015年不变价 | 0.200 | 正向 |
| | 人均GDP（元），2015年不变价 | 0.203 | 正向 |
| | 第一产业增加值（亿元），2015年不变价 | 0.199 | 正向 |
| | 第二产业增加值（亿元），2015年不变价 | 0.201 | 正向 |
| | 第三产业增加值（亿元），2015年不变价 | 0.198 | 正向 |
| 结构优化 | 第三产业增加值占GDP比重（%） | 0.168 | 正向 |
| | 社会消费品零售总额占GDP比重（%） | 0.168 | 负向 |
| | 高端制造业产值占工业总产值比重（%） | 0.168 | 正向 |
| | 中国五百强企业数量（家） | 0.164 | 正向 |
| | 战略性新兴产业占比（%） | 0.166 | 正向 |
| | 数字经济产业占比（%） | 0.166 | 正向 |
| 效率提高 | 全员劳动生产率（元/人），2015年不变价 | 0.334 | 正向 |
| | 资本生产率（元/元），2015年不变价 | 0.328 | 正向 |
| | 全要素生产率 | 0.338 | 正向 |
| 开放提升 | 对外贸易依存度（%） | 0.160 | 正向 |
| | 对外资本依存度（%） | 0.173 | 正向 |
| | 高新技术产品出口比重（%） | 0.489 | 正向 |
| | 人均货运量（吨） | 0.178 | 正向 |

资料来源：《中国统计年鉴》、各城市统计年鉴、《中国国土资源统计年鉴》等。

### （二）北京经济高质量发展情况

#### 1.纵向分析

2012~2021年北京经济高质量发展指数不断增长，增长速度逐步提升。2012~2021年，北京经济高质量发展指数整体呈上升趋势，由2012年的0.593增至2021年的0.828（见图1），增长幅度为39.63%，年均增长率为3.78%。具体来看，2012~2017年的增长速度相对缓慢，年均增长率为 1.76%。2017 年 10 月, 党的十九大报告提出, "我国经济已由高速增长阶段转向高质量发展阶段"。从增长速度来看, 2017~2021 年经济高质量发展指数的年均增长率达到 6.36%。特别地, 2020~2021 年经济高质量发展指数增长 10.11%。由此可见, 自 "高质量发展" 概念提出以来, 北京经济高质量发展水平加速提升, 经济发展呈现 "稳中有进" 的良好态势。

**图 1　2012~2021 年北京经济高质量发展指数**

资料来源: 笔者根据指数计算结果制作。以下图未注明资料来源的均为笔者自制。

规模增长和效率提高是北京经济高质量发展的主要动力源。2012~2021 年, 规模增长、结构优化、效率提高和开放提升子维度对北京经济高质量发展指数提升的贡献率分别为 45.96%、10.64%、41.28% 和 2.13%。4 个子维度对北京经济高质量发展均为正向推动作用。规模增长和效率提高的推动力度明显大于结构优化和开放提升, 为近 10 年北京经济发展质量提升的主要驱动力。从不同时间段来看, 规模增长指数和效率提高指数对经济高质量发展指数增长的贡献率有所下降, 2012~2017 年两者的贡献率分别为 101.85% 和 75.93%, 2017~2021 年分别为 29.28% 和 30.94%; 结构优化指数和开放提升指数的贡献率则随时间增长, 分别由 5.56% 和 -83.33%（2012~2017年）增长至 12.15% 和 27.62%（2017~2021 年）。下面从 4 个子维度入手进行分析。

规模增长指数持续增长。2012~2021年，规模增长指数由0.366增长至0.687，增长幅度达87.70%，年均增长率为7.25%。分时间阶段来看，2012~2017年和2017~2021年，规模增长指数分别增长了44.26%和30.11%，年均增长率分别为7.60%和6.80%。2020~2021年，该指数增长了11.71%。可见近10年，北京在强调经济质量提升的同时，其经济规模也在不断扩大。在扩大有效投资、促进消费升级、深化科技创新等一系列政策措施的实施下，2021年北京经济规模增速出现回升。2021年，北京市地区生产总值跨越4万亿元大关，第一、第二、第三产业增加值全面增长，为经济高质量发展贡献了巨大力量。

结构优化进展加速。2012~2021年，北京的结构优化指数由0.571提升至0.624，增长幅度为9.28%，年均增长率为0.99%。相较规模增长指数，结构优化指数的提升速度较慢，因此其对北京经济高质量发展的贡献相对较小。从时间趋势来看，2012~2017年其增长幅度为1.23%，年均增速为0.24%；2017~2021年其增长幅度为7.96%，年均增速为1.93%。2020~2021年，该指数增长了1.13%。可见结构优化指数的增速随时间有所加快。自党的十九大以来，北京紧紧扭住供给侧结构性改革，不断催生新产业新业态新模式，高端制造业、数字经济、战略性新兴产业比重持续提高，服务业扩大开放，北京经济逐渐向"结构优化"的新发展阶段迈进。

效率提高指数加速提升。2012~2021年，北京效率提高指数由0.420增至0.588，增长幅度为40.00%，年均增速为3.81%。该指数的增幅和年均增速均低于规模增长指数，因此其对北京经济高质量发展的推动力度相对较小。从不同时间段来看，2012~2017年效率提高指数的增长幅度为16.67%，年均增速为3.13%；2017~2021年其增长幅度为20.00%，年均增速为4.66%。2020~2021年，该指数增长了3.34%。自党的十九大以来，推进经济结构优化是北京提升经济效率的重要抓手。《2022年政府工作报告》强调推进数字经济标杆城市建设实施方案的深入落实，数字经济等高附加值行业的发展必然会带来生产效率的提升。

开放提升指数增长缓慢。2012~2021 年，北京开放提升指数由 0.313 增至 0.323，增长幅度为 3.19%，年均增速为 0.35%。相较规模增长、结构优化和效率提高子维度，该指数的增幅和增速均明显较低，因此其对北京经济高质量发展的贡献率最低。从不同时间段来看，2012~2017 年开放提升指数的增长幅度为−30.99%，年均增速为−7.15%；2017~2021 年其增长幅度为 49.54%，年均增速为 10.58%。2020~2021 年，该指数增长了 33.47%。2012~2017 年，北京对外贸易依存度和高新技术产品出口比重均出现下降。前者由 135%下降至 73%，后者由 32%下降至 19%。对外贸易滑坡使得开放提升指数出现负增长，在一定程度上抑制了 2012~2017 年北京经济高质量发展指数的提升。自2017 年起，对外贸易下降趋势得到扭转，对外贸易依存度和高新技术产品出口比重逐渐回升，2017~2021 年开放提升指数呈现增长态势。

2012~2021 年北京经济高质量发展各维度指数如图 2 所示。

图 2　2012~2021 年北京经济高质量发展各维度指数

**2. 横向比较**

北京经济高质量发展水平位列前三，开放提升水平有待提升。2012~2021年，北京经济高质量发展指数略低于上海和深圳，位居第三（见图 3）。2021年，上海、深圳和北京的经济高质量发展指数分别为 0.857、0.831 和 0.828。北京经济高质量发展指数比上海低 0.029，比深圳低 0.003。相比上海，北京规模增长和开放提升子维度的得分较低，差值分别为 0.029 和 0.060，开放提升维度的差距较大；北京结构优化和效率提高子维度的得分相对较高，差值分别为 0.049 和 0.012。相比深圳，北京开放提升水平较低，该子维度的得分比深圳低 0.107 分，其余三个子维度的得分均高于深圳。2021 年，中国超大特大城市经济高质量发展指数如图 3 所示。

图 3　2021 年中国超大特大城市经济高质量发展指数

本报告从经济高质量发展的 4 个维度（规模增长、结构优化、效率提高和开放提升）入手，将北京与各维度的优势城市进行对比分析。

（1）规模增长指数

从 4 个子维度来看，北京规模增长指数排名第二，其 GDP、第二产业增加值均低于上海。2012~2021 年，北京规模增长指数均低于上海，本报告选择上海与北京在该子维度进行比较（见图 4）。从增长速度来看，2012~2021 年，上海规模增长指数的年均增长率为 6.33%，北京的年均增长率为 7.25%，北京的规模增长指数年均增长率高于上海。分析规模增长维度下的各指标发现，北京的 GDP、第二产业增加值低于上海；而人均 GDP、第一产业增加值、第三产业增加值均高于上海。从各指标的增长速度来看，北京

GDP、第二产业增加值的年均增长率高于上海；人均 GDP、第一产业增加值、第三产业增加值的年均增长率低于上海。由此可见，目前北京规模增长指数的劣势主要源于 GDP、第二产业增加值小于上海。北京 GDP 和第二产业增加值应保持较快增速，同时关注人均 GDP、第一产业增加值、第三产业增加值的发展趋势，以稳定优势指标、扭转劣势指标，从经济规模上为北京经济高质量发展注入强劲动力。

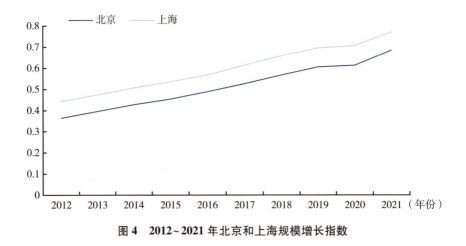

图 4　2012~2021 年北京和上海规模增长指数

（2）结构优化指数

北京结构优化指数领先于其他城市，高端制造业和战略性新兴产业发展水平低于深圳。在中国超大特大城市中，北京的结构优化指数最高（见图 5）。选取结构优化指数排名第二的深圳与北京进行比较。结果显示，2012~2021 年，除 2016~2017 年外，北京的结构优化指数均高于深圳，差值先缩小后扩大。从增长速度来看，北京结构优化指数增速略慢于深圳。2012~2021 年，北京结构优化指数的年均增长率为 0.99%，深圳的年均增长率为 1.98%。分析该维度的各项指标，发现第三产业增加值占 GDP 比重、社会消费品零售总额占 GDP 比重、中国五百强企业数量、数字经济产业占比较高是北京结构优化指数高于深圳的主要原因。然而，从高端制造业产值占工业总产值比重和战略性新兴产业占比来看，相比深圳，北京表现出一定的劣势。从指标增长速度来看，2012~2021 年北京第三产业增加值占 GDP 比重的年均增速（0.38%）低于深圳（1.48%）。这是因为相较深圳，北京更早形成了以服务业为主体的产业结构，因此第三产业增加值占 GDP 比重的增长空间较为有限。此外，北京中国五百强企业数量的增速相对深圳亦较低。因此，加快推进高精尖产业和战略性新兴产业发展，关注中国五百强企业发展趋势是未来北京产业结构优化的关键。

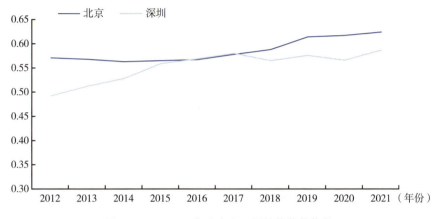

图 5　2012~2021 年北京和深圳结构优化指数

（3）效率提高指数

北京效率提高指数位居前列，全员劳动生产率距南京有一定差距。2021年，南京的效率提高指数最高，北京排名第二（见图 6）。选择南京与北京进行比较。2012~2020 年，北京的效率提高指数高于南京，但差值不断缩小。2021 年，南京反超北京。从增速来看，2012~2021 年，北京效率提高指数的年均增长率为 3.81%，南京为 7.92%。可见近 10 年，北京效率提高的进程相对南京较为缓慢。从该维度的各项指标来看，2021 年北京的资本生产率高于南京，但全员劳动生产率与南京相比有一定差距，全要素生产率较为接近。从各项指标的增长速度来看，北京全要素生产率的增速高于南京，但全员劳动生产率和资本生产率的增长速度均低于南京。后两者较低的增速成为北京效率提高指数增长较慢的主要原因。未来北京应着力提高全员劳动生产率，并积极推动资本生产率持续提升。

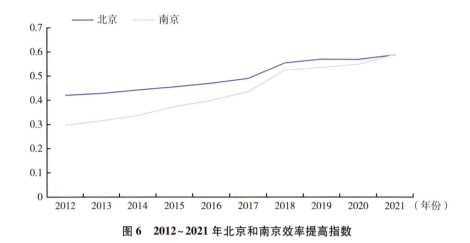

图6　2012~2021年北京和南京效率提高指数

（4）开放提升指数

北京开放提升指数排名居中，贸易规模和结构均有提升空间。2021年，在中国超大特大城市中，北京开放提升指数排名第九，深圳排名第一（见图7）。选择深圳与北京进行比较发现，2012~2021年，北京开放提升指数持续低于深圳，差距先扩大后缩小。深圳的开放提升指数有所下降，由2012年的0.628下降至2021年的0.554，年均降速为1.38%；北京的开放提升指数则由0.313上升为0.323，年均增速为0.35%。相反的变化趋势使得北京与深圳的开放提升水平差距逐渐缩小。分析2021年该维度各项指标发现，北京的对外贸易依存度、高新技术产品出口比重、人均货运量分别为75.00%、42.65%和12.85吨，均低于深圳（分别为107.00%、73.71%和24.85吨）。北京与深圳的对外资本依存度均为2.30%。从各指标变化趋势来看，相比深圳，北京的对外贸易依存度下降较慢、高新技术产品出口比重增长较快，但对外资本依存度下降较快。此外，北京人均货运量为负增长，深圳反之。上述结果表明，北京在贸易规模和贸易结构方面还有较大的提升和改善空间。未来北京应抓住"两区"建设机遇，积极促进对外贸易发展，以全方位扩大开放促进北京经济高质量发展。

**图7  2012~2021 年北京和深圳开放提升指数**

## 三  主要研究结论及对策建议

### （一）主要研究结论

本报告从 4 个维度（规模增长、结构优化、效率提高和开放提升）入手，构建了北京经济高质量发展评价指标体系，对北京经济高质量发展状况进行纵向分析和横向比较，主要研究结论如下。

2012~2021 年，北京经济高质量发展指数不断增长，增长速度逐步提升。2021 年同比增长 10.11%。规模增长和效率提高是推动北京经济高质量发展的主要动力源。

2021 年，北京经济高质量发展指数略低于上海和深圳，位居第三。相较两者，北京在结构优化和效率提高子维度具有一定优势，但开放水平相对较低。

2012~2021 年，北京规模增长指数持续上升。2020~2021 年，该指数的增幅为 11.71%。就横向比较而言，北京规模增长指数排名第二，低于上海。相比上海，北京 GDP、第二产业增加值的规模较小，人均 GDP、第一产业增加值、第三产业增加值较高，但年均增速较低。

2012~2021年，北京结构优化进展加速。2020~2021年，该指数增长1.13%。横向比较来看，在中国超大特大城市中，北京的结构优化指数最高。相比深圳（排名第二），北京在数字经济产业占比等方面具有优势，但高端制造业产值占工业总产值比重和战略性新兴产业占比较低。

2012~2021年，北京效率提高指数加速提升。2020~2021年，该指数增长3.34%。就横向比较而言，北京排名第二，低于南京。从具体指标来看，相比南京，北京的资本生产率较高，但增速较低；全要素生产率与南京较为接近，但增速较高；全员劳动生产率及其增速均较低。

2012~2021年，北京开放提升指数增长缓慢。但2020~2021年增长较快，增幅为33.47%。就横向比较而言，北京开放提升指数排名居中。与排名第一的深圳相比，北京的对外贸易依存度、高新技术产品出口比重、人均货运量均较低，对外资本依存度和人均货运量的降速较快。

## （二）对策建议

经济高质量发展评价结果显示，北京在规模增长、结构优化方面表现优异，但对外开放水平在超大特大城市中排名居中，贸易规模和贸易结构均有提升和改善的空间。综上，本报告认为进一步提高北京经济高质量发展水平需要稳固规模与结构优势，补齐结构优化短板，同步提升内部需求与对外开放水平。

### 1. 持续发力建设北京国际消费中心城市

北京应推动实施"十大专项行动"，挖掘释放首都消费增长潜力和内需潜力，增强消费对经济发展的基础性作用，提升经济发展的自主性、韧性和可持续性。一是优化和创新消费供给体系。推出具有全球竞争力的文旅消费产品，打造消费新地标、"美食、时尚、绿色"多元化消费品牌，"中网""北马"等城市名片；加大数字消费新内容新场景供给力度，创建北京特色直播电商基地，打造元宇宙展示体验中心；加快恢复会展业，培育优质、新兴展会，扩大商务消费，促进文化旅游、养老育幼、医疗教育、体育休闲等服务消费增速持续提升。二是促进线上消费与线下消费融合发展。在加快构建"国际消费体验区、城市消费中心、地区活力消费圈和社区便民生活圈"

四级商业消费空间结构，加快建设"一刻钟便民生活圈"的同时，支持直播电商、即时零售等消费新业态持续健康发展，培育壮大网络消费市场。三是营造高效便捷安全的消费环境。优化完善消费领域企业准入准营制度，创新消费领域审批服务，简化证照办理流程，加大电子证照推广应用力度；加强消费类问题"接诉即办"工作机制建设，建立完善重点服务消费领域"行业牵头，归口负责"的投诉举报办理流程。

### 2. 加快推进高精尖产业发展

北京已基本完成疏解腾退不符合首都功能定位的制造业企业，在产业优化特别是工业项目选择时，突出高端化、服务化、集聚化、融合化、低碳化。一是筑牢以实体经济为根基的高精尖产业结构。积极培育形成两个国际引领支柱产业、四个特色优势的"北京智造"产业、四个创新链接的"北京服务"产业以及一批未来前沿产业，构建"2441"高精尖产业体系，打造高精尖产业 2.0 升级版。二是"一张蓝图绘到底"落实产业空间布局。着力提升"一区"产业能级，全力打造南北两个产业集聚带，积极推动市域内"研发+高端制造"跨区协同；明确北京高端制造业在京津冀先进制造业集群建设中的核心地位、带动作用和先进制造、数字资源优势，以氢能、智能网联汽车、工业互联网等产业为突破口，构建环京产业协同发展三个圈层。三是全方位、多角度支持制造业企业智能化转型升级。推进落实"智造 100"工程，实施"核心企业—关键领域—重点产品"突破战略，加快培育掌握核心竞争力和重要知识产权的全球顶尖企业；保护性发展能够生产高端产品、具有高端化升级潜力或者能够为高端制造业提供配套的制造业企业；帮助促进服务首都民生需要的企业实现数字化、智能化转型升级；促进小微制造业企业降本增效。

### 3. 依托"两区"建设推进高水平对外开放

一是着力打造对外开放四大平台，包括服务贸易平台、双枢纽机场开放平台、高层级科技创新交流合作平台及金融街论坛，助力北京建设更高水平的开放型经济新体制。二是突出优势行业，聚焦金融服务、数字经济、文化旅游、专业服务等重点领域，探索改革开放创新举措。改善营商环境，落实

优惠补贴，降低准入门槛，便利境外机构的投资，提高境外企业的入驻率；畅通人才引进渠道，并提供相应的激励政策；协助外资金融机构对接金融基础设施平台，建立跨领域多资质的综合性专业服务机制，构建全球化服务网络。三是推动构建"1+3+N"的开放型经济发展新格局。重点建设自贸片区、中关村国家自主创新示范区、综保区等开放创新高地；对标高水平自贸协定，更高标准推动制度创新，稳步扩大规则、规制、管理、标准等制度型开放；注重发挥自贸区产业集聚功能，加快形成商务服务等高端产业的集聚区，发挥集聚的正效应。四是全面推动服务业扩大开放。推进专业服务向细分领域发展，提升跨境电商企业的专业服务能力，丰富跨境电商零售商品清单内容，助力开展B2B出口、医药电商试点工作；制定服务业扩大开放升级方案，聚焦重点领域、重点区域，探索"产业+区域+政策"的开放新模式。

## 参考文献

Z. Song，K. Storesletten，F. Zilibotti，"Growing Like China," *American Economic Review* 1（2011）．

高培勇等：《高质量发展背景下的现代化经济体系建设：一个逻辑框架》，《经济研究》2019年第4期。

高培勇：《理解、把握和推动经济高质量发展》，《经济学动态》2019年第8期。

洪银兴：《改革开放以来发展理念和相应的经济发展理论的演进——兼论高质量发展的理论渊源》，《经济学动态》2019年第8期。

魏敏、李书昊：《新时代中国经济高质量发展水平的测度研究》，《数量经济技术经济研究》2018年第11期。

杨耀武、张平：《中国经济高质量发展的逻辑、测度与治理》，《经济研究》2021年第1期。

国家发展改革委经济研究所课题组：《推动经济高质量发展研究》，《宏观经济研究》2019年第2期。

陈景华、陈姚、陈敏敏：《中国经济高质量发展水平、区域差异及分布动态演进》，《数量经济技术经济研究》2020年第12期。

欧进锋、许抄军、刘雨骐：《基于"五大发展理念"的经济高质量发展水平测度——广东21个地级市的实证分析》，《经济地理》2020年第6期。

# B.3
# 北京社会高质量发展报告（2023）<sup>*</sup>

摘　要： 社会高质量发展是高质量发展的重要维度之一。本报告从共同富裕、
　　　　　公共服务和幸福指数 3 个维度构建了社会高质量发展评价指标体系。
　　　　　首先对 2012~2021 年北京社会高质量发展水平进行了定量测度，评
　　　　　价分析了共同富裕、公共服务和幸福指数对北京社会高质量发展的
　　　　　推动力度；其次将北京与各维度得分较优的超大特大城市进行对比
　　　　　分析，识别北京社会高质量发展各维度中的弱势变量；最后基于北
　　　　　京社会高质量发展中的短板，提出针对性对策建议。研究发现，
　　　　　2012~2021 年，北京社会高质量发展指数呈先增长后下降的趋势，
　　　　　公共服务水平提高发挥关键驱动作用；北京社会高质量发展指数在
　　　　　超大特大城市中位居第三；从具体指标来看，公共服务水平领先于
　　　　　其他城市，城乡收入及消费比、预期寿命、居民人均可支配收入等
　　　　　仍有优化空间。报告提出落实落细就业优先政策、推进城乡融合发
　　　　　展，以及持续改善人居环境等对策建议，全面推进北京社会高质量
　　　　　发展。

关键词： 社会高质量发展　共同富裕　公共服务　幸福指数　北京

---

\* 作者：北京市科学技术研究院高质量发展研究中心。执笔：方力、贾品荣、姜宛贝、窦晓铭。
　方力，北科院党组书记、研究员，北京市习近平新时代中国特色社会主义思想研究中心北科院
　研究基地主任，首都高端智库主任，北京市习近平新时代中国特色社会主义思想研究中心特邀
　研究员，主要研究方向为可持续发展；贾品荣，博士，北科院高质量发展研究中心主任、研究
　员、"北科学者"、高精尖产业研究学术带头人，北京市习近平新时代中国特色社会主义思想研
　究中心特邀研究员，主要研究方向为高质量发展、高精尖产业；姜宛贝，博士，北科院高质量
　发展研究中心助理研究员，主要研究方向为低碳发展、多元信息建模；窦晓铭，博士，北科院
　高质量发展研究中心研究人员，主要研究方向为"双碳"战略、可持续发展。

# 一 社会高质量发展的内涵

从社会维度来看,高质量发展强调以把握社会主要矛盾为基本出发点,更好地满足人民日益增长的美好生活需要。中国已建成世界规模最大的社会保障体系,形成规模最大的中等收入群体,并历史性地消除了绝对贫困。高质量发展不仅意味着通过经济发展"做大蛋糕",也意味着通过调整分配方式与机制"分好蛋糕"。基于此,坚持以人民为中心的发展思想,社会高质量发展的新使命在于解决地区差距、城乡差距、收入分配差距等,提高发展的平衡性、充分性、协调性和包容性,使发展成果更好惠及全体人民。

在新发展阶段,社会高质量发展有着丰富的内涵。第一,扎实推进共同富裕。以共同富裕促进社会高质量发展,既要控制、缩小群体之间的差距,也要控制、缩小地区之间的差距。特别关注城乡差距这一多种不平衡不充分因素相互交织、动态变化的集中体现,加快形成城乡融合发展的新局面。第二,优化公共服务供给。高质量发展成果惠及民生,必然要求办好各项民生事业,加快补齐与经济社会发展水平不相适应的基本民生短板,形成与经济高质量发展相适应的社会制度。应扩大基本公共服务覆盖面,提高基本公共服务保障水平,实现教育、医疗、养老等均等化。第三,提升居民幸福指数。从消费侧视角出发,满足人民美好生活需要的根本在于保障人民群众的可持续生计、提高实际收入水平,不断增强人民群众的获得感、幸福感、安全感,促进人的全面发展和社会全面进步。本报告从共同富裕、公共服务和幸福指数三个维度对社会高质量发展进行评价。

# 二 指标体系构建与测度结果

## (一)指标体系构建

根据上文对社会高质量发展内涵的界定,本报告构建北京社会高质量发展评价指标体系（见表1），包括共同富裕、公共服务和幸福指数3个一级指标，10个二级指标。北京社会高质量发展指数由共同富裕指数、公共服务指数和幸福指数构成，采用熵值法计算3维指数的权重，加权求和得到北京社会高质量发展指数。亦采用熵值法计算二级指标权重，加权求和得到3个一级指标指数。具体评价方法和计算方法与高质量发展的评价方法保持一致。

共同富裕。共同富裕需要将城市和农村的发展紧密结合起来，统一协调，全面考虑，积极推进乡村振兴战略，构建新型城乡关系，实现城乡更加充分、更加平衡的发展。基于此，本报告采用城乡收入比、城乡消费比指标衡量城乡共同富裕水平。

公共服务。推动高质量发展的过程，就是民生优化的过程。经济高质量发展成果惠及民生，必然要求扩大基本公共服务覆盖面。基于此，本报告采用人均教育经费支出、万人拥有医生数、社会医疗保险年末参保率和基本养老保险年末参保率衡量公共服务水平。

幸福指数。高质量发展最终目的是造福于人民，提高各个阶层的人民福祉，要求在经济增长中每个社会阶层的幸福感都能不断增长。基于此，本报告采用预期寿命、居民人均可支配收入、城镇登记失业率以及城镇商品房价格与居民收入之比反映幸福指数。

## 表1 北京社会高质量发展评价指标体系

| 维度 | 指标名称 | 权重 | 备注 |
|---|---|---|---|
| 共同富裕 | 城乡收入比 | 0.500 | 负向 |
| | 城乡消费比 | 0.500 | 负向 |
| 公共服务 | 人均教育经费支出（元） | 0.246 | 正向 |
| | 万人拥有医生数（人） | 0.249 | 正向 |
| | 社会医疗保险年末参保率（%） | 0.252 | 正向 |
| | 基本养老保险年末参保率（%） | 0.252 | 正向 |
| 幸福指数 | 预期寿命（岁） | 0.250 | 正向 |
| | 居民人均可支配收入（元） | 0.248 | 正向 |
| | 城镇登记失业率（%） | 0.251 | 负向 |
| | 城镇商品房价格与居民收入之比 | 0.251 | 负向 |

资料来源：《中国统计年鉴》、各城市统计年鉴、《中国社会统计年鉴》等。

### （二）北京社会高质量发展情况

**1. 纵向分析**

2012~2021 年北京社会高质量发展指数呈先增长后下降的趋势，后期增速有所下降。2012~2021 年，北京社会高质量发展指数整体呈上升趋势，由 2012 年的 0.485 增至 2021 年的 0.712，增长幅度为 46.80%，年均增长率为 4.36%（见图 1）。具体来看，2012~2019 年北京社会高质量发展指数持续上升。自 2019 年起，由于城镇登记失业率和城镇商品房价格与居民收入之比不断上升，北京社会高质量发展指数出现下降。因此，2012~2017 年，两个指标的增幅和年均增速总体高于 2017~2021 年。前者的增幅和年均增速分别为 32.37% 和 5.77%，后者分别为 10.90% 和 2.62%。特别地，2020~2021 年北京社会高质量发展指数下降 1.25%。可见，新冠疫情的发生抑制了北京社会发展质量的持续提高，人民生活的幸福度有所下降。

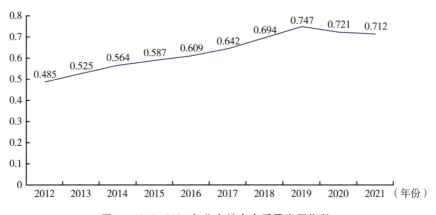

**图 1　2012~2021 年北京社会高质量发展指数**

公共服务水平提高是北京社会高质量发展的关键驱动力。2012~2021 年，共同富裕、公共服务和幸福指数子维度对北京社会高质量发展指数提升的贡献率分别为 22.03%、68.28% 和 9.69%。总体来看，3 个子维度对北京社会高质量发展均起到正向促进作用。公共服务的促进作用最强，远高于共同富裕和幸福指数；其次为共同富裕；幸福指数的推动力度最小。从不同时间段来看，2012~2017 年，贡献率较高的共同富裕指数和公共服务指数对社会高质量发展指数增长的贡献率随时间上升。2012~2017 年，两者的贡献率分别为 17.20% 和 57.96%；2017~2021 年，两者的贡献率分别为 32.86% 和 91.43%。幸福指数对北京社会高质量发展指数增长的贡献率随时间下降，2012~2017 年和 2017~2021 年贡献率分别为 24.84%（高于同期共同富裕指数的贡献率）和-24.29%。

从 3 个子维度来看，共同富裕指数总体呈上升态势。2012~2021 年，北京共同富裕指数从 0.309 提升至 0.448，增长幅度达 44.98%，年均增长率为 4.21%。从不同时间段来看，共同富裕指数的增长幅度和增长速度随时间推移有所下降。2012~2017 年和 2017~2021 年，共同富裕指数分别增长了 23.95% 和 16.97%，年均增长率分别为 4.39% 和 4.00%。2020~2021 年，该指数增长了 3.94%。在高质量发展中扎实推进共同富裕，是实现"全体人民共同富裕取得更为明显的实质性进展"的必然要求。近年来，北京通过发展数字经济等重要平台，拓宽就业渠道，让农村劳动力等重点群体拥有生存技能等措施，推进了共同富裕进程。

公共服务能力整体提升。2012~2021 年，北京公共服务指数由 0.471 增至 0.789，增长幅度为 67.52%，年均增速为 5.90%。该指数的增幅和年均增速高于共同富裕指数，因此其对北京社会高质量发展的贡献较大。从不同时间段来看，2012~2017 年公共服务指数的增长幅度为 39.70%，年均增速为 6.92%；2017~2021 年其增长幅度为 19.91%，年均增速为 4.64%。2021年，受社会医疗保险年末参保率下降的影响，该指数同比下降 1.25%。公共服务对于保障人民群众生存和发展具有重要作用。北京坚持把就业作为最大民生，稳步提高社会保障待遇标准，突出做好社区居家养老服务，极大地提高了公共服务水平。

幸福指数相对稳定。2012~2021 年，北京幸福指数由 0.666 上升至 0.699，增长幅度为 4.95%，年均增速为 0.54%。该指数的增幅和增速明显低于共同富裕指数和公共服务指数，因此其对北京社会高质量发展的作用相对较弱。从历史趋势来看，2012～2019 年幸福指数总体呈增长态势。但2019～2020 年，城镇登记失业率和城镇商品房价格与居民收入之比分别由1.30%和52.99 上升至2.56%和54.24，北京幸福指数出现下降。总体而言，2012～2017 年，北京幸福指数的增幅和年均增速分别为8.86%和1.71%；2017～2021 年，幸福指数的增幅和年均增速分别为－3.59%和－0.91%；2020～2021 年降幅为2.24%。

图 2　2012～2021 年北京社会高质量发展各维度指数

### 2. 横向比较

北京社会高质量发展水平排名前三，共同富裕进程亟待加速。2021 年，深圳、杭州和北京的社会高质量发展指数分别为0.835、0.747 和0.712（见图3）。北京社会高质量发展指数比深圳和杭州低，位居第三。北京的社会高质量发展指数与深圳和杭州的差值分别为0.123 和0.035，与深圳的差距相对较大。相较深圳，北京共同富裕子维度的得分较低，差值为0.200；公共服务和幸福指数子维度的得分相对较高，差值分别为0.066 和0.011，公共服务的优势较大。相比杭州，北京社会高质量发展的劣势主要体现于共同富裕和幸福指数子维度。共同富裕得分的差值相对较大，为0.089；幸福指数的差值为0.041。在公共服务方面，北京该子维度的得分比杭州高0.095。2021 年，中国超大特大城市社会高质量发展指数如图3 所示。

图3　2021年中国超大特大城市社会高质量发展指数

本报告从社会高质量发展的三个维度（共同富裕、公共服务和幸福指数）入手，将北京与各维度的优势城市进行对比分析。

（1）共同富裕指数

从3个子维度来看，北京共同富裕水平相对较低，城乡收入差距缩小的速度较慢。2021年，在中国超大特大城市中，深圳的共同富裕指数最高，北京位列中下游。选择深圳与北京在该子维度进行比较，发现2012~2021年，深圳的共同富裕指数得分均为1.00，表明期间深圳共同富裕水平保持稳定，且在中国超大特大城市中最高。北京的共同富裕指数于2012~2021年持续增长，增长幅度为44.98%，年均增速为4.21%（见图4）。分析共同富裕维度下的各指标发现，2012~2021年深圳城乡收入比和城乡消费比均为1.00。自2004年起，深圳全面实现城市化，成为全国第一个没有农村的城市。由此，深圳无城乡收入和消费差距，两者比值为1.00。2012~2021年，北京城乡收入比由2.62下降至2.45，城乡消费比由2.44下降至1.98。前者降速为0.74%，后者降速为2.29%，城乡消费比的差距缩小速度较快。综上所述，对比深圳，北京城市化水平、城乡收入比及城乡消费比均有一定差距，尤其是城乡收入差距缩小缓慢。北京未来应继续发展壮大农村经济，增加农民可支配收入，实现城乡居民共同富裕。

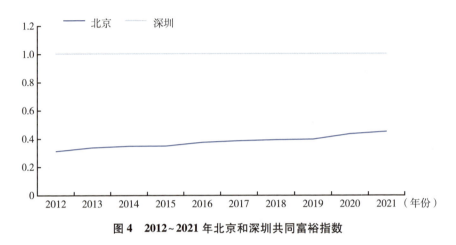

**图 4　2012~2021 年北京和深圳共同富裕指数**

（2）公共服务指数

北京公共服务水平领先于其他城市，人均教育经费支出对标深圳有一定差距。2021 年，北京公共服务指数为 0.789，在中国超大特大城市中排名第一。深圳的公共服务指数为 0.654，排名第二。选择深圳与北京在该维度进行比较，发现 2012~2021 年，北京的公共服务水平均高于深圳，差距先逐渐扩大后逐渐缩小，总体呈扩大态势（见图 5）。2012 年的差值为 0.054，2021 年为 0.135。从时间趋势来看，北京公共服务指数的年均增长率为5.90%，深圳为 5.13%，北京的增速相对较快。分析该维度 2021 年的各项指标，发现北京万人拥有医生数是深圳的 2 倍以上，北京为 56.43 人，深圳为 25.31 人。此外，北京基本养老保险年末参保率亦高于深圳，北京人均教育经费支出和社会医疗保险年末参保率低于深圳（见表 2）。从各指标变化趋势来看，北京的万人拥有医生数、社会医疗保险年末参保率和基本养老保险年末参保率的增速均高于深圳。北京人均教育经费支出的增长率则低于深圳。由此，北京未来应进一步加大教育经费支出，继续保持社会医疗保险年末参保率的增长态势。

图5　2012～2021年北京和深圳公共服务指数

表2　2021年北京和深圳公共服务维度指标数值及其年均增速

|  | 城市 | 人均教育经费支出（元） | 万人拥有医生数（人） | 社会医疗保险年末参保率（%） | 基本养老保险年末参保率（%） |
|---|---|---|---|---|---|
| 2021年水平值 | 北京 | 5245 | 56.43 | 0.86 | 0.88 |
|  | 深圳 | 5459 | 25.31 | 0.94 | 0.76 |
| 2012～2021年均增速(%) | 北京 | 6.30 | 4.02 | 2.52 | 3.20 |
|  | 深圳 | 11.45 | 2.64 | -0.16 | 1.22 |

（3）幸福指数

在中国超大特大城市中，北京的幸福指数处于中游。从2021年来看，北京的幸福指数在中国超大特大城市中排名第十，上海的幸福指数最高，故选择上海与北京进行比较。2012～2020年，北京的幸福指数高于上海，但两者间的差距不断缩小（见图6）。2021年，上海的幸福指数反超北京。从变化趋势来看，北京的幸福指数呈现波动增长的态势，年均增速为0.54%。上海的幸福指数呈持续增长态势，年均增速为4.50%。可见，近10年北京的幸福指数增长乏力，上海的幸福指数增长则较为迅速。从具体指标来看，上海正向指标预期寿命及居民人均可支配收入的增速高于北京；负向指标（城镇登记失业率）呈下降态势，而北京则表现出上升趋势。2021年，与北京相比，上海幸福指数的各项指标均表现出一定的优势（见表3）。

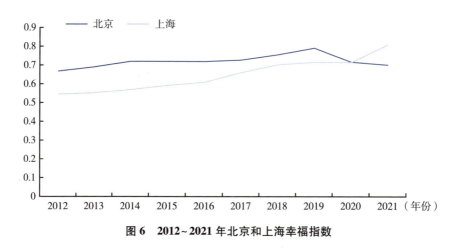

**图 6　2012～2021 年北京和上海幸福指数**

**表 3　2021 年北京和上海幸福指数维度指标数值及其年均增速**

|  | 城市 | 预期寿命(岁) | 居民人均可支配收入（元） | 城镇登记失业率(%) | 城镇商品房价格与居民收入之比 |
|---|---|---|---|---|---|
| 2021 年水平值 | 北京 | 82.47 | 75002 | 3.23 | 0.54 |
|  | 上海 | 84.11 | 78027 | 2.73 | 0.46 |
| 2012～2021年均增速(%) | 北京 | 0.15 | 8.23 | 10.93 | 1.66 |
|  | 上海 | 0.23 | 8.40 | −4.67 | 2.44 |

# 三　主要研究结论及对策建议

## （一）主要研究结论

本报告从共同富裕、公共服务和幸福指数3个维度构建了北京社会高质量发展评价指标体系，对北京社会高质量发展状况进行测度和评价，并从各个维度与中国超大特大城市中的优势城市进行了横向比较，主要研究结论如下。

2012~2021年，北京社会高质量发展指数呈先增长后下降的趋势，增速有所放缓。2021年同比下降1.25%。公共服务水平提高是北京社会高质量发展的关键驱动力。

2021年，北京社会高质量发展指数比深圳和杭州低，位居第三。相较两者，北京公共服务子维度的得分较高，但共同富裕水平较低。

2012~2021年，北京共同富裕水平总体呈上升态势。2020~2021年，该指数的增幅为3.94%。就横向比较而言，北京共同富裕水平相对较低。城乡收入比及城乡消费比均有较大收窄空间，城乡收入差距缩小较慢。

2012~2021年，北京公共服务能力整体提升。2020~2021年，该指数同比下降1.25%。就横向比较而言，北京公共服务水平领先于其他城市。相比深圳，北京人均教育经费支出和社会医疗保险年末参保率相对较低，人均教育经费支出的增速亦较慢。

2012~2021年，北京幸福指数相对稳定。2021年，该指数同比下降2.24%。就横向比较而言，2021年北京幸福指数在中国超大特大城市中处于中游水平。相较上海，北京该维度各项指标的水平均较低，预期寿命、居民人均可支配收入的增速较低，城镇登记失业率下降速度放缓。

## （二）对策建议

社会高质量发展评价结果显示，尽管呈现先增长后下降的趋势，北京社会高质量发展水平相比10年前仍有较大幅度提升。降低失业率、缩小城乡收入差距、控制商品房价格持续大幅攀升可以作为提升共同富裕、公共服务和幸福指数水平的抓手。由此，本报告认为促进北京社会高质量发展需要做好以下几点。

### 1. 落实落细就业优先政策

就业是劳动者赖以生存和发展的基础，是共享经济发展成果的基本条件。应扩大就业容量，提升就业质量，多措并举促进高质量充分就业。一是挖掘更多就业岗位。通过基础设施建设、以工代赈以及基层服务管理等创造、提供过渡性工作；推进"一刻钟便民生活圈"建设，利用社会化管理服务专员、家政服务、再生资源回收、便民理发、果蔬零售等社区服务性岗位，促进劳动者就地就近就业；挖掘一批劳动密集型特色产业，以产业转型升级提升当地内生发展动力与可持续生计。二是促进劳动者就业能力提升。持续面向失业人员、农村转移就业劳动力、高校毕业生等重点群体开展就业技能培训，落实首都技能人才"金蓝领"培育计划，重点面向参保企业技能岗位新招用和转岗人员开展通用素质、专业理论和技能实训，激励劳动者积极提升自身技能。三是多渠道支持、促进供需精准对接。提供岗位推荐、培训信息、职业体验、就业指导、推介创业等服务项目，密集组织招聘活动，及时落实就业援助补贴政策，保障高校毕业生、农民工等重点群体就业，引导劳动者通过个体经营、网约车、快递送餐、电子商务等多种形式实现灵活就业。

**2. 推进城乡融合发展**

北京应立足"大城市小农业""大京郊小城区"的市情农情，推进人才、土地、资金、技术等要素融合和空间差异化融合，缩小城乡收入差距。第一，提高农民的财产性和经营性收入水平。一是促进农村产业融合。在科技支撑、品牌建设、新业态培育等方面打好组合拳，充分发挥首都科技优势，深入实施创新驱动发展战略，提高农业科技自主创新能力和成果转化水平。二是壮大集体经济。开展农村集体经济薄弱村帮扶专项行动，推广"企业+合作社+农户""企业+基地+农户""农户以土地、农具入股企业"等多种利益联结方式，通过利益联结促进农民增收。三是盘活土地要素。探索建立土地跨区调剂使用制度，推动城乡建设用地远距离大范围置换，使广大农村都能够分享城镇化、工业化带来的土地增值收益；构建统一的城乡土地要素市场，盘活集体经营性建设用地运营和收入分配，大幅提升农村土地财产功能和资产功能。第二，健全人才城乡流转机制。引导农村劳动力到城市公共服务岗位、产业项目就业，继续深化户籍制度和社会保障制度改革，完善以居住证为主要载体的义务教育、就医结算、技术培训、保障性住房等制度，使进城农民工享受与城市居民平等的教育、医疗等公共服务；组织开展"千名干部科技人才进千村入万户"活动，为愿意从事郊区现代化农业生产的城市人口提供下乡就业创业的渠道和空间，出台、落实"三支一扶"引智引资等政策，吸引人才和资本返乡入乡。第三，促进城乡基本公共服务均等化。加快推进空白村医疗卫生机构建设，中心城区三甲医院与郊区医疗机构开展合作，推动优质医疗资源向农村延伸；清零幼儿园空白乡镇，推动优质高中招生计划向农村地区倾斜，建立教育教学资源共享机制，推动优质网络教育资源向乡村学校覆盖；分类推进养老服务设施建设，完善村级养老服务驿站布局建设，大力发展农村互助养老等新型养老服务模式。

**3. 持续改善人居环境**

第一，着力解决城市住房问题。一方面，稳定以刚需为主的基本面，抑制楼市的投机需求。严格执行限购、限贷、限价等政策，合理提升限购、限贷门槛，落实"317新政"和"326新政"，严查信贷资金违规进入楼市、房企违规销售等情况。另一方面，"调结构"增加房地产市场有效供应规模。继续督促开放已供土地，重点在大兴、丰台、房山、昌平开发供应限竞房①，加快发展保障性租赁住房，落实"租购补"并举、保基本、分层次、广覆盖的住房保障供应体系。第二，推进慢行系统品质提升，综合治理交通拥堵问题。完成东二环朝阳门桥慢行系统提升改造工程，着力打通骑行道路；实施圆明园西路、三里屯路、信息路等慢行系统品质提升工程，继续推进南展工程，打通二环水系四处滨水步道断点，开展慢行系统街道试点、示范区建设，满足市民多元化出行需求，提升智慧交通软实力。第三，优化公共服务供给应对教育资源、医疗资源分布不均衡等问题，推进养老服务便利化。一是落实教师轮岗、公民同招、六年一学位等措施，推广"多校划片"政策，以"互联网+基础教育"推进义务教育均衡发展。二是分级分类分区统筹规划全市医疗卫生资源配置，严控项目床位和建筑规模，有序推进北京市属医疗卫生机构和部分央属医疗机构由中心城区向城市南部、西部、"回天"地区等市域内资源薄弱地区疏解。

---

① 限竞房指以"限房价，竞地价"的方式拍卖土地，并最终建成的一种商品房品类，主要面向刚需群体，与纯商品房项目相比，价格优势较为明显。

**参考文献**

J. Barro，" Convergence and Modernization Revisited，" *National Bureau of Economic Research* 1（2012）.

习近平：《扎实推动共同富裕》，《求是》2021年第20期。

洪银兴：《以包容效率与公平的改革促进共同富裕》，《经济学家》2022年第2期。

托马斯·皮凯蒂：《21世纪资本论》，中信出版社，2014。

洪银兴：《区域共同富裕和包容性发展》，《经济学动态》2022年第6期。

张军扩等：《高质量发展的目标要求和战略路径》，《管理世界》2019年第7期。

刘培林等：《共同富裕的内涵、实现路径与测度方法》，《管理世界》2021年第8期。

黄厅厅、熊斌：《共同富裕目标下乡村公共服务高质量发展：顶层设计、学理阐释与基层实践》，《云南民族大学学报》（哲学社会科学版）2023年第4期。

叶振宇：《新时代中国区域协调发展的经验成就与现实思考》，《兰州大学学报》（社会科学版）2023年第3期。

陈鸿彬：《城乡统筹发展定量评价指标体系的构建》，《地域研究与开发》2007年第2期。

# B.4
# 北京生态高质量发展报告（2023）*

摘　要：　生态高质量发展作为高质量发展的重要组成部分，对促进高质量发展具有重要意义。本报告从环境质量、资源利用和污染减排三个维度构建了生态高质量发展评价指标体系。首先对2012~2021年北京生态高质量发展水平进行定量测度，从三个维度解析了北京生态高质量发展的关键动力；其次将北京与各维度得分较优的超大特大城市进行对比分析，识别北京生态高质量发展各维度中的弱势变量；最后基于北京生态高质量发展中的短板提出针对性对策建议。研究发现，2012~2021年北京生态高质量发展指数提速增长，资源利用水平提升在其中发挥主要驱动作用；北京生态高质量发展指数在超大特大城市中位居第二；从具体指标来看，北京资源利用水平位于第一梯队，环境质量和污染减排仍有提升空间。针对北京生态高质量发展中的不足，本报告提出以碳治理引领大气污染防治、统筹推进生态保护修复、优化城市垃圾处理模式等对策建议。

关键词：　生态高质量发展　环境质量　资源利用　污染减排　北京

* 作者：北京市科学技术研究院高质量发展研究中心。执笔：方力、贾品荣、姜宛贝、窦晓铭。方力，北科院党组书记、研究员，北京市习近平新时代中国特色社会主义思想研究中心北科院研究基地主任，首都高端智库主任，北京市习近平新时代中国特色社会主义思想研究中心特邀研究员，主要研究方向为可持续发展；贾品荣，博士，北科院高质量发展研究中心主任、研究员、"北科学者"、高精尖产业研究学术带头人，北京市习近平新时代中国特色社会主义思想研究中心特邀研究员，主要研究方向为高质量发展、高精尖产业；姜宛贝，博士，北科院高质量发展研究中心助理研究员，主要研究方向为低碳发展、多元信息建模；窦晓铭，博士，北科院高质量发展研究中心研究人员，主要研究方向为"双碳"战略、可持续发展。

# 一 生态高质量发展的内涵界定

生态高质量发展是绿色新发展理念的具体化实践，坚持人与自然和谐共生，强调扩大生态规模，挖掘生态资源价值，在生态承载能力范围内合理高效配置资源，最终形成经济、社会、生态协同的绿色低碳循环可持续发展路径，为子孙后代留下更多生态资产。

对生态高质量发展的内涵阐释建立在科学认识和正确理解生态资源与经济发展之间关系的基础上。第一，生态资源是经济发展的内生要素，与人造资源并非完全替代关系。在一定的时间和空间尺度内，即使是可再生资源的数量也是有限的，并非"取之不尽，用之不竭"。这意味着经济增长绝不能盲目占有自然资源或破坏生态系统，而应调整优化要素配置，以更少的资源环境投入创造更高的价值；而非如传统工业文明发展范式下将其视为外生条件，走"先污染，后治理"的发展路径。第二，作为人类生存发展的物质基础，生态规模是有限的，且直接决定了最优经济生产规模和社会福利水平。生态高质量发展必须在自然资源和生态环境的可承载范围内，生态保护与修复也并非经济发展的附庸或约束，而是不断扩大生态边界，放松经济社会发展约束的过程。第三，除了作为生产要素的经济价值，生态资源自身具有存在价值和服务价值。生态高质量发展应秉持"绿水青山就是金山银山"的理念，坚持生态系统性和整体性，使资源高效利用和生态环境保护成为驱动经济社会持续健康发展的变革性力量。基于此，本报告从环境质量、资源利用和污染减排三个维度对生态高质量发展进行评价。

# 二 指标体系构建与测度结果

## （一）指标体系构建

根据上文对生态高质量发展内涵的界定，本报告构建北京生态高质量发展评价指标体系（见表1），包括环境质量、资源利用和污染减排 3 个一级指标，11 个二级指标。北京生态高质量发展指数由环境质量指数、资源利用指数和污染减排指数构成，采用熵值法计算指标的权重，加权求和得到北京生态高质量发展指数。亦采用熵值法计算二级指标权重，加权求和得到一级指标。具体评价方法和计算方法与高质量发展的评价方法保持一致。

环境质量。环境质量指以人类为中心的、环绕人们周围的各种自然因素的状态。生态高质量发展要求改善大气质量、加强土地保护、提高水资源质量等，提升民众幸福感与获得感。基于此，本报告采用的环境质量指标由全年优良天数比例、建成区绿化覆盖率、国家自然保护区比重和断面水质达标率构成。

资源利用。资源利用指提高资源利用效率，以较少的资源能源消耗和环境破坏实现经济发展。基于此，本报告采用能源产出率、水资源产出率、建设用地产出率和煤炭消费占能耗总量的比重衡量资源利用状态。

污染减排。污染减排指减轻人类社会经济活动对生态环境造成的压力，减少废弃物和环境有害物排放，产生正的外部性。基于此，本报告选用 $CO_2$ 排放强度、城市生活污水集中处理达标率和生活垃圾无害化处理率表征污染减排水平。

**表 1 北京生态高质量发展评价指标体系**

| 一级指标 | 二级指标 | 权重 | 备注 |
|---|---|---|---|
| 环境质量 | 全年优良天数比例(%) | 0.258 | 正向 |
| | 建成区绿化覆盖率(%) | 0.260 | 正向 |
| | 国家自然保护区比重(%) | 0.224 | 正向 |
| | 断面水质达标率(%) | 0.258 | 正向 |
| 资源利用 | 能源产出率(元/吨标准煤) | 0.251 | 正向 |
| | 水资源产出率(元/米³) | 0.251 | 正向 |
| | 建设用地产出率(元/米²) | 0.245 | 正向 |
| | 煤炭消费占能耗总量的比重(%) | 0.253 | 负向 |
| 污染减排 | $CO_2$排放强度(千克/元) | 0.333 | 负向 |
| | 城市生活污水集中处理达标率(%) | 0.333 | 正向 |
| | 生活垃圾无害化处理率(%) | 0.334 | 正向 |

资料来源：《中国统计年鉴》、各城市统计年鉴、《中国环境年鉴》、《中国国土资源统计年鉴》及《中国能源统计年鉴》等。

## （二）北京生态高质量发展情况

### 1. 纵向分析

近年来，北京生态高质量发展指数由波动下降转变为持续增长，增长速度不断加快。2012~2021年，北京生态质量总体呈现上升态势。2012年的生态高质量发展指数为0.545，2021年为0.849，增长幅度为55.78%，年均增长率为5.05%（见图1）。与经济和社会高质量发展指数的增幅进行比较，生态高质量发展指数的增长幅度相对较高。从历史变化来看，2012~2015年，北京生态高质量发展指数波动下降，年均降速为4.21%。2013年，全国遭遇史上最严重雾霾天气，北京全面优良天数比例由2012年的77%下降至46%。因此，2013年北京的生态高质量发展指数相比2012年有所下降。2015年受生活垃圾无害化处理率下降的影响，该指数亦出现明显下降。此后，该指数呈现持续增长的态势，年均增速为10.01%。总体来看，2012~2017年北京生态高质量发展指数总体呈增长态势，增长幅度为19.08%，年均增长率为3.55%；2017~2021年增幅为30.82%，年均增速为6.95%。特别地，2021年的生态高质量发展指数相比2020年增长了8.99%。

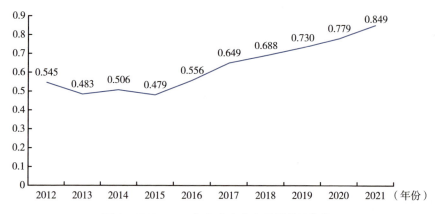

**图1　2012~2021年北京生态高质量发展指数**

资源利用水平提升是北京生态高质量发展的第一动力源。2012～2021年，环境质量、资源利用和污染减排维度对北京生态高质量发展指数提升的贡献率分别为21.71%、52.63%和25.66%，三个维度均积极推动了北京生态高质量发展（见图2）。资源利用的推动力度最强，贡献率超过了环境质量和污染减排的贡献率之和；环境质量和污染减排的推动力度相当，后者的贡献率略高于前者。从不同时间段来看，2012～2017年，污染减排的贡献率最高，达到71.15%；其次为资源利用，贡献率为59.62%；环境质量对生态高质量发展的作用为负，贡献率为-30.77%。2017～2021年，环境质量的作用由负转正，贡献率达到49.00%；资源利用的贡献率下降至49.00%；污染减排的推动力度减弱较为明显，贡献率仅为2.00%。

从3个子维度来看，环境质量指数呈现先下降后上升的态势。2012～2021年，北京环境质量指数从0.573提升至0.683，增长幅度达到19.20%，年均增长率为1.97%。具体来看，2012～2014年环境质量指数持续下降，自2015年开始提升。总体来看，2012～2017年和2017～2021年，环境质量指数分别增长了-9.25%和31.35%，年均增长率分别为-1.92%和7.05%。2020～2021年，该指数增长了11.78%。近10年，北京坚定不移走生态优先、绿色发展之路。空气质量大幅改善，全年优良天数比例由2013年的46%提升至2021年的85%。2021年，北京$PM_{2.5}$年均浓度降至33微克/米$^3$，较2013年下降63.1%，被联合国环境规划署誉为"北京奇迹"。

资源利用水平不断提高。2012～2021年，北京资源利用指数由0.479增至0.759，增长幅度为58.46%，年均增速为5.25%。该指数的增幅和年均增速显著高于环境质量和污染减排指数，因此其为促进北京生态高质量发展的关键动力源。从不同时间段来看，2012～2017年资源利用指数的增长幅度为22.55%，年均增速为4.15%；2017～2021年其增长幅度为29.30%，年均增速为6.64%。2021年，该指数同比增长6.30%。近10年，北京大力调整产业结构、积极推进工艺技术水平提升。北京平原区基本实现无煤化，2021年煤炭比重相比2012年下降了94.29%。能源产出率、水资源产出率和建设用地产出率得到大幅提升，增幅分别达到62.16%、98.29%和65.96%。

污染减排指数呈波动增长态势。2012~2021年，北京污染减排指数由0.745上升至0.890，总体呈增长态势，增长幅度为19.46%，年均增速为2.00%，增幅和年均增速远低于资源利用指数、略高于环境质量指数。从变化趋势来看，2012~2017年污染减排指数波动剧烈。2014~2015年，生活垃圾无害化处理率下降了21%，因此该指数2015年出现明显下降。自2016年起，污染减排指数开始显著上升。2017~2021年，该指数保持相对稳定。总体而言，2012~2017年，北京污染减排指数的增幅和年均增速分别为18.39%和3.43%；2017~2021年增幅和年均增速分别为0.91%和0.23%；2020~2021年增速为0.23%。近10年，北京全力打好污染防治攻坚战。2012~2021年，$CO_2$排放强度下降了50.28%，温室气体减排取得了前所未有的成效。

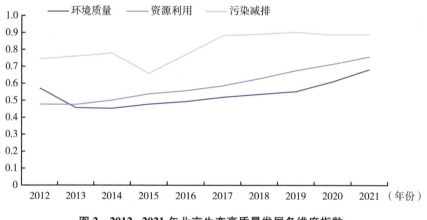

图2　2012~2021年北京生态高质量发展各维度指数

## 2. 横向比较

北京生态高质量发展水平排名第二，污染减排指数仍有待提升。2021年，佛山、北京和深圳的生态高质量发展水平位列前三，该维度指数分别为0.869、0.849和0.847。北京生态高质量发展指数比佛山低，位居第二，差值为0.020。相较佛山，北京环境质量子维度的得分较高，差值为0.010；资源利用和污染减排子维度的得分相对较低，差值分别为0.010和0.020。

佛山污染减排指数高于北京的原因在于，其城市生活污水集中处理达标率高于北京，佛山为 100%，北京为 94.70%。相比深圳，北京资源利用的优势较为明显，该维度得分比深圳高 0.028；而其生态高质量发展的劣势主要体现在环境质量和污染减排子维度。污染减排指数的差值较大，为 0.022，环境质量指数的差值为 0.004。

2021 年中国超大特大城市生态高质量发展指数如图 3 所示。

**图 3　2021 年中国超大特大城市生态高质量发展指数**

本报告从生态高质量发展的 3 个维度（环境质量、资源利用和污染减排）入手，将北京与各维度的优势城市进行对比分析。

（1）环境质量指数

从 3 个子维度来看，北京环境质量指数位于中上游，全年优良天数比例、国家自然保护区比重以及断面水质达标率均低于大连。2021 年，在中国超大特大城市中，大连的环境质量指数最高，北京位列第九。选择大连与北京在该子维度进行比较，发现 2012~2021 年，北京的环境质量指数均低于大连，但差距逐渐缩小（见图 4）。2012 年的差值为 0.301，2021 年为0.189。从变化速度来看，北京环境质量指数的年均增长率为 1.97%，大连为-0.03%。从 2021 年各项指标来看，除建成区绿化覆盖率北京高于大连外，大连的全年优良天数比例、国家自然保护区比重以及断面水质达标率均高于北京。国家自然保护区比重的差距最大，大连是北京的 5.58 倍。从变化趋势来看，北京该维度各指标的发展相较大连良好和迅速，各项指标的数值均有所增长。2012~2021 年大连全年优良天数比例和国家自然保护区比重总体呈下降态势，建成区绿化覆盖率和断面水质达标率的增长相对较慢。北京未来应保持各项指标的发展优势，继续提升全年优良天数比例和国家自然保护区比重，以及断面水质达标率。

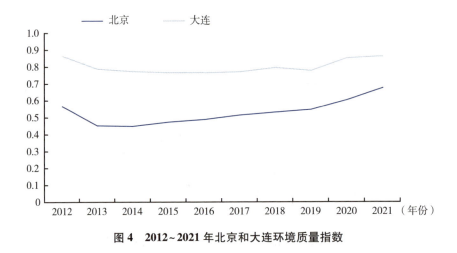

图 4　2012~2021 年北京和大连环境质量指数

（2）资源利用指数

北京资源利用水平位于第一梯队，建设用地产出率及其增速比佛山低。2021 年，北京资源利用指数为 0.759，在中国超大特大城市中排名第二。佛山的资源利用指数高于北京，位列第一，因此选择佛山与北京在资源利用维度进行比较。总体来看，2012~2021 年北京和佛山在资源利用方面差距不大，资源利用指数的平均差值为 0.061（见图 5）。从指数的变化趋势来看，北京资源利用指数的年均增长速度为 5.25%，佛山为 5.01%。可见，虽然 2012~2021 年北京的资源利用水平略低于佛山，但增速比佛山高。分析 2021 年的各项指标发现，佛山资源利用水平较高的主要原因在于其建设用地产出率远高于北京，前者为 7613 元/米$^2$，后者为 2302 元/米$^2$，前者为后者的 3.31 倍。对于能源产出率、水资源产出率和煤炭消费占能耗总量的比重 3 项指标，北京均优于佛山。从各指标变化趋势来看，北京水资源产出率的增速和煤炭消费占能耗总量的比重的降速快于佛山，但能源产出率和建设用地产出率的增速略低于佛山。

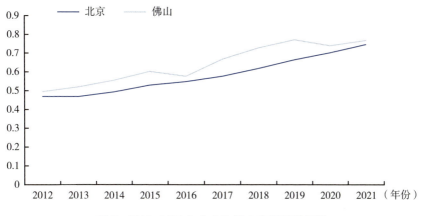

图 5　2012~2021 年北京和佛山资源利用指数

（3）污染减排指数

北京污染减排水平居于前列，$CO_2$ 排放强度和城市生活污水集中处理达标率等方面低于深圳。2021 年，北京污染减排指数为 0.890，在中国超大特大城市中排名第八。选择排名第一的深圳与北京进行比较。结果显示，2012~2021 年，深圳污染排放水平优于北京，但两者的差距逐渐缩小（见图 6）。2012 年，北京与深圳污染减排指数的差值为 0.128，2021 年下降至 0.041。分析两城市污染减排指数的增长速度，发现北京该指数的年均增长率（2.00%）高于深圳（0.72%）。可见虽然北京污染减排水平低于深圳，但历史增速相对较高。从该维度具体指标来看，2021 年北京 $CO_2$ 排放强度高于深圳，前者为 0.024 千克/元，后者为 0.017 千克/元；北京的城市生活污水集中处理达标率低于深圳，前者为 94.70%，后者为 98.55%；北京和深圳的生活垃圾无害化处理率均为 100%。从指标增长速度来看，北京 $CO_2$ 排放强度的降速以及城市生活污水集中处理达标率的增速比深圳快；生活垃坂无害化处理率的增速小于深圳。综上，在污染减排方面北京应当进一步降低 $CO_2$ 排放强度，提高城市生活污水集中处理达标率。

图 6　2012~2021 年北京和深圳污染减排指数

# 三　主要研究结论及对策建议

## （一）主要研究结论

本报告从环境质量、资源利用和污染减排 3 个维度构建了北京生态高质量发展评价指标体系，基于此刻画和解析了北京生态高质量发展的历史变化特征，并从各个维度与全国优势城市进行了横向比较，主要研究结论如下。

2012~2021 年，北京生态高质量发展指数由波动下降转变为持续增长，增长速度不断加快。2020~2021 年，该指数的增幅为 8.99%。资源利用水平提升是北京生态高质量发展的第一动力源。

2021 年，北京生态高质量发展指数比佛山低，比深圳高，位居第二。相较佛山和深圳，北京分别在环境质量和资源利用方面具有优势。但污染减排水平低于佛山和深圳。

2012~2021 年，北京环境质量指数先下降后上升。2020~2021 年，该指数的增幅为 11.78%。就横向比较而言，北京环境质量指数位于中上游。相比大连，北京全年优良天数比例、国家自然保护区比重以及断面水质达标率较低。

2012~2021 年，北京资源利用水平不断提高。2021 年，该指数同比增长 6.30%。就横向比较而言，北京资源利用水平位于第一梯队。相比佛山，北京建设用地产出率及其增速较低，能源产出率的增速亦较低。

2012~2021 年，北京污染减排指数呈波动增长态势。2020~2021 年，该指数的增长幅度为 0.23%。就横向比较而言，2021 年北京污染减排指数排名靠前。相较排名第一的深圳，北京 $CO_2$ 排放强度和城市生活污水集中处理达标率等指标较低。

## （二）对策建议

生态高质量发展研究结果显示，北京生态高质量发展水平在中国超大特大城市中排名第二，但在环境质量和污染减排方面仍有一定的优化提升空间。具体而言，北京的全年优良天数比例、国家自然保护区比重、断面水质达标率、建设用地产出率及其增速、$CO_2$ 排放强度和城市生活污水集中处理达标率与全国最优水平相比仍有一定差距。由此，本报告认为进一步提升北京生态高质量发展水平需要着重加强环境治理，强化污染减排中的弱项。

### 1. 以碳治理引领大气污染防治

大气污染与气候变化同根同源，北京作为国内少数已经达成碳达峰目标的城市之一，率先进入以"双碳"目标协同引领大气治理的阶段。一是构建碳达峰碳中和政策体系。完善北京市"1+N"政策体系，明确重点领域减排目标任务，推动目标约束由能耗双控向碳排放总量和强度双控转变，积极推进碳排放权交易市场建设，加强海绵城市建设，开展先进低碳技术试点、低碳领跑者试点、气候友好型区域试点、气候投融资试点等试点建设工作，以及强化非 $CO_2$ 温室气体排放控制。二是减少大气污染物排放。深化大气污染防治"一微克"行动，实施挥发性有机物治理专项行动、氮氧化物减排专项行动，提升城市环境精细化管控水平，加大对施工扬尘、道路扬尘、裸地扬尘、餐饮油烟、烟花爆竹、噪声污染等管控力度。三是推动京津冀地区大气污染协同治理。由于大气污染的区域流动性强,补齐区域管理漏洞,提出跨区域系统性解决方案具有必要性。除了持续调整产业结构、深入优化能源结构、深化运输结构调整外,加强区域合作还应关注挥发性有机化合物和氮氧化物协同减排,油品质量升级、散煤整治,以及城市扬尘、秸秆禁烧监督和综合利用等面源综合治理等方面,加强重污染天气应急联动合作。

**2. 统筹推进生态保护修复**

生态保护与修复是扩大生态环境容量,提升生态系统碳汇能力,切实保障城市绿色低碳运行的不二选择。一是落实生态涵养区生态保护。巩固京津风沙源治理和百万亩造林绿化成果,打造环京绿色生态带,推行草原森林河流湖泊湿地休养生息;摸底调查尾矿库、险存险户等各类安全隐患,对废弃矿山、生态林断带和宜林荒山荒地等生态薄弱区域开展生态修复。二是建立健全生态产品价值实现机制。通过编制生态产品目录清单、完成自然资源统一确权登记等,构建生态产品价值实现支撑体系;完善京冀密云水库上游潮白河流域水源涵养区横向生态保护补偿机制,建立官厅水库上游永定河流域水源横向生态保护补偿机制,拓展流域生态保护补偿路径等;适时在生态涵养区以外其他区实行经济发展和生态产品价值"双考核"制度,建立生态环境保护利益导向机制。三是加强水生态保护修复。坚持自然恢复为主、人工修复为辅,统筹推进流域山水林田湖草沙系统修复,着力提升河湖生态用水保障能力,大力推动改善河湖水系连通性,切实提升河湖栖息地生境多样性、河湖生物多样性,以及城市河滨水空间生态服务功能。

**3. 优化城市垃圾处理模式**

北京亟待推进无废城市建设,推动城市垃圾减量化、资源化、无害化处理。第一,推动城市垃圾减量化发展。一方面,大力推进源头减量。大力推广"光盘行动""空瓶行动",提倡小份菜、小盘菜多样化供餐,推广公筷公勺和分餐制,要求服务人员主动提示顾客将未食用完的菜品和主食打包,并提供打包服务;鼓励干部职工视会议情况自带水杯参会;宾馆饭店、A级景区对照"光瓶行动"自查自纠,积极开展"光瓶行动"进工地活动。另一方面,持续推广垃圾分类。通过桶站值守、上门指导、积分奖励、"红黑榜"、城管执法进社区等措施巩固提升市民家庭自主分类水平；同时改造建设固定桶站、密闭式清洁站、垃圾运输车辆、分类驿站，进一步健全分类设施网络，开展塑料污染治理试点，推进完善生活垃圾分类收运处理建设管理体系。第二，推动城市垃圾资源化利用。促进园林绿化废弃物科学处置利用，全面部署城市废旧物资循环利用体系建设，支持建筑资源化循环经济产业基地发展，确保后端再生产品品质，扩大可循环快递包装应用规模，发展循环经济促进城市垃圾资源化利用。第三，推动城市垃圾无害化处理。推广生物降解技术，提升生活垃圾焚烧和生化设计处理能力，继续落实原生生活垃圾"零填埋"。

## 参考文献

Kinzig, Kammen, "National Trajectories of Carbon Emissions: Analysis of Proposals to Foster the Transition to Low-carbon Economics," *Global Environmental Change* 3 (1998).

中央宣传部：《习近平新时代中国特色社会主义思想学习纲要》，学习出版社、人民出版社，2019。

肖思思等：《资源节约型社会发展综合评价指标体系及其应用——以江苏省为例》，《经济地理》2008 年第 1 期。

诸大建：《可持续性科学：基于对象—过程—主体的分析模型》，《中国人口·资源与环境》2016 年第 7 期。

易杏花、成金华、陈军：《生态文明评价指标体系研究综述》，《统计与决策》2013 年第 18 期。

黄庆华、胡江峰、陈习定：《环境规制与绿色全要素生产率：两难还是双赢?》，《中国人口·资源与环境》2018 年第 11 期。

范庆泉、张同斌：《中国经济增长路径上的环境规制政策与污染治理机制研究》，《世界经济》2018 年第 8 期。

潘家华、廖茂林、陈素梅：《碳中和：中国能走多快?》，《改革》2021 年第 7 期。

郑红霞、王毅、黄宝荣：《绿色发展评价指标体系研究综述》，《工业技术经济》2013 年第 2 期。

# B.5
# 北京创新高质量发展报告（2023）<sup>*</sup>

**摘　要：** 创新高质量发展作为高质量发展的重要组成部分，对驱动高质量发展具有重要作用。本报告从创新投入和创新产出两个维度构建了创新高质量发展评价指标体系。首先对2012～2021年北京创新高质量发展水平进行定量测度，从两个维度解析了北京创新高质量发展的关键动力；其次将北京与各维度得分较高的超大特大城市进行对比分析，识别北京创新高质量发展各维度中的弱势变量；最后基于北京创新高质量发展中的短板提出针对性对策建议。研究发现，2012～2021年北京创新高质量发展速稳质升，创新产出提升在其中发挥主要驱动作用；北京创新高质量发展指数，以及创新投入指数、创新产出指数均排名第一，领先于其他城市。为持续推动北京创新高质量发展，本报告提出了推动基础研究高质量发展、强化科研人员队伍建设、加速创新成果向生产力转化等针对性对策建议。

**关键词：** 创新高质量发展　创新投入　创新产出　北京

---

\* 作者：北京市科学技术研究院高质量发展研究中心。执笔：方力、贾品荣、姜宛贝、窦晓铭。方力，北科院党组书记、研究员，北京市习近平新时代中国特色社会主义思想研究中心北科院研究基地主任，首都高端智库主任，北京市习近平新时代中国特色社会主义思想研究中心特邀研究员，主要研究方向为可持续发展；贾品荣，博士，北科院高质量发展研究中心主任、研究员、"北科学者"、高精尖产业研究学术带头人，北京市习近平新时代中国特色社会主义思想研究中心特邀研究员，主要研究方向为高质量发展、高精尖产业；姜宛贝，博士，北科院高质量发展研究中心助理研究员，主要研究方向为低碳发展、多元信息建模；窦晓铭，博士，北科院高质量发展研究中心研究人员，主要研究方向为"双碳"战略、可持续发展。

# 一 创新高质量发展的内涵

从创新维度来看，高质量发展以自主研发与原始创新为主要内容，推动创新能力显著增强、创新环境不断优化、创新体系更加健全，不断缩小前沿差距乃至赶超引领，最终取得高经济价值，呈现高自主性、高主体包容性、高研发资源配置效率、短"研发—产业化"周期等特征。第一，创新对象集中于前沿技术、核心关键技术，特别是"卡脖子"核心关键技术和"从0到1"的突破，专注于长周期、高价值的原创性研究，既不是产业边缘技术、辅助技术创新，也不是一味地模仿、追赶。第二，创新不仅指解决技术软肋，也强调营造有利于跨区域、跨学科、跨行业协同合作创新的创新生态，以组织、管理、服务模式等制度创新解决制约创新突破的瓶颈。第三，创新既体现在基础理论方面的突破，也体现于科研成果转化和应用上的创新，具有较强的专业性和需求导向性。创新产业化的关键在于降低成本，客观上需要更多的市场主体参与，尤其是围绕产业链的一系列技术创新，更是离不开市场主体的技术积累和投资优势。

创新是提高社会生产力水平的根本，也是高质量发展的第一驱动力量，为高质量发展提供了新的成长空间、关键着力点和主要支撑体系。在经济维度，创新逐渐代替自然资本、物质资本、劳动力等投入要素成为经济增长的动力，带动发展模式由规模速度型向质量效益型转变，并推动国家产业由价值链中低端环节向高端攀升。在社会维度，创新在推动生产力向前发展的同时，将间接带动生产关系的变革，是推动社会关系发展变革的物质力量。在生态维度，创新通过改进生产工艺、改良机器设备以及创新产品等，提高资源环境投入产出效率，从而实现资源环境的留存与保护，促进人与自然和谐共生。

# 二 指标体系构建与测度结果

## （一）指标体系构建

根据上文对创新高质量发展内涵的界定，本报告构建北京创新高质量发展评价指标体系（见表1），包括创新投入和创新产出2个一级指标，6个二级指标。北京创新高质量发展指数由创新投入指数和创新产出指数构成，采用熵值法计算一级指标的权重，加权求和得到北京创新高质量发展指数。亦采用熵值法计算二级指标权重，加权求和得到各一级指标权重。具体评价方法和计算方法与高质量发展的评价方法保持一致。

创新投入。要求以科技创新驱动高质量发展，贯彻新发展理念，加大创新投入力度，构建符合高质量发展的创新投入评价体系。基于此，本报告采用 R&D 投入强度、科研人员投入力度、万名 R&D 人员全时当量表征创新经费和人力投入水平。

创新产出。创新链和产业链的融合能不断开辟经济发展新赛道，科技创新产出能够提升产业发展的效率和质量，有力支撑高质量发展。基于此，本报告采用万名 R&D 人员专利授权数、发明专利授权数占专利授权数的比重和技术合同成交能力反映创新产出水平。

**表 1　北京创新高质量发展评价指标体系**

| 维度 | 指标名称 | 权重 | 备注 |
|---|---|---|---|
| 创新投入 | R&D 投入强度(%) | 0.333 | 正向 |
| | 科研人员投入力度(%) | 0.332 | 正向 |
| | 万名 R&D 人员全时当量(人年) | 0.335 | 正向 |
| 创新产出 | 万名 R&D 人员专利授权数(件) | 0.337 | 正向 |
| | 发明专利授权数占专利授权数的比重(%) | 0.335 | 正向 |
| | 技术合同成交能力(元/元) | 0.327 | 正向 |

资料来源：《中国统计年鉴》、各城市统计年鉴、《中国国土资源统计年鉴》等。

### （二）北京创新高质量发展情况

#### 1. 纵向分析

2012~2021年北京创新高质量发展指数呈增长态势，增速不断加快（见图1）。2012~2021年，北京创新高质量发展指数由0.731增至1.000，增长幅度为36.80%，年均增长率为3.54%。具体来看，2012~2017年创新高质量发展指数增势较为平稳，增长幅度为11.49%，年均增长率为2.20%。2017~2021年，北京创新高质量发展水平加速提升，增长幅度为22.70%，年均增长率为5.25%。特别地，2020~2021年，创新高质量发展指数增长4.17%。创新为新发展理念之首。北京积极贯彻创新发展理念，打造世界主要科学中心和创新高地，大力建设世界领先科技园区，全面增强首都人才凝聚力。创新高质量发展水平不断攀升，迈入"速稳质升"的高质量发展阶段。

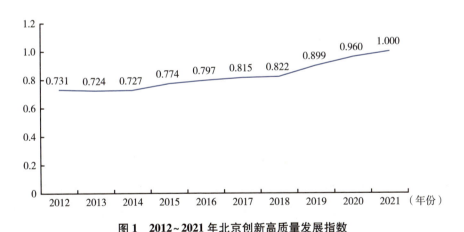

**图1　2012~2021年北京创新高质量发展指数**

资料来源：笔者根据指数计算结果制作。以下图表未注明资料来源的均为笔者自制。

创新产出提升是北京创新高质量发展水平提升的主要驱动力。2012~2021年，创新投入和创新产出子维度对北京创新高质量发展指数提升的贡献率分别为37.92%和62.08%。创新产出的贡献率接近创新投入的2倍，其对北京创新高质量发展的推动力度远大于创新投入，为近10年北京创新发展质量提升的主要驱动力。从不同时间段来看，2012~2017 年，创新投入对北京创新高质量发展的作用较小且为负，贡献率仅为−4.76%。同时期创新产出对北京创新发展起到促进作用，贡献率达到 104.76%。2017~2021 年，创新投入的作用由负转正，且贡献率大幅提高，达到57.30%；创新产出的贡献率相应下降，降至 42.70%。该时期，创新投入的作用强度略大于创新产出。

从两个子维度来看，创新投入指数提速增长。2012~2021 年，创新指数由 0.668 增长至 0.798，增长幅度达到 19.46%，年均增长率为 2.00%。分时间阶段来看，2012~2017 年和 2017~2021 年，创新投入指数分别增长了−0.75%和20.36%，年均增长率分别为−0.15%和4.74%。2021 年，该指数同比增长了2.44%。2012~2017 年，R&D 投入强度、科研人员投入力度和万名 R&D 人员全时当量的变化幅度分别为−5.37%、9.43%和−7.01%。R&D 投入强度和万名 R&D 人员全时当量于此期间有所下降。随着新发展理念的提出，创新发展在我国社会经济系统运行中日益重要。自党的十九大以来，北京加大创新投入力度，R&D 投入强度、科研人员投入力度和万名R&D 人员全时当量出现大幅增长，增幅分别达到 23.44%、21.73%和5.33%。因此，2017~2021 年北京创新投入水平迅速攀升，对北京创新高质量发展的贡献率超过创新产出，成为该时期促进北京创新发展的第一动力源。

创新产出指数波动上升。2012~2021 年，北京的创新产出指数由 0.410提升至 0.583，增长幅度为 42.20%，年均增长率为 3.99%。相较创新投入指数，北京创新产出指数的提升速度较快，因此其为北京近 10 年创新高质量发展的第一动力源。从历史变化来看，创新产出指数于 2013 年和 2018 年出现了小幅下降，呈现波动增长的态势。2013 年和 2018 年该指数下降的主要原因是发明专利授权数占专利授权数的比重降低，2012 ~ 2013 年，由39.87%降至 33.02%；2017 ~ 2018 年由 43.10%降至 38.04%。总体而言，2012~2017 年北京创新产出指数的增速高于 2017~2021 年，增速分别为4.09%和 3.86%。2020~2021 年，该指数增速回升，达到 4.67%。近年来，北京不断深化知识产权全环节改革，加快科技成果转化模式创新，专利授权数量、发明专利授权数量、技术合同成交规模不断提高，北京经济逐渐向"创新驱动"的新发展阶段迈进。

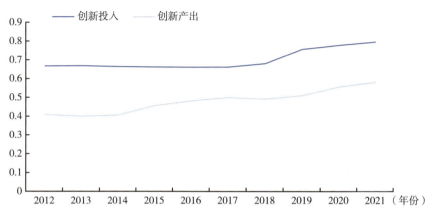

图2　2012～2021年北京创新高质量发展各维度指数

### 2. 横向比较

北京创新高质量发展水平位居第一。2021年，创新高质量发展水平排名前三的城市依次为北京、深圳、杭州，相应指数分别为1.000、0.831和0.787。北京该指数分别高出深圳和杭州0.169和0.213。从子维度来看，北京与深圳创新产出的得分差值为0.167，创新投入的得分差值为0.002。可见相比深圳，北京创新高质量发展的优势主要来源于创新产出水平较高。对于杭州而言，北京与其在创新产出子维度的得分差值为0.097，在创新投入维度的得分差值为0.116。相较杭州，北京的创新投入和创新产出均具有优势。其中，创新投入的优势更为明显。

本报告从创新高质量发展的两个维度（创新投入和创新产出）入手，将北京与各维度的优势城市进行对比分析。

（1）创新投入指数

从两个子维度来看，北京创新投入指数排名第一，每万名R&D人员全时当量低于深圳。2021年，在中国超大特大城市中，北京创新投入指

**图3  2021年中国超大特大城市创新高质量发展指数**

数最高 (0.798)，其次为深圳 (0.796)。选择深圳与北京在该子维度进行比较，可见 2012~2021 年，北京创新投入指数均高于深圳。从增长速度来看，2012~2021 年，北京创新投入指数的年均增长率为 2.00%，深圳的年均增长率为 3.86%。深圳创新投入指数的增长速度快于北京，因此两者间的差距逐渐缩小，创新投入的差值由 0.102 降至 0.002。分析创新投入维度下的各指标发现，2021 年北京 R&D 投入强度、科研人员投入力度分别为 6.53% 和 3.88%，深圳分别为 5.96% 和 3.76%。由此可见，北京 R&D 投入强度和科研人员投入力度均高于深圳。就万名 R&D 人员全时当量而言，北京 (7154 人年) 低于深圳 (8508 人年)。从各指标的变化趋势来看，北京和深圳的 R&D 投入强度及科研人员投入力度均有所增长。深圳 R&D 投入强度的增速明显高于北京，为北京增速的 3.27 倍；科研人员投入力度的增速亦高于北京，约为北京增速的 1.50 倍。对于万名 R&D 人员全时当量，北京和深圳均有所下降，前者降速为 0.23%，后者为 0.41%，深圳的降速高于北京。由此可见，北京未来应关注万名 R&D 人员全时当量投入，补齐创新投入维度中的短板，持续为创新高质量发展注入动力。

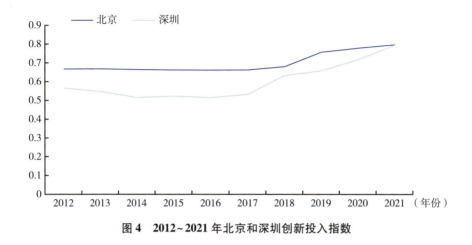

图4 2012~2021年北京和深圳创新投入指数

（2）创新产出指数

北京创新产出指数领先于其他城市，万名R&D人员专利授权数和发明专利授权数占专利授权数的比重及其增速比长沙低。在中国超大特大城市中，北京的创新产出指数最高。选取排名第二的长沙与北京在该维度进行比较，结果显示，2012~2021年，北京的创新产出指数均高于长沙，差距随时间先缩小后扩大。从时间变化趋势来看，北京和长沙的创新产出水平均呈总体上升的态势。北京该指数的增长速度为3.99%，长沙为10.53%。长沙创新产出的增速快于北京，为北京的2.64倍。分析该维度的各项指标，发现北京创新产出水平高于长沙的主要原因在于技术合同成交能力得分较高，前者为后者的4.32倍。然而，从万名R&D人员专利授权数和发明专利授权数占专利授权数的比重来看，北京的指标值比长沙低。2021年，北京和长沙万名R&D人员专利授权数分别为4204件和7291件；发明专利授权数占专利授权数的比重分别为39.85%和49.70%。从指标变化趋势来看，2012~2021年北京技术合同成交能力的年均增速（3.36%）远低于长沙（32.46%）。就发明专利授权数占专利授权数的比重而言，北京略有下降，降速为0.01%，长沙的增速为3.51%。万名R&D人员专利授权数的增速较为接近，北京为11.59%，长沙为12.87%。因此，北京应加快推进科技成果转化，提升专利授权数量，尤其是发明专利的数量。

**图 5  2012~2021 年北京和长沙创新产出指数**

# 三  主要研究结论及对策建议

## （一）主要研究结论

本报告从两个维度（创新投入和创出产出）构建了北京创新高质量发展评价指标体系，并基于此对北京创新高质量发展状况进行纵向分析和横向比较，主要研究结论如下。

2012~2021 年，北京创新高质量发展指数呈总体增长态势，增速不断加快。2020~2021 年，该指数增长 4.17%。创新产出提升是北京创新高质量发展的主要驱动力。

2021 年，北京创新高质量发展水平领先于其他城市，深圳和杭州分别位列第二和第三。相比深圳，北京创新高质量发展的关键优势在于创新产出水平较高。相较杭州，北京创新投入的优势明显。

2012~2021 年，北京创新投入指数提速增长。2021 年，该指数同比增长 2.44%。就横向比较而言，北京创新投入指数在中国超大特大城市中排名第一。从具体指标来看，北京万名 R&D 人员全时当量低于深圳。

2012~2021 年，北京创新产出指数波动上升。2020~2021 年，该指数的增长幅度为 4.67%。就横向比较而言，北京创新产出水平高于其他城市。相比长沙，北京万名 R&D 人员专利授权数和发明专利授权数占专利授权数的比重及其增速较低。

## （二）对策建议

创新高质量发展评价结果显示，北京创新高质量发展速稳质升，在 21 座超大特大城市中位居第一，万名 R&D 人员全时当量、万名 R&D 人员专利授权数和发明专利授权数占专利授权数的比重及其增速等方面还需进一步提升。本报告认为优化并保持北京创新高质量发展需要做好以下几点。

### 1. 推动基础研究高质量发展

基础研究是创新的源头，当某地的技术水平与技术前沿地区差距逐渐缩小时，如果在基础研究上没有重大进展，应用创新通常也很难取得实质性进展。第一，突出基础优势研究的导向性。落实北京"信创十条"，着力在计算能力、存储资源、网络带宽、算法演进、大数据积累，以及新型疫苗、下一代抗体药物、细胞和基因治疗、国产高端医疗设备等方面加强以政府为主导的基础研究，为北京信息技术、医药健康等高精尖产业发展夯实基础。第二，增加基础研究投入。统筹优化科技计划（专项、基金等）布局，依托北京市自然科学基金、北京市社会科学基金等引导构建基础研究多元化投入体系，推动建立与国家自然科学基金委共同出资、共同组织国家重大基础研究任务的新机制；推广北京经济技术开发区企业投资项目承诺制的试点经验，持续引导科技研发型企业和公益基金会等社会力量投入基础研究项目，为从事基础研究的科研人员提供更多的设备、资金。

### 2. 优化科研人员创新生态

创新高质量发展以高水平创新人才为根本，不断提升科研人员创新产出质量。第一，优化人才培养与评价机制。分类健全人才评价标准，创新职称评价方式，贯彻落实"破四唯"岗位竞聘，持续推进"唯论文、唯职称、唯学历、唯奖项"专项清理行动。第二，加强高技能人才及专业管理人才培养。加强优秀青年科技人才培养和紧缺人才引进，鼓励高等学校在人工智能、集成电路、云计算、转化医学与精准医学等领域设置新兴学科，推动医疗卫生机构和医学科技人才评价机制改革，畅通技术转移转化人才职业发展通道。第三，打造体系化的科技人才培养平台。充分发挥高校基础研究主力军、重大科技突破生力军作用，激发在京科研院所和领军企业等创新主体的科学研究活力；扩大北京自然科学基金、博士后计划等的资助面，加大资助力度，依托中关村科学城、怀柔科学城、未来科学城、北京经济技术开发区"三城一区"建设优化和改善科研条件，强化国际交流合作、高层次人才引进、重大科技成果对接、产业项目落地等，打造体系化、高层次的战略科学家、青年科技人才培养平台。

### 3. 加速创新成果向生产力转化

创新不应止步于技术迭代，应转化为供高技术产业直接使用的成果，并最终实现产业化。第一，畅通成果转移转化通道。总结、学习浙江省桐乡市人民政府、清华大学材料学院与浙江清华长三角研究院共同发起成立乌镇实验室、聚焦材料产业发展中的关键共性核心技术，共同搭建成果转移转化平台等经验，走好产业转化的"最后一公里"。第二，巩固、加深"产学研"一体化。建立"市—区—企业"三级联动的合作模式，鼓励企业与基础学科带头人建立长期合作关系；提升基础研究与相关产业、企业对接模式的针对性，降低企业获取论文、实验报告等书面科技成果的成本，提高基础研究在科技成果产业化过程中的利用率、转化率。第三，建设专业孵化载体承接科技成果转化应用。培育孵化企业集群，贯通科技成果转化链条，加速构建科技成果转化承载区、技术创新示范区。发挥北京经济技术开发区、大兴区的空间优势，完善土地、资金等区域产业承接要素，引进和承接市级产业化重点项目落地。

**参考文献**

A. Bettencourt, J. Lobo, D. Strumsky, "Invention in the City: Increasing Returns to Patenting as a Scaling Function of Metropolitan Size," *Research Policy* 36（2007）.

习近平：《新发展阶段贯彻新发展理念　必然要求构建新发展格局》，《求是》2022年第 17 期。

白俊红、蒋伏心：《协同创新、空间关联与区域创新绩效》，《经济研究》2015 年第 7 期。

蔡跃洲：《科技成果转化的内涵边界与统计测度》，《科学学研究》2015 年第 1 期。

孙早、许薛璐：《前沿技术差距与科学研究的创新效应——基础研究与应用研究谁扮演了更重要的角色》，《中国工业经济》2017 年第 3 期。

王慧艳、李新运、徐银良：《科技创新驱动我国经济高质量发展绩效评价及影响因素研究》，《经济学家》2019 年第 11 期。

王海燕、郑秀梅：《创新驱动发展的理论基础、内涵与评价》，《中国软科学》2017年第 1 期。

颜莉：《我国区域创新效率评价指标体系实证研究》，《管理世界》2012 年第 5 期。

李二玲、崔之珍：《中国区域创新能力与经济发展水平的耦合协调分析》，《地理科学》2018 年第 9 期。

# B.6
# 北京文化高质量发展报告（2023）[*]

**摘　要：** 文化高质量发展是高质量发展的重要维度之一。本报告从文化资源、文化设施、文化产业、文明程度四个维度构建了文化高质量发展评价指标体系。首先对 2012~2021 年北京文化高质量发展水平进行了定量测度，评价分析了文化资源、文化设施、文化产业和文明程度对北京文化高质量发展的推动力度；其次将北京与各维度得分较高的超大特大城市进行对比分析，识别北京文化高质量发展各维度中的弱势变量；最后基于北京文化高质量发展中的短板提出针对性对策建议。研究发现，2012~2021 年，北京文化高质量发展指数呈现前期波动下降、后期强劲增长的态势，文化资源和文明程度发挥了关键驱动作用；北京文化高质量发展指数在超大特大城市中位居第一，文化资源领先于其他城市；从具体指标来看，亿人拥有历史文化名镇、名村数量及其增速，亿人拥有城市图书馆数量，亿人拥有城市公园数量，旅游收入占 GDP 比重，获得全国五一劳动奖章人数占比及其增速仍有提升空间。由此，本报告提出构建公共文化基础设施网络，创新文化产品、服务供给模式，以及促进文化资源保护、合理化开发利用

* 作者：北京市科学技术研究院高质量发展研究中心。执笔：方力、贾品荣、姜宛贝、窦晓铭。方力，北科院党组书记、研究员，北京市习近平新时代中国特色社会主义思想研究中心北科院研究基地主任，首都高端智库主任，北京市习近平新时代中国特色社会主义思想研究中心特邀研究员，主要研究方向为可持续发展；贾品荣，博士，北科院高质量发展研究中心主任、研究员、"北科学者"、高精尖产业研究学术带头人，北京市习近平新时代中国特色社会主义思想研究中心特邀研究员，主要研究方向为高质量发展、高精尖产业；姜宛贝，博士，北科院高质量发展研究中心助理研究员，主要研究方向为低碳发展、多元信息建模；窦晓铭，博士，北科院高质量发展研究中心研究人员，主要研究方向为"双碳"战略、可持续发展。

等对策建议，全面推进北京文化高质量发展。

**关键词：** 文化高质量发展　文化资源　文化设施　文化产业　文明程度
北京

# 一　文化高质量发展的内涵

文化高质量发展为经济社会转型提供精神动力和智慧支持。广义的文化是人类在长期生产、生活等社会实践中所创造的物质财富和精神财富的总和，包括物质、心理，以及两者的统一三个方面。从文化维度来看，高质量发展的前提在于识别并满足新发展格局下民众潜隐文化需求。一是充分挖掘地区历史文化资源，挖掘当地文化中的美学创造潜力，保留、传承地方文化底蕴，发挥比较优势，并通过创新性继承与发展，促进其现代化、多样化发展。二是完善基础文化设施，尤其是乡村基础文化设施，进一步优化公共文化服务资源配置，优化文化要素空间布局。三是大力发展文化产业，兼顾文化产业的经济属性和意识属性，坚持以人民为中心的创造导向，加强文化供给侧与需求侧的良性互动，通过文化功能创新实现与其他产业的渗透与兼容，推动产业链升级。四是提升文明程度，坚定民族文化与价值立场，摒弃西方文化弥漫性的价值渗透，提升国家文化凝聚力和当地文化的价值引导力。

# 二　指标体系构建与测度结果

## （一）指标体系构建

根据上文对文化高质量发展内涵的界定，本报告构建北京文化高质量发展评价指标体系（见表1），包括文化资源、文化设施、文化产业和文明程度4个一级指标，11个二级指标。北京文化高质量发展指数由文化资源指数、文化设施指数、文化产业指数和文明程度指数构成,采用熵值法计算 4 维指数的权重,加权求和得到北京文化高质量发展指数。亦采用熵值法计算二级指标权重,加权求和得到各一级指标权重。具体评价方法和计算方法与高质量发展的评价方法保持一致。

文化资源。城市的文化资源优势可以转化为推进高质量发展的动能。立足城市文化维度的客观基础,北京走出一条以文化为根基、为驱动的城市高质量发展之路。基于此,本报告采用亿人拥有城市博物馆数量、亿人国家级非物质文化遗产入选数、亿人拥有 5A 级景区数量和亿人拥有历史文化名镇、名村数量衡量城市文化资源水平。

文化设施。公共文化设施是公共文化服务体系的重要载体。加强公共文化设施建设,更好满足人民精神文化生活,能够推动文化产业高质量发展。基于此,本报告采用亿人拥有城市图书馆数量和亿人拥有城市公园数量评价文化设施建设水平。

文化产业。文化产业被认为是创造就业机会和投资、促进经济增长、提高家庭财富和生活水平的潜在资源。在欧洲学术界,研究预期文化和创意部门将在全球发达经济体的未来发展中发挥重要作用。基于此,本报告采用年游客接待能力、旅游收入占 GDP 比重、文化从业人员占第三产业比重和文化产业经济规模占比反映文化产业发展水平。

文明程度。党的二十大报告强调要"提高全社会文明程度",实施公民道德建设工程,提高人民道德水准和文明素养,实现文化软实力显著提升。基于此,本报告采用获得全国五一劳动奖章人数占比表征城市文明程度。

**表 1　北京文化高质量发展评价指标体系**

| 维度 | 指标名称 | 权重 | 备注 |
|---|---|---|---|
| 文化资源 | 亿人拥有城市博物馆数量(个) | 0.251 | 正向 |
| | 亿人国家级非物质文化遗产入选数(个) | 0.249 | 正向 |
| | 亿人拥有 5A 级景区数量(个) | 0.253 | 正向 |
| | 亿人拥有历史文化名镇、名村数量(个) | 0.246 | 正向 |

| 维度 | 指标名称 | 权重 | 备注 |
|---|---|---|---|
| 文化设施 | 亿人拥有城市图书馆数量（个） | 0.467 | 正向 |
| | 亿人拥有城市公园数量（个） | 0.533 | 正向 |
| 文化产业 | 年游客接待能力（人次/人） | 0.250 | 正向 |
| | 旅游收入占 GDP 比重（%） | 0.251 | 正向 |
| | 文化从业人员占第三产业比重（%） | 0.252 | 正向 |
| | 文化产业经济规模占比（%） | 0.247 | 正向 |
| 文明程度 | 获得全国五一劳动奖章人数占比（%） | 1.000 | 正向 |

资料来源：《中国统计年鉴》、各城市统计年鉴、《中国国土资源统计年鉴》等。

## （二）文化高质量发展情况

### 1. 纵向分析

2012~2021 年，北京文化高质量发展指数呈现前期波动下降、后期强劲增长的态势（见图 1）。2012~2021 年，北京文化高质量发展指数总体呈上升趋势，由 2012 年的 0.556 增至 2021 年的 0.628，增长幅度为 12.95%，年均增长率为 1.36%。具体来看，2012~2017 年北京文化高质量发展指数波动下降，年均下降速度为 2.46%。2014 年为该时期北京文化高质量发展水平的最高峰。后受到文化从业人员占第三产业比重等指标下降的影响，自 2015 年起北京文化高质量发展指数逐渐下降。"十三五"期间，北京聚焦全国文化中心、文化产业发展引领区建设，围绕文化产业高质量发展，大力推动文化经济政策创新。仅市十二次党代会以来就出台了 51 项政策，形成了"1+N+X"的政策体系。自 2017 年起，北京文化高质量发展指数开始回升，2017~2021 年该指数的年均增长率达到 6.35%，2020~2021 的增幅达到 15.44%。可见，自党的十九大以来，北京文化高质量发展势头强劲，文化产业发展不断取得新成效。

文化资源和文明程度是推动北京文化高质量发展的关键力量。2012~2021 年，文化资源、文化设施、文化产业和文明程度子维度对北京文化高

图1　2012~2021年北京文化高质量发展指数

质量发展指数提升的贡献率分别为66.67%、18.06%、-44.44%和59.72%。文化资源、文化设施和文明程度对北京文化高质量发展为正向推动作用，文化产业为负向抑制作用。对于3个正向维度，文化资源和文明程度的推动力度明显强于文化设施，为近10年北京文化发展质量提升的主要驱动力。从不同时间段来看，2012~2017年，北京文化高质量发展主要由文化资源推动，文化设施和文化产业亦为正向作用，但贡献较小；文明程度为负向抑制作用，一定程度阻碍了该时期北京文化高质量发展。2017~2021年，文明程度的作用由负转正，对北京文化高质量指数提升的贡献率达到90.51%，为该时期文化发展的核心动力；而文化产业的发展水平有所下降，抑制了该时期北京文化高质量发展。

从4个子维度来看，文化资源指数加速增长。2012~2021年，文化资源指数由0.634增长至0.755，增长幅度达19.09%，年均增长率为1.96%。分时间阶段来看，2012~2017年和2017~2021年，文化资源指数分别增长了4.10%和14.39%，年均增长率分别为0.81%和3.42%。2020~2021年，该指数增长了6.49%。可见近10年，北京文化资源水平提升速度随时间不断加快。过去5年，北京全国文化中心建设迈出重要步伐。博物馆建设得到加强，公众走进博物馆变得更加便利，非物质文化遗产申请、老字号保护传承得到促进。2017~2021年，城市博物馆、非物质文化遗产和5A级景区等文化资源数量大幅增加，为后期文化高质量发展指数的强劲增长提供了核心力量。

文化设施指数持续攀升。2012~2021年，北京的文化设施指数持续稳定增长，由0.056提升至0.094，增长幅度为67.86%，年均增长率为5.92%。相较而言，2012~2017年的增长幅度和年均增长率慢于2017~2021年。2012~2017年的增幅和年均增长率分别为25.00%和4.56%；2017~2021年分别为34.29%和7.65%。2021年，北京文化设施指数同比增长8.05%。与文化资源指数的增长规律相似，文化设施指数的提升亦随时间不断加快。自党的十九大以来，北京优质文化项目加快建设，环球主题公园开园，文化惠民工程扎实推进。从具体指标来看，亿人拥有城市图书馆数量年均增长率由2012~2017年的-1.89%增长至2017~2021年的0.08%；亿人拥有城市公园数量的年均增长率由3.77%提升至6.36%，这表明文化设施建设持续向好。

2012~2021年，北京文化产业指数由0.413下降至0.345，总体呈下降态势，下降幅度为16.46%，年均降速为1.98%。可见，与其他三个维度不同，2012~2021年北京文化产业发展倒退在一定程度上抑制了文化高质量发展。具体来看，文化产业指数于2012~2019年保持相对稳定，增长幅度仅为0.24%。自2020年起，受新冠疫情影响，北京年游客接待能力和旅游收入占GDP比重出现大幅下降。前者由2019年的14.71人次/人降至8.40人次/人，下降幅度为42.90%；后者由17.56%降至8.11%，降幅为53.82%。可见新冠疫情对北京旅游业的冲击较大。2021年，新冠疫情得到有效控制，上述指标转降为增，年游客接待能力和旅游收入占GDP比重的增幅分别为38.78%和27.61%。2020~2021年，文化产业指数开始回升，增幅达到15.00%。

文明程度指数呈"U"形变化。2012~2021年，北京文明程度指数由0.740增至0.909，增长幅度为22.84%，年均增速为2.31%。从不同时间段来看，2012~2014年，北京文明程度指数保持相对稳定，略有增长。自2015起，该指数出现明显下降，至2017年达到最低值。2017~2019年，文明程度指数保持相对稳定。自2020年起，该指数开始大幅回升。总体来看，北京文明程度指数呈现"U"形变化趋势。2012~2017年，该指数的降幅为

43.24%，年均降速为10.71%；2017~2021年其增长幅度为116.43%，年均增速为21.29%。2020~2021年，该指数增长了23.34%。近年来，北京争创全国文明典范城市，坚持用习近平新时代中国特色社会主义思想凝心铸魂，努力践行社会主义核心价值观。市民文明素养得到提高，文明程度指数强势回升。

2012~2021年北京文化高质量发展各维度指数如图2所示。

图2　2012~2021年北京文化高质量发展各维度指数

#### 2. 横向比较

北京文化高质量发展指数排名第一，文化设施建设和文化产业发展有提升空间。2021年，北京文化高质量发展指数高于其他20座超大特大城市，排名第一（见图3）。昆明和上海的文化高质量发展指数分列第二和第三，相应指数值分别为0.489和0.461。北京的文化高质量发展指数比昆明和上海高0.139和0.167。与昆明相比，北京的优势维度为文化资源和文明程度，这两个维度的得分分别比昆明高0.209和0.120，北京文化资源的优势相对较大；北京文化设施和文化产业子维度的得分分别比昆明低0.117和0.073。与上海相比，北京的文化高质量发展无弱势维度。两城市的文化设施水平较为接近。北京文化资源、文化产业和文明程度的得分分别比上海高0.091、0.054和0.022。

本报告从文化高质量发展的4个维度（文化资源、文化设施、文化产业和文明程度）入手，将北京与各维度的优势城市进行对比分析。

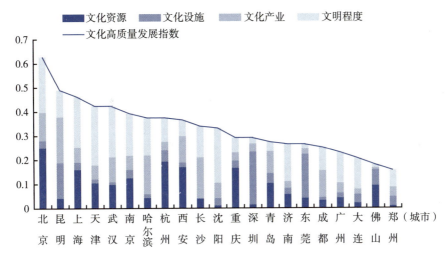

图3　2021年中国超大特大城市文化高质量发展指数

（1）文化资源指数

从4个子维度来看，北京文化资源指数排名第一，亿人拥有历史文化名镇、名村数量及其增速低于杭州。2021年，在中国超大特大城市中，北京的文化资源指数最高，杭州排名第二。选择杭州与北京在该子维度进行比较，可见2012~2019年，北京与杭州的文化资源指数相差较小，2020~2021年两者的差距开始扩大（见图4）。从变化趋势来看，2012~2021年，北京文化资源指数总体呈增长态势，增长幅度为19.09%，年均增长率为1.96%；杭州则总体呈下降趋势，下降幅度为2.87%，年均降速为0.32%。分析文化资源维度下的各项指标发现（见表2），北京亿人拥有城市博物馆数量、亿人国家级非物质文化遗产入选数和亿人拥有5A级景区数量等指标值均高于杭州。而北京的亿人拥有历史文化名镇、名村数量远低于杭州。从具体指标的变化情况来看，北京各项指标均呈总体增长态势；杭州亿人拥有历史文化名镇、名村数量有所增长，而亿人拥有城市博物馆数量、亿人拥有国家级非物质文化遗产入选数和亿人拥有5A级景区数量总体呈下降态势。对于亿人拥有历史文化名镇、名村数量，杭州的年均增长率（5.95%）高于北京（1.46%）。由此可见，北京亿人拥有历史文化名镇、名村数量及其增速低于杭州。

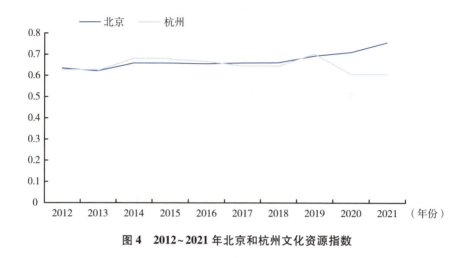

图 4　2012~2021 年北京和杭州文化资源指数

表 2　2021 年北京和杭州文化资源维度指标数值及其年均增速

|  | 城市 | 亿人拥有城市博物馆数量(个) | 亿人国家级非物质文化遗产入选数(个) | 亿人拥有 5A 级景区数量(个) | 亿人拥有历史文化名镇、名村数量(个) |
|---|---|---|---|---|---|
| 2021 年水平值 | 北京 | 930.36 | 548.30 | 36.55 | 27.41 |
| | 杭州 | 655.21 | 335.96 | 24.58 | 57.36 |
| 2012~2021年均增速(%) | 北京 | 1.77 | 3.04 | 0.91 | 1.46 |
| | 杭州 | -1.32 | -0.87 | -3.57 | 5.95 |

（2）文化设施指数

北京文化设施指数居于中游，亿人拥有城市图书馆数量和亿人拥有城市公园数量比深圳低。2021 年，在中国超大特大城市中，北京文化设施指数排名第十，深圳位列第一，因此选取深圳与北京在该维度进行比较。结果显示，2012~2021 年，北京的文化设施指数均低于深圳，差值随时间先缩小后扩大（见图 5）。深圳的文化设施指数于 2012~2021 年呈现先下降后上升、总体下降的态势，下降幅度为 9.45%，年均降速为 1.10%。北京的文化设施指数则表现出持续增长的态势，增长幅度为 67.86%，年均增长率为 5.92%。分析该维度的各项指标，发现北京的亿人拥有城市图书馆数量和亿人拥有城市公园数量均远低于深圳。从指标的变化趋势来看，北京亿人拥有城市图书馆数量有所下降，年均降速为1.02%；亿人拥有城市公园数量总体呈增长态势，年均增速为4.92%。对于深圳而言，亿人拥有城市图书馆数量和亿人拥有城市公园数量均呈下降趋势，其亿人拥有城市图书馆数量的下降速度（2.81%）快于北京。

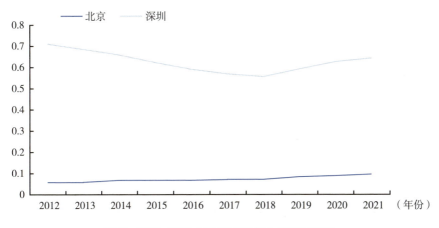

**图5　2012～2021年北京和深圳文化设施指数**

（3）文化产业指数

北京文化产业指数处于上游，旅游业发展水平和速度与昆明有一定差距。2021年，昆明的文化产业指数最高，北京排名第四。选择昆明与北京在该维度进行比较（见图6）。2012～2015年，北京的文化产业指数高于昆明。自2016年起，昆明反超北京，且差距随时间有所扩大。从变化趋势来看，北京文化产业指数总体呈下降态势，年均下降速度为1.98%；昆明呈现先上升后下降、总体上升的特征，年均增速为5.58%。从该维度的各项指标来看，2021年北京文化从业人员占第三产业比重（2.48%）和文化产业经济规模占比（2.24%）高于昆明（两指标数值分别为1.64%和1.93%）；而年游客接待能力（11.66人次/人）和旅游收入占GDP比重（10.35%）低于昆明（两指标数值分别为20.41人次/人和31.96%）。从各指标的变化趋势来看，北京文化从业人员占第三产业比重的降速（0.22）低于昆明（2.78%）。就年游客接待能力和旅游收入占GDP比重而言，北京的年均增长率分别为0.51%和-

6.56%；昆明分别为 12.30% 和 9.46%。可见，昆明该二指标的历史发展态势明显优于北京。就文化产业经济规模占比而言，北京和昆明均表现出总体下降的特征，年均降速较为接近，分别为 2.69% 和 2.40%。

图6  2012~2021 年北京和昆明文化产业指数

（4）文明程度指数

北京文明程度指数处于第一梯队，获得全国五一劳动奖章人数占比及其增速低于天津。2021 年，北京文明程度指数在中国超大特大城市中排名第二，指数值为 0.909；天津排名第一，指数值为 0.964。选择天津与北京进行比较发现，2012~2021 年，除 2016 年和 2021 年外，其余年份北京文明程度指数均高于天津，但两者间的差距较小，指数差值未超过 0.080（见图7）。具体来看，北京和天津文明程度的历史发展特征较为相似，均呈现"U"形变化特征。相对而言，天津该指数的增长幅度和年均增速较大，分别为 44.96% 和 4.21%；北京分别为 22.84% 和 2.31%。2012~2021 年，北京获得全国五一劳动奖章人数占比的年均增速为 2.19%，天津为 3.99%。由于该维度的指标仅有"获得全国五一劳动奖章人数占比"1 项，因此文明程度指数与获得全国五一劳动奖章人数占比的数值特征和变化规律具有一致性。

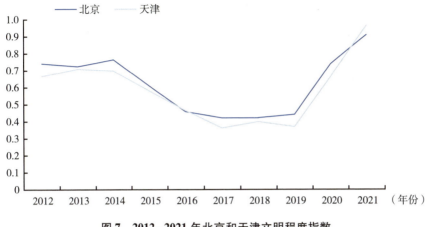

图 7　2012～2021 年北京和天津文明程度指数

# 三　主要研究结论及对策建议

## （一）主要研究结论

本报告从四个维度（文化资源、文化设施、文化产业和文明程度）构建了北京文化高质量发展评价指标体系，并基于此对北京文化高质量发展状况进行纵向分析和横向比较，主要研究结论如下。

2012～2021 年，北京文化高质量发展指数呈现前期波动下降、后期强劲增长的态势。2020～2021 年，该指数的增幅为 15.44%。文化资源和文明程度是推动文化高质量发展的主要动力源。

2021 年，北京文化高质量发展指数排名第一，其次为昆明。相较昆明，北京的优势维度为文化资源和文明程度，文化设施和文化产业子维度的得分相对较低。

2012～2021 年，北京文化资源指数加速增长。2020～2021 年，该指数的增幅为 6.49%。就横向比较而言，北京文化资源指数排名一，杭州位居第二。相比杭州，北京亿人拥有历史文化名镇、名村数量及其增速较低。

2012~2021 年，北京文化设施指数持续攀升。2021 年，该指数同比增长 8.05%。从横向比较来看，在中国超大特大城市中，北京的文化设施指数居于中游。相比深圳（排名第一），北京亿人拥有城市图书馆数量和亿人拥有城市公园数量均较低。

2012~2021 年，北京文化产业指数总体呈下降态势。但 2020~2021 年，该指数增长 15.00%。就横向比较而言，在中国超大特大城市中，北京文化产业指数位居上游，昆明排名第一。从具体指标来看，北京年游客接待能力和旅游收入占 GDP 比重及其增速显著低于昆明。

2012~2021 年，北京文明程度指数呈"U"形变化态势。2020~2021 年，该指数增长了 23.34%。就横向比较而言，在中国超大特大城市中，北京文明程度指数排名第二。与排名第一的天津相比，北京获得全国五一劳动奖章人数占比及其增速较低。

## （二）对策建议

文化高质量发展评价结果显示，北京文化资源和文明程度优势明显，文化设施和文化产业与最优城市相比有较大差距。亿人拥有城市图书馆数量和亿人拥有城市公园数量，以及旅游业发展水平和速度分别是完善文化设施和发展文化产业的关键。由此，本报告认为进一步提升文化高质量发展水平需要发挥文化资源优势，提升文明程度，补齐文化设施短板，推动文化产业高质量发展。

### 1.构建公共文化基础设施网络

第一，优化基层公共文化基础设施布局。紧紧围绕全国文化中心建设的"一核一城三带两区"总体框架，按照便捷、普惠、实用的原则高标准规划建设区域性综合文化中心，特别引导向回龙观天通苑等人口密集地区及文化设施薄弱地区布局公园、图书馆、文化馆、博物馆等惠民文化设施，借助城市副中心三大文化设施建成投用繁荣发展首都文化。第二，建设标志性文化设施。推动国家美术馆、国家工艺美术馆等"文化重器"落户北京，加快建设北京市文化中心、北京人艺国际戏剧中心、京南演艺中心、亦庄文化演艺中心等重点项目；依托故宫—王府井—隆福寺"文化金三角"，以及 CBD、三里屯、前门（北京坊）等著名商圈培育高品质文艺展演场所，加快建设彰显文化时尚魅力的消费地标。第三，加强大型公共文化服务中心建设。以基层公共文化设施、标志性文化设施为活动载体，通过政府主导、社会力量运营的专业化管理模式，增加和丰富公益摄影展、读书分享会、戏剧大师讲堂等活动数量和艺术形态，促进基层公共文化服务供给精准化、多元化。

2. 创新文化产品、服务供给模式

第一，促进文化供给的场景再造。总结、学习敦煌研究院联合腾讯、《人民日报》推出"云游敦煌"，以及安徽齐云山景区以"汉文化"为媒介，借助声、光、电技术等全新讲述传统文化故事的经验，通过直播、短视频等实时互动的场景拓展文化供给新空间，实现文化供给精准触达。第二，将文化理念渗透到高精尖产业、高端制造业其他相关产业产品和服务的定位、设计、加工、营销全过程，引导一般性产品和服务向带有文化属性和文化价值的产品和服务转变。第三，依托自贸试验区探索北京特色文化与国际文化产业体系的交流与合作。推出北京绢人、鼻烟壶、兔儿爷等有鲜明城市特色的文创产品，支持文化企业与外资企业在版权输出、影视制作、IP开发等领域开展深度合作。第四，培育数字文化等新消费模式，打通供给侧与需求侧之间的关键"堵点"。利用5G、人工智能、区块链、虚拟现实等数字技术打造"线上虚拟+线下体验"融合互动、并行发展的文化消费新模式，为优质文化产品向公共文化产品转变搭建渠道，降低优质文化产品及服务的竞争性和稀缺性。

3. 促进文化资源保护性、合理化开发利用

一是保护、开发历史文化资源。保护、传承、利用好中轴线，通过腾退及风貌整治项目消除历史文化街区、重点历史文物周围的安全隐患，重现重点文物建筑群历史文化风貌；保留胡同、四合院特色，秉持"保护性修建、恢复性修缮"的理念整治胡同里外的生活环境和基础设施，发掘"北新典故""九曲寻幽""凉亭闲话""合院朝夕"等胡同文化。二是创造民俗文化品牌、城市品牌。提炼展示什刹海、前门大街、北京大观园、古北水镇、老舍茶馆等城市文明的精神标识和文化精髓。积极开展高质量的民俗文化活

动，特别是具有城市过往文化认同的标志性民俗活动。三是依托环球主题公园、冬奥遗产等强化文化旅游产业功能，打造文旅融合发展新模式。有效提升旅游产业链各环节的文化价值内涵，发挥文旅融合的拉动、渗透、催化功能，深化文旅与一二三产业跨界融合发展。推动"非遗+旅游""文创+旅游""博物馆+旅游"等新旅游业态创新发展，将文化内涵、文化价值融入旅游产业链各环节，促进形成文商旅产业资源整合、业态嵌合、市场复合机制，提升综合经营效益。

## 参考文献

L. Kebir, O. Crevoisier, "Cultural Resources and Regional Development: The Case of the Cultural Legacy of Watchmaking," *European Planning Studies* 9 (2008).

S. Noonan, "Contingent Valuation and Cultural Resources: A Meta-analytic Review of the Literature," *Journal of Cultural Economics* 3-4 (2003).

管宁：《匠心召唤、主体自新与文化高质量发展》，《深圳大学学报》（人文社会科学版）2020 年第 5 期。

杨新洪：《关于文化软实力量化指标评价问题研究》，《统计研究》2008 年第 9 期。

王文锋：《文化产业竞争力评价模型及指标体系研究述评》，《经济问题探索》2014 年第 1 期。

潘爱玲、王雪、刘昕：《新发展格局下中国文化产业高质量发展的战略思路与实现路径》，《山东大学学报》（哲学社会科学版）2022 年第 6 期。

顾江：《党的十八大以来我国文化产业发展的成就、经验与展望》，《管理世界》2022 年第 7 期。

田红、沈维萍、闫中晓：《高质量发展视域下区域文化资源产业化开发潜力评价——以黄河三角洲区域为例》，《重庆社会科学》2020 年第 7 期。

# 北京治理高质量发展报告（2023）[*]

**摘　要：** 治理高质量发展是高质量发展的重要维度之一。本报告从基础设施、行政调控和行政服务三个维度构建了治理高质量发展评价指标体系。首先对 2012~2021 年北京治理高质量发展水平进行了定量测度，评价分析了基础设施、行政调控和行政服务对北京治理高质量发展的推动力度；其次将北京与各维度得分较高的超大特大城市进行对比分析，识别北京治理高质量发展各维度中的弱势变量；最后基于北京治理高质量发展中的短板提出针对性对策建议。研究发现，2012~2021 年，北京治理高质量发展指数呈"N"形增长态势，行政调控和行政服务发挥关键驱动作用；北京治理高质量发展指数在超大特大城市中位居第一；从具体指标来看，市内交通和供排水的建设水平、人均地方财政预算内收入和支出水平及其增速、营商环境以及政务微博互动力仍有优化空间。由此，本报告提出提升行政服务水平、完善基础设施建设及布局，以及深化基层社会治理等对策建议，全面推进北京治理高质量发展。

---

[*] 作者：北京市科学技术研究院高质量发展研究中心。执笔：方力、贾品荣、姜宛贝、窦晓铭。方力，北科院党组书记、研究员，北京市习近平新时代中国特色社会主义思想研究中心北科院研究基地主任，首都高端智库主任，北京市习近平新时代中国特色社会主义思想研究中心特邀研究员，主要研究方向为可持续发展；贾品荣，博士，北科院高质量发展研究中心主任、研究员、"北科学者"、高精尖产业研究学术带头人，北京市习近平新时代中国特色社会主义思想研究中心特邀研究员，主要研究方向为高质量发展、高精尖产业；姜宛贝，博士，北科院高质量发展研究中心助理研究员，主要研究方向为低碳发展、多元信息建模；窦晓铭，博士，北科院高质量发展研究中心研究人员，主要研究方向为"双碳"战略、可持续发展。

**关键词：** 治理高质量发展　基础设施　行政调控　行政服务　北京

# 一　治理高质量发展的内涵

　　高质量发展是社会治理的时代命题。从治理维度来看，高质量发展的关键在于通过完善基础设施建设、优化行政调控和行政服务，形成"效率—福利"循环提升机制。基础设施建设方面，适度超前投资，优化基础设施空间布局，促进基础设施优化、安全、韧性、绿色发展。行政调控方面，推动有为政府和有效市场更好结合，充分发挥市场在资源配置中的决定性作用；强化宏观经济治理体系和治理能力建设，由以财政政策、货币政策为主要工具逆周期控制全社会的经济活动，转向以分工合理、紧密配合、高效协同的各类政策手段，引导、调节复杂经济活动。行政服务方面，创新政府管理和服务方式，持续优化行政服务，进而赋予"政府—企业—非营利组织—公众"多元治理主体以平等的主体地位和相应的治理权利，构建具有多层架构、网状结构，功能融合、优势互补的新型组织体系，从"善政"逐渐转向"善治"。

# 二　指标体系构建与测度结果

## （一）指标体系构建

　　根据上文对治理高质量发展内涵的界定，本报告构建北京治理高质量发展评价指标体系（见表1），包括基础设施、行政调控和行政服务3个一级指标，16个二级指标。北京治理高质量发展指数由基础设施指数、行政调控指数和行政服务指数构成，采用熵值法计算3维指数的权重，加权求和得到北京治理高质量发展指数。亦采用熵值法计算二级指标权重，加权求和得到各一级指标数值。具体评价方法和计算方法与高质量发展的评价方法保持一致。

　　基础设施。新型基础设施建设将有效推进城市运营和治理的精细化、现代化，缓解有限资源与高速增长需求不匹配引发的"城市病"。基于此，本报告采用互联网宽带普及率、境内公路密度、高速公路里程占比、城市轨道交通密度、建成区供水管道密度、建成区排水管道密度、高铁线路条数和民用航空客运量占比衡量基础设施建设水平。

行政调控。政府对经济实行有效的宏观调控是市场经济运行的重要手段之一，其直接关系城市的运行效率和质量。基于此，本报告以人均地方财政预算内收入和人均地方财政预算内支出反映城市行政调控水平。

行政服务。政务服务能力和水平的提升能够有效激发和培育市场主体活力和创造力。高效便捷的政务服务对助推社会高效能治理具有重要作用。基于此，本报告采用营商环境、政府信息公开申请数量、政务微博互动力、政务微博城市竞争力影响力指数、一站式服务和政府网站留言平均办理时间反映政府的行政服务能力。

表1　北京治理高质量发展评价指标体系

| 维度 | 指标名称 | 权重 | 备注 |
|---|---|---|---|
| 基础设施 | 互联网宽带普及率(%) | 0.127 | 正向 |
| | 境内公路密度(公里/公里$^2$) | 0.128 | 正向 |
| | 高速公路里程占比(%) | 0.122 | 正向 |
| | 城市轨道交通密度(公里/公里$^2$) | 0.120 | 正向 |
| | 建成区供水管道密度(公里/公里$^2$) | 0.126 | 正向 |
| | 建成区排水管道密度(公里/公里$^2$) | 0.128 | 正向 |
| | 高铁线路条数(条) | 0.126 | 正向 |
| | 民用航空客运量占比(%) | 0.124 | 正向 |
| 行政调控 | 人均地方财政预算内收入(元) | 0.499 | 正向 |
| | 人均地方财政预算内支出(元) | 0.501 | 正向 |
| 行政服务 | 营商环境(%) | 0.169 | 负向 |
| | 政府信息公开申请数量(件) | 0.160 | 正向 |
| | 政务微博互动力 | 0.169 | 正向 |
| | 政务微博城市竞争力影响力指数 | 0.168 | 正向 |
| | 一站式服务 | 0.166 | 正向 |
| | 政府网站留言平均办理时间(天) | 0.169 | 负向 |

资料来源：《中国统计年鉴》、各城市统计年鉴等。

### （二）北京治理高质量发展情况

#### 1. 纵向分析

2012~2021年北京治理高质量发展指数呈"N"形增长态势，增长速度逐步加快（见图1）。2012~2021年，北京治理高质量发展指数总体呈上升态势，由2012年的0.431增至2021年的0.784，增长幅度为81.90%，年均增长率为6.87%。具体来看，2012~2016年，北京治理高质量发展指数持续增长，2017年有所下降，自2018年起恢复增长趋势。2012~2021年，北京治理高质量发展指数呈现"N"形变化态势。分时间段来看，2012~2017年，该指数的增长速度相对较慢，年均增长率为5.75%；2017~2021年，该指数的年均增长率达到8.30%，2020~2021年的增速为10.11%。过去5年，北京市用绣花功夫治理城市，深入开展城市更新行动，交通综合治理得到强化，城市管理更加精细化。北京治理高质量发展指数随时间加速提升，首都城市现代化治理能力不断增强。

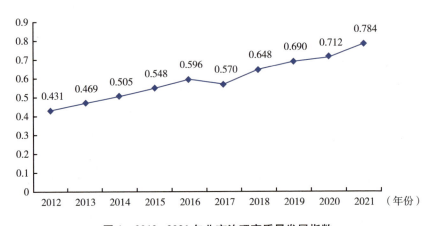

**图1 2012~2021年北京治理高质量发展指数**

资料来源：笔者根据指数计算结果制作。以下图表未注明资料来源的均为笔者自制。

行政调控和行政服务是北京治理高质量发展的核心动力。2012~2021年，基础设施、行政调控和行政服务子维度对北京治理高质量发展指数提升的贡献率分别为 4.53%、43.63% 和 51.84%。3 个子维度对北京治理高质量发展均为正向推动作用。行政调控和行政服务的推动力度显著强于基础设施，为近 10 年北京治理能力提升的主要驱动力。从不同时间段来看，行政调控对治理高质量发展指数增长的贡献率随时间显著下降，2012~2017 年和 2017~2021 年的贡献率分别为 92.81% 和 11.68%；行政服务的贡献率则随时间出现明显提升，贡献率分别为 12.95%（2012~2017 年）和 77.10%（2017~2021 年）；基础设施的作用由负转正，贡献率由 -5.76% 上升至 11.21%。可见，2017~2021 年，政府行政服务水平提升对北京治理高质量发展的促进作用日益凸显。

从 3 个子维度来看，基础设施指数保持相对稳定。2012~2021 年，北京基础设施指数从 0.314 增长至 0.331，增长幅度为 5.41%，年均增长率仅为 0.59%。分时间阶段来看，2012~2017 年，该指数出现小幅下降，下降幅度为 2.55%，年均降速为 0.51%；2017~2021 年，基础设施指数呈平缓增长态势，增长幅度为 8.17%，年均增速为 1.98%。2020~2021 年，该指数增长了 1.22%。近 10 年，北京的市内交通运输承载力稳步提升，境内公路密度、高速公路里程占比和城市轨道交通密度分别由 2012 年的 1.28 公里/公里$^2$、4.29% 和 0.03 公里/公里$^2$ 提升至 2021 年的 1.33 公里/公里$^2$、5.28% 和 0.05 公里/公里$^2$。对外交通运输能力显著增强，民用航空客运量占比由 4.29% 上升至 13.47%。但建成区供水和排水管道密度有所下降，分别由 18.77 公里/公里$^2$ 和 10.04 公里/公里$^2$ 下降至 6.12 公里/公里$^2$ 和 5.95 公里/公里$^2$。在各项指标的综合作用下，北京基础设施水平于 2012~2021 年保持相对稳定。

行政调控指数整体呈现波动上升态势。2012~2021 年，北京的行政调控指数由 0.448 提升至 0.906，增长幅度为 102.23%，年均增长率为 8.14%。相较基础设施指数，行政调控指数的增长幅度较大，因此其对北京治理高质量发展的贡献率高于基础设施指数。具体来看，2012~2018 年，行政调控指数持续增长，自 2019 年起开始呈现波动变化。就不同时间段而言，2012~2017 年，北京行政调控指数的增长幅度为 85.94%，年均增速为 13.21%；2017~2021

年，其增长幅度为 8.76%，年均增速为 2.12%。从具体指标来看，2012~2017
年和 2017~2021 年，北京人均地方财政预算内收入的增幅分别为 55.10% 和
9.52%；人均地方财政预算内支出的增幅分别为 75.32% 和 5.86%。可见，北
京行政调控指数的增长主要发生于 2012~2017 年。特别地，2020~2021 年，该
指数增长了 4.98%。

行政服务指数呈现先波动增长后持续上升的态势。2012~2021 年，北
京行政服务指数由 0.407 增至 0.695，增长幅度为 70.76%，年均增速为
6.13%。该指数的增幅和年均增速高于基础设施指数，因此其对北京治理
高质量发展的推动力度强于基础设施。从变化趋势来看，2012~2017 年，
北京行政服务指数呈现波动变化特征，总体呈增长态势，增长幅度为
6.63%，年均增速为 1.29%。自 2017 年起，该指数持续提升。2017~
2021 年，其增长幅度达到 60.14%，年均增速为 12.49%。2020~2021 年，
该指数增长了 13.56%。可见，2017~2021 年，北京行政服务指数提升速
度明显加快。过去 5 年，北京大力优化企业准入、准营、注销等事项办理
流程，推出更多"一证通办"事项和"一件事"集成办服务场景，推进
"6+4"一体化综合监管改革。营商环境得到显著改善，北京行政服务水
平加速提升。

2012~2021 年北京治理高质量发展各维度指数如图 2 所示。

图 2　2012~2021 年北京治理高质量发展各维度指数

## 2. 横向比较

北京治理高质量发展水平优于其他城市，基础设施建设水平有提升空间。2021 年，北京治理高质量发展指数为 0.784，在中国超大特大城市中排名第一。其次，为深圳和上海，其治理高质量发展指数分别为 0.778 和 0.731。北京与深圳治理高质量发展指数差距较小，仅为 0.006；与上海的差值较大，为 0.053。与深圳相比，北京行政调控和行政服务子维度的得分较高，分别比深圳高 0.059 和 0.037；基础设施得分相对较低，比深圳低 0.090。与上海相比，北京行政服务水平的优势较为明显，该子维度的得分比上海高 0.168；而基础设施和行政调控得分均低于上海，分别比上海低 0.085 和 0.030。

**图 3 2021 年中国超大特大城市治理高质量发展指数**

本报告从治理高质量发展的三个维度（基础设施、行政调控和行政服务）入手，将北京与各维度的优势城市进行对比分析。

（1）基础设施指数

从 3 个子维度来看，在中国超大特大城市中，北京基础设施指数处于中游，市内交通和供排水的建设水平低于武汉。2021 年，在中国超大特大城市中，武汉的基础设施指数最高，北京排名第十一。选择武汉与北京在该子维度进行比较，可见2012~2020年，北京与武汉基础设施指数的差距较小，指数差值不超过0.020，武汉指数值高于北京的年份较多。2021年，两城市基础设施水平的差距开始扩大，指数差值达到0.114。从变化趋势来看，2012~2021年，武汉基础设施指数的年均增长率为4.40%，北京的年均增长率为0.59%，武汉的基础设施指数增速快于北京。分析具体指标可以发现，对于反映市内交通运输承载力（境内公路密度、高速公路里程占比和城市轨道交通密度）、供排水能力（建成区供水管道密度和建成区排水管道密度）的指标，其数值均为武汉高于北京。除建成区排水管道密度外，上述指标的增速亦为武汉大于北京。就对外交通（高铁线路条数和民用航空客运量占比）而言，北京的指标值及其增速高于武汉。由此可见，相比武汉，北京在对外交通方面具有优势，而市内交通和供排水等方面的基础设施建设仍有不足。

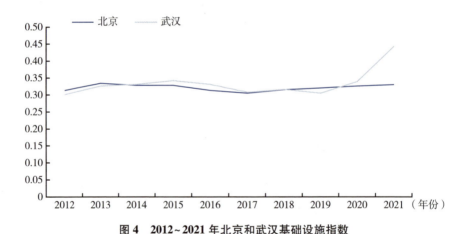

图4　2012~2021年北京和武汉基础设施指数

表2　2021年北京和武汉基础设施维度指标数值

| | 城市 | 互联网宽带普及率（%） | 境内公路密度（公里/公里²） | 高速公路里程占比（%） | 城市轨道交通密度（公里/公里²） | 建成区供水管道密度（公里/公里²） | 建成区排水管道密度（公里/公里²） | 高铁线路条数（条） | 民用航空客运量占比（%） |
|---|---|---|---|---|---|---|---|---|---|
| 2021年 | 北京 | 71.60 | 1.33 | 5.28 | 0.047 | 6.12 | 5.95 | 7 | 13.47 |
| 水平值 | 武汉 | 70.50 | 1.94 | 5.74 | 0.053 | 17.82 | 8.28 | 5 | 8.68 |

（2）行政调控指数

在中国超大特大城市中，北京行政调控指数居于上游，人均地方财政预算内收入和支出水平及其增速低于上海。在中国超大特大城市中，上海行政调控指数最高，北京排名第二，指数值分别为 0.996 和 0.906。选取上海与北京在该维度进行比较。结果显示，2012~2015 年，北京的行政调控指数高于上海；自 2016 年起，上海反超北京，指数值开始高于北京（见图 5）。总体来看，北京与上海的行政调控指数差距并不明显。从历史变化特征来看，两城市较为相似。2012~2018 年均呈持续增长态势，2019~2020 年有所下降，2021 年开始回升。测算行政调控指数的变化速度，2012~2021 年，北京行政调控指数的年均增长率为 8.14%，上海行政调指数的年均增长率为 9.59%，北京的增速略慢于上海。从该维度的各项指标来看，2021 年上海人均地方财政预算内收入和人均地方财政预算内支出分别为 31219 元和 33867 元，北京分别为 27106 元和 32921 元。可见，上述指标数值均为上海高于北京。从指标增长速度来看，2012~2021 年上海人均地方财政预算内收入和人均地方财政预算内支出的年均增速亦高于北京，上海年均增速分别为 8.01% 和 7.65%，北京年均增速分别为 6.06% 和 7.11%。

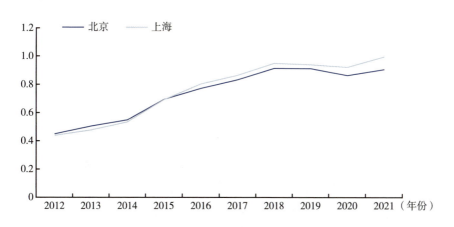

**图 5　2012~2021 年北京和上海行政调控指数**

（3）行政服务指数

北京行政服务指数位居前列，营商环境、政务微博互动力等指标与广州的差距较为明显。2021 年，广州的行政服务指数最高，北京排名第四，指数值分别为 0.718 和 0.695。选择广州与北京在该维度进行比较，可见 2012~2021 年，广州的行政服务指数均高于北京，但差值不断缩小。从历史变化趋势来看，两城市均呈波动增长态势。2012~2021 年，北京行政服务指数的增长幅度和年均增速分别为 70.76% 和 6.13%，广州的增长幅度和年均增速分别为 3.16% 和 0.35%。可见，近 10 年北京行政服务水平提升速度明显快于广州。从该维度的各项指标来看，政府信息公开申请数量北京大于广州（见表 3）。相较而言，广州营商环境和政务微博互动力的优势较为明显。2021 年，广州营商环境（税收收入占 GDP 的比重，为 4.60%）约为北京（12.83%）的 1/3；政务微博互动力比北京高 14.13%。从各指标的增长速度

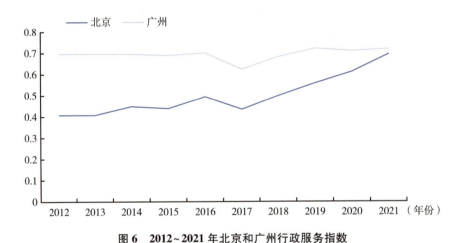

图 6　2012~2021 年北京和广州行政服务指数

表 3　2021 年北京和广州行政服务维度指标数值及其年均增速

| | 城市 | 营商环境（%） | 政府信息公开申请数量（件） | 政务微博互动力 | 政务微博城市竞争力影响力指数 | 一站式服务 | 政府网站留言平均办理时间（天） |
|---|---|---|---|---|---|---|---|
| 2021 年水平值 | 北京 | 12.83 | 65731 | 66.60 | 70.09 | 1 | 5.50 |
| | 广州 | 4.60 | 17248 | 76.01 | 72.73 | 1 | 4.33 |
| 2012~2021 年均增速(%) | 北京 | -2.71 | 17.22 | -0.84 | 0.08 | 0.00 | -15.56 |
| | 广州 | -2.48 | 2.31 | -0.21 | -0.39 | 0.00 | -4.08 |

来看，对于正向指标政府信息公开申请数量和政务微博城市竞争力影响力指数，北京的增长速度快于广州，而政务微博互动力的降速快于广州；对于负向指标营商环境和政府网站留言平均办理时间，北京的降速快于广州。

## 三 主要研究结论及对策建议

### （一）主要研究结论

本报告从 3 个维度（基础设施、行政调控和行政服务）构建了北京治理高质量发展评价体系，并基于此对北京治理高质量发展状况进行纵向分析和横向比较，主要研究结论如下。

2012~2021 年北京治理高质量发展指数呈"N"形增长态势，增长速度逐步加快。2020~2021 年北京治理高质量发展指数的增幅为 10.11%。行政调控和行政服务是北京治理高质量发展的核心驱动力。

2021 年，北京治理高质量发展水平排名第一，其次为深圳和上海。相较两者，北京的优势维度为行政服务，基础设施子维度的得分相对较低。

2012~2021 年，北京基础设施指数保持相对稳定。2020~2021 年，该指数增长了 1.22%。就横向比较而言，在中国超大特大城市中，北京的基础设施指数居于中游，武汉位居第一。相比武汉，北京市内交通和供排水等方面的指标值较低。2012~2021 年，北京行政调控指数呈波动上升态势。2021年，该指数同比增长 4.98%。从横向比较来看，在中国超大特大城市中，北京的行政调控指数排名第二。相比上海（排名第一），北京人均地方财政预算内收入和支出水平及其增速均较低。

2012~2021 年，北京行政服务指数先波动增长后持续上升。2020~2021年，该指数增长了 13.56%。就横向比较而言，在中国超大特大城市中，北京行政服务指数位居前列，广州排名第一。从具体指标来看，北京营商环境水平、政务微博互动力等指标值均显著低于广州。

## （二）对策建议

治理高质量发展评价结果显示，北京行政调控与行政服务优势较为明显，基础设施与超大特大城市中表现最优者（武汉）仍有一定的差距。市内交通和供排水的建设水平是北京基础设施建设维度的短板。由此，本报告认为进一步提高北京治理高质量发展水平需要稳固行政调控优势，提升行政服务水平、完善基础设施建设及布局、深化基层社会治理。

### 1. 提升行政服务水平

一是优化营商环境。探索一线一窗一网"一条龙"服务，着力清除市场准入标准不一致、准入流程长、手续繁等隐性壁垒；推动实体、网上等各级政务服务大厅与营商热线深度融合，畅通企业诉求表达渠道；基于企业和个人生命周期，结合区域功能定位和产业发展方向，以场景化建设推动"放管服"改革落地，解决跨部门、跨层级协同问题。二是攻坚数字政务建设。推行"一口申报、智能分派、自动流转、一次办结"数字服务新模式，推动政务服务统一申办受理平台建设，推广"移动办""智能办""全程网办"；在智慧城市、数字政务总体框架下，运用数据驱动"放管服"改革，建设接诉即办"智慧大脑"，推进智能受理、智能派单、智能办理、智能考核、智能分析等工作提质增效。三是提升政务服务的公平性、透明度和可预测性。通过公示栏、政府网站等形式坚持政务公开、政府信息发布及行政执法公示制度，稳步推进依申请公开工作，深入推进信访工作及多元调解工作；建立政务舆情监测体系，增设意见回复列表、意见回复查询、信息公开咨询投诉回复制度等功能，提升政务公开服务回应能力；加强政务微博、微信等新媒体建设，提高平台运营能力，主动推出公众关注度高的热点话题，增强活跃性与公众互动性。

### 2. 完善基础设施建设及布局

一方面，北京应提升基础设施的综合承载能力，特别关注市内交通和水利基础设施建设。一是完善交通基础设施建设，打造1小时"门到门"通勤圈。推进干线铁路、城际铁路、市郊铁路以及城市轨道交通"四网融合"，构建全域快速轨道网；结合公交与轨道的功能定位，统筹公交和轨道站点规划，促进公交与轨道的两网融合；持续推进城市副中心相交路口秩序化设计，增加二次过街设施，改善慢行交通环境。二是完善水利基础设施建设。推进水厂和管网建设，强化机井管理，继续推进西郊、密怀顺储备区规范化建设、运行和保护；继续实施"向污水要资源"战略，提升地下水源置换能力，加快对战略储备区、重要泉域和严重超采区等的水源替代；加快重点地区增渗工程建设，提高回补能力。另一方面，应进一步完善基础设施空间结构和功能布局。高水平建设城市副中心基础设施，增强临空经济区、"三城一区"、新首钢地区等重点功能区基础设施保障能力；加强基础设施与城市功能融合，复合公共服务、文化娱乐、居住等功能，对标国家要求、城市发展需要、市民需求动态调整，充分发挥基础设施对于核心区、城市副中心、平原新城、生态涵养区及重点区域的空间布局优化引领和保障支撑作用。

### 3. 深化基层社会治理

为应对居民利益诉求复杂化、服务需求多样化、治理方式智能化等新特征新变化，真正实现"共建共治共享"，一是健全基层自治机制。社区作为社会治理的基本单元，是社会治理问题的集聚区和社会矛盾的高发地，也是整合多元参与主体、从碎片化向整体性转变、提升治理效能的关键所在。应优化调整社区规模，依托不同层级党群、政务、社区服务中心以及社会工作和志愿服务平台等，推动居（村）民委员会组织体系建设，落实社区（村）"两委"班子成员资格联审机制。二是技术赋能基层治理。加快推进"一库、两平台"建设，利用交互式、扁平化、快捷性的互联网、大数据、云媒体等信息传播技术，促使治理模式由原来的单项管理转变为双向互动，从线下转向线上线下融合。利用信息技术搭建与居民互动的平台，如建立政务微信公众号、网上议事厅，开展社区公益项目网络投票等，节省社区居民委员会、物业机构等基层社会治理组织在表格数据填报等重复劳动、层层加码的工作方式或临时性工作、突发性任务上耗费的时间、精力。三是构建多元社会组织体系。发展和完善行业协会、商会、学会、基金会和专业合作社等社会组织；根据不同岗位的特点、工作时间、专业水平等综合因素，组建一支结构合理、素质优良的专业化社区工作者队伍；在社区开展各类技能培训，提升居民参与治理的积极性和能力。

**参考文献**

S. Chen，K. Jia，"How Local Governments Prioritize Multiple Conflicting Goals：Beyond the Sole-goal Perspective," *Public Administration* 2（2021）.

陈浮等：《城市人居环境与满意度评价研究》，《人文地理》2000 年第 4 期。

彭向刚、马冉：《政务营商环境优化及其评价指标体系构建》，《学术研究》2018 年第 11 期。

潘雅茹、罗良文：《基础设施投资对经济高质量发展的影响：作用机制与异质性研究》，《改革》2020 年第 6 期。

朱德米：《迈向高质量发展：开发多目标和公平竞争的治理机制》，《江苏行政学院学报》2022 年第 5 期。

刘立峰、丁凡凡：《适度超前开展基础设施投资》，《宏观经济管理》2023 年第 2 期。

黄群慧、周倩：《论中国式宏观经济治理现代化》，《北京社会科学》2023 年第 4 期。

高培勇等：《高质量发展的动力、机制与治理》，《经济研究参考》2020 年第 12 期。

# 专 题 报 告
### Special Reports

**B.8**
## 北京贸易高质量发展报告（2023）<sup>*</sup>

**摘　要：** 推动贸易高质量发展是贯彻新发展理念，构建以国内大循环为主体、国内国际双循环相互促进的新发展格局的重要一环。作为国际交往中心，北京贸易高质量发展有助于中国在全球产业链、价值链与创新链上的地位攀升，其发展路径对于全国贸易水平的提高具有重要指引作用。本报告分析了北京贸易高质量发展的现状、趋势、优势和不足，构建了北京贸易高质量发展评价指标体系，测度和评价了北京贸易高质量发展水平，解析了北京市价值链发展与高质量出口特点，并基于数据分析与指标测度结果提出对策建议。研究结果表明，北京贸易高质量发展指数整体呈现上升趋势；贸易发展质量集中体现在高新技术产业方面，生物技术、生命科学技术、计算机与

---

\* 执笔：田晓函、行伟波。田晓函，北京市科学技术研究院高质量发展研究中心课题组成员，对外经济贸易大学博士研究生，主要研究方向为可持续发展与宏观经济；行伟波，北京市科学技术研究院高质量发展研究中心特约研究员，对外经济贸易大学教授，主要研究方向为全国统一市场建设、公共政策评估。

通信技术和电子技术等高新技术产品进出口额较高；呈现出国有经济与民营经济、内资企业与外资企业相互协作、共同发展的态势；货物进出口总额也呈现整体增长态势，与北京贸易往来密切的国家分别为拥有高技术产品和高精尖产品垄断地位的国家，以及本土资源丰富的国家；北京市内贸活跃，制造业与津冀两地协同发展。本报告提出以下对策建议：推动贸易创新，增强外贸综合竞争力；传统产业、新兴产业双端发力，持续优化贸易结构；改革、开放双轮驱动，打造国际一流营商环境；深化双边和多边贸易关系，拓展外贸发展空间；大力发展绿色贸易，推动贸易可持续发展。

**关键词：** 贸易高质量发展　价值链　高质量出口　北京

# 一　概述

## （一）研究背景

党的十九大报告指出，"中国特色社会主义进入新时代，这是我国发展新的历史方位"。中国进入新发展阶段，由经济高速增长转向经济高质量发展。2019 年 11 月 28 日，商务部发布《中共中央　国务院关于推进贸易高质量发展的指导意见》（以下简称《意见》）。《意见》提出了贸易高质量发展的总体要求，指出"建立贸易高质量发展的指标、政策、统计、绩效评价体系"。《意见》的发布为我国贸易高质量发展指明了方向，也为各省市推进贸易高质量发展划定了重点。

作为首都，北京市在贸易高质量发展方面先于大部分地区进行了更多的探索与实践。2020 年 9 月 21 日，国务院印发《中国（北京）自由贸易试验区①总体方案》。该方案提出"以供给侧结构性改革为主线"，坚持新发展理

---

① 以下简称"北京自贸区"。

念和高质量发展，明确"推动投资贸易自由化便利化"等7个方面的主要任务。2020年9月24日，北京自贸区正式揭牌，成为中国探索高质量发展路径的又一尝试。2020年9月28日，北京自贸区高端产业片区和国际商务服务片区挂牌。其中，高端产业片区重点发展商务服务、国际金融、文化创意、生物技术和大健康等产业；国际商务服务片区重点发展数字、文化贸易、医疗健康、国际物流以及跨境金融等产业。北京市各区以及各部门分别出台政策文件支持北京自贸区的发展与建设（见表1）。

表1 2019~2021年北京市出台的有关贸易高质量发展的政策文件

| 发布日期 | 文件 | 发文机构 |
|---|---|---|
| 2019年1月2日 | 《北京市服务贸易创新发展试点工作实施方案》 | 北京市人民政府办公厅 |
| 2020年9月21日 | 《北京市关于打造数字贸易试验区实施方案》 | 北京市商务局 |
| 2020年12月31日 | 《大兴区"两区"建设工作方案》 | 北京市大兴区"两区"建设工作领导小组办公室 |
| 2021年2月10日 | 《关于进一步优化京津口岸营商环境促进跨境贸易便利化若干措施的公告》 | 北京市商务局等10部门 |
| 2021年2月17日 | 《中国（北京）自由贸易试验区国际商务服务片区通州组团实施方案》 | 北京市商务局 |
| 2021年2月18日 | 《医疗领域"两区"建设工作方案》 | 北京市卫生健康委员会 |
| 2021年2月18日 | 《门头沟区落实北京市建设国家服务业扩大开放综合示范区和自由贸易试验区实施方案》 | 北京市门头沟区"两区"建设工作领导小组办公室 |
| 2021年2月24日 | 《中国（北京）自由贸易试验区高端产业片区亦庄组团首批产业政策》 | 北京经济技术开发区"两区"工作领导小组办公室 |
| 2021年3月11日 | 《关于促进中国（北京）自由贸易试验区科技创新片区海淀组团产业发展的若干支持政策》 | 北京市海淀区"两区"建设工作领导小组办公室 |
| 2021年3月26日 | 《最高人民法院关于人民法院为北京市国家服务业扩大开放综合示范区、中国（北京）自由贸易试验区建设提供司法服务和保障的意见》 | 最高人民法院 |
| 2021年4月1日 | 《关于促进中国（北京）自由贸易试验区国际商务服务片区朝阳组团产业发展的若干支持政策》 | 北京市朝阳区"两区"建设工作领导小组办公室 |
| 2021年5月19日 | 《中国（北京）自由贸易试验区外汇管理改革试点实施细则》 | 国家外汇管理局北京外汇管理部 |

北京高质量发展蓝皮书

续表

| 发布日期 | 文件 | 发文机构 |
|---|---|---|
| 2021 年 6 月 23 日 | 《朝阳区国家服务业扩大开放综合示范区和中国（北京）自由贸易试验区国际商务服务片区建设工作方案》 | 北京市朝阳区商务局 |
| 2021 年 6 月 23 日 | 《北京自由贸易试验区国际商务服务片区朝阳组团实施方案》 | 北京市朝阳区商务局 |
| 2021 年 7 月 9 日 | 《大兴区数字经济创新发展三年行动计划（2021—2023 年）》 | 北京市大兴区人民政府办公室 |
| 2021 年 9 月 17 日 | 《促进中国（北京）自由贸易试验区国际商务服务片区北京 CBD 高质量发展引导资金管理办法（试行）》 | 北京市朝阳区 CBD 管委会 |
| 2021 年 9 月 18 日 | 《北京市人力资源和社会保障局关于在中国（北京）自由贸易试验区内优化企业特殊工时办理流程推行告知承诺制的通告》 | 北京市人力资源和社会保障局 |
| 2021 年 10 月 14 日 | 《北京市关于促进数字贸易高质量发展的若干措施》 | 北京市商务局等 5 部门 |

资料来源：北京市政务服务网（https：//banshi.beijing.gov.cn/）。

北京市高质量发展的路径探索顺应了国际国内大形势的需要，也是北京市经济转型的必然要求。2018 年 6 月，习近平总书记在重要外事会议上明确指出，"当前，我国处于近代以来最好的发展时期，世界处于百年未有之大变局，两者同步交织，相互激荡"①。当前国际环境中出现了全球化与逆全球化两种趋势。美国为了维护自身金融霸权地位强行推动逆全球化，实施贸易保护主义。自 2018 年开始，中美贸易摩擦逐渐升级，从经贸领域逐渐扩展到科技、金融、外交等领域。世界格局的变动给中国整体贸易带来了诸多不确定性，同时为贸易结构升级带来契机。中国作为新兴的和平力量，致力于推进全球治理秩序的完善。中国在复杂的国际形势中坚持"开放"的新发展理念，对外发起"一带一路"及其他全球倡议，倡导构建人类命运共同体。自 2013 年以来，中国先后提出建设"丝绸之

---

① 《习近平在中央外事工作会议上强调》，"新华社"百家号，2018 年 6 月 23 日，https：//baijiahao.baidu.com/s？id=1604060074048442582&wfr=spider&for=pc。

120

路经济带"和"21世纪海上丝绸之路"重大倡议，积极为推动国际和国内区域协调发展提供新的合作平台，为全球的和平与发展做出新的贡献。在复杂的国际背景下，中国坚持改革开放、勇于探索，在国内建立多个自由贸易试验区。北京市主动服务和融入国家战略，承担了北京自贸区的建设工作。

### （二）文献综述

国际贸易的发展经历了"传统的最终产品贸易""全球价值链贸易"和"数字贸易"三个阶段。在贸易发展的不同时期，由于所处的历史条件和政治经济环境的差异性，所呈现出的贸易特征也均有不同。国内学者从不同角度探讨了中国贸易的阶段性特征与贸易质量。在概念界定方面，贸易质量包括发展质量与效益质量两部分。喻志军和姜万军定义贸易质量为"一国（地区）获取净收益的能力"，从价格和数量两个维度衡量贸易质量。在贸易质量的测算方法选择方面，多数研究使用熵值法测算贸易质量。例如，汤婧和夏杰长使用熵值法测算了我国服务贸易高质量发展水平。何莉应用层次分析法分析中国对外贸易质量，认为中国存在贸易条件恶化、市场集中度高和贸易商品结构不佳等问题。朱启荣和言英杰使用主成分分析法测算分析了中国外贸发展方式与质量。喻盛华和刘旖旎应用灰色马尔可夫模型预测全球创意产业贸易质量。

随着互联网技术在贸易领域的应用以及数字贸易模式的逐渐成熟，服务贸易与数字贸易在21世纪获得快速发展，并随实践进程逐步进入研究视野。根据麦肯锡全球研究所（McKinsey Global Institute）的报告，2014年服务贸易在全球贸易中的占比达23%；在增加值贸易中，服务贸易的比重高达45%。这符合农业经济到工业经济再到服务业经济的现代经济发展基本规律。2019年，在全球服务贸易中，信息与通信服务、知识产权服务增速分别高达7.8%和5.2%。张继行分析美国服务贸易，认为美国服务贸易的领先地位得益于强大的服务业基础与完善的贸易管理体系。张昱、王亚楠和何轩采用联合国贸发会议统计数据库中的服务贸易数据研究分析了中国在全球

服务贸易中的竞争力，发现中国在全球服务贸易网络中的地位呈上升趋势。

我国贸易实现快速发展，一是由于国内市场经济体制不断完善，二是通过加入世界贸易组织（World Trade Organization，WTO）深度融入全球产业链。中国在融入全球价值链的过程中实现了经济和贸易领域的迅速增长。长期以来，我国制造业在全球价值链分工中处于中低端环节，依靠廉价劳动力优势"低端嵌入"全球价值链。信息与通信技术（ICT）革命促进了生产分散，削弱了日本在价值链中的垂直控制，为中国向全球价值链高端攀升提供了契机。全球价值链嵌入对企业创新能力、生产效率、出口质量、技术进步等均产生影响。研究认为，企业嵌入全球价值链后将面临更加激烈的竞争，促使其提升创新能力与生产效率。全球价值链嵌入为企业提供了更大的市场，所形成的规模效应能够提高企业的生产效率。吕越等人在考虑企业异质性的基础上对全球价值链嵌入与生产效率关系进行实证分析，发现全球价值链嵌入与企业生产效率之间呈现"倒U形"关系，即全球价值链嵌入能够提升企业生产效率，但过度融入全球价值链对企业生产效率具有反作用。一些学者关注全球价值链嵌入与技术进步之间的关系。Humphrey等人认为，通过嵌入全球价值链，发达国家将加工组装环节转移到发展中国家，发展中国家的技术水平在此过程中由于技术溢出效应得到提高。肖文和殷宝庆就垂直专业化对技术进步的影响进行了实证分析，发现垂直专业分工会促进制造业技术进步，但研发投入在一定程度上会抑制技术进步。

## 二　北京市贸易发展现状

### （一）北京市货物进出口总额呈现整体增长态势

2000年前，北京市货物进出口总额稳定在2000亿元左右，增长速度较为缓慢。2001年后，受中国加入世界贸易组织和国内经济结构优化升级的影响，北京市货物进出口总额呈现整体增长态势。同时，短期波动仍然存在。2009 年、2015 年和 2020 年，北京市货物进出口总额出现明显波动（见图 1）。2009 年波动主要源于 2008 年美国次贷金融危机对中国宏观经济的冲击；2015 年波动来源于国际市场萎缩和国内经济结构调整的双重影响；受 2019 年中美贸易摩擦和新冠疫情冲击，2020 年北京市货物进口额大幅下降。

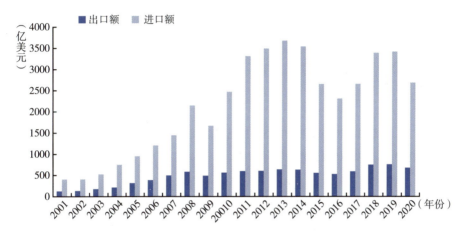

**图 1  2001~2020 年北京市货物进出口总额**

资料来源：根据历年《中国统计年鉴》《北京统计年鉴》中的统计数据绘制。

北京市与诸多国家贸易往来密切。尽管中美存在贸易摩擦，美国仍然是北京市进出口贸易往来最密切的国家，2021 年北京市对美国的进出口总额为 3009.93 亿元，同比增长 49.08%（见图 2）。2021 年北京市货物进出口总额超千亿元的对象国有 8 个：美国、澳大利亚、德国、沙特阿拉伯、俄罗斯、伊拉克、日本、巴西。根据图 2，与北京市贸易往来密切的国家主要有两大类。一类是北京市能够进口高精尖产品的发达国家，包括但不限于美国、德国、日本、新加坡、瑞士、英国等；另一类是本土资源较为丰富的国家，如铁矿石丰富的澳大利亚，石油资源丰富的沙特阿拉伯、伊拉克、科威特和天然气资源丰富的俄罗斯等。

2021 年，北京市货物进口额、出口额排前 20 名的对象国和地区的构成差异较大，只有 8 个对象国在北京市进口额、出口额排名中均排前 20 名，分别

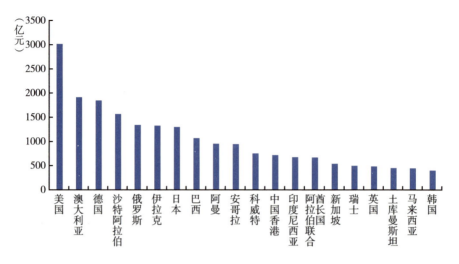

**图 2　2021 年北京市货物进出口总额排前 20 名的对象国**

资料来源：根据中华人民共和国北京海关的统计数据绘制。

为美国、澳大利亚、德国、俄罗斯、日本、阿拉伯联合酋长国、印度尼西亚、马来西亚（见图 3、图 4）。从 2021 年北京市货物出口额来看，北京市出口最多的对象国为新加坡，出口额为 335.54 亿元，同比下降 13.48%。北京市主

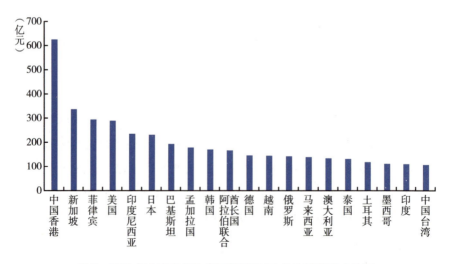

**图 3　2021 年北京市货物出口额排前 20 名的对象国或地区**

资料来源：根据中华人民共和国北京海关的统计数据绘制。

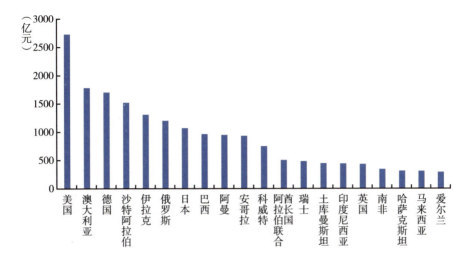

**图 4　2021 年北京市货物进口额排前 20 名的对象国**

资料来源：根据中华人民共和国北京海关的统计数据绘制。

要出口贸易伙伴为菲律宾、巴基斯坦等周边国家。从 2021 年北京市货物进口额来看，北京市进口最多的对象国为美国，进口额为 2722.38 亿元，同比增长 53.52%。北京市主要进口贸易伙伴有美国、德国、日本等发达国家，以及澳大利亚、沙特阿拉伯、巴西等资源丰富型国家。

北京市与主要经济组织保持较为密切的贸易往来。图 5 展示了 2021 年北京市与主要经济组织的贸易进出口额。从贸易进出口额来看，北京市与 APEC 的贸易进出口额最高，为 12894.87 亿元，同比增长 29.37%。此外，北京市与 RCEP、中东（17 国）和"一带一路"西亚北非 16 国的贸易进出口额较高；北京市与欧盟国家贸易往来密切，贸易进出口额在千亿元以上。从贸易出口额来看，北京市与 APEC 和中东（17 国）的贸易出口额较高，分别为 9635.26 亿元和 5392.55 亿元。从贸易进口额来看，北京市与 APEC、RCEP 和"一带一路"东南亚 11 国的贸易进口额较高。由此可知，北京市与周边国家及共建"一带一路"国家的贸易联系更为密切。

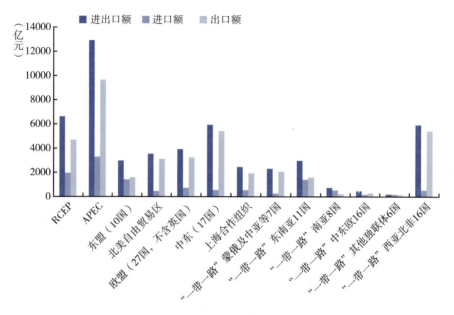

**图5　2021年北京市与主要经济组织的贸易进出口额**

资料来源：根据中华人民共和国北京海关的统计数据绘制。

### （二）国有经济与民营经济相辅相成，内资企业与外资企业相得益彰

北京市国有经济在贸易中发挥重要作用，呈现出国有经济与民营经济、内资企业与外资企业相互协作、共同发展的态势。从对外贸易进出口总额来看，国有企业是北京市对外贸易的主体力量，其对外贸易进出口额占比为67.76%，外商投资企业和民营企业分别占22.16%和9.54%（见图6）。从进出口情况来看，北京市国有企业出口额占比为46.79%，低于进口额占比（73.04%）；民营企业出口额占比为14.73%，远高于进口额占比（8.23%）（见图7）。北京市不同性质企业在进口额和出口额占比上的差异说明，相比进口，北京市民营企业在出口方面更具优势，可以考虑通过鼓励和支持民营企业"走出去"，充分发挥民营企业在贸易活力方面的优势，促进北京市贸易高质量发展。

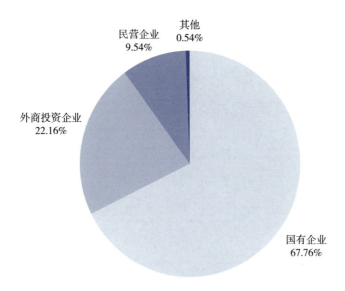

**图6 2021年北京市对外贸易分企业性质进出口额占比**

资料来源：根据中华人民共和国北京海关的统计数据绘制。

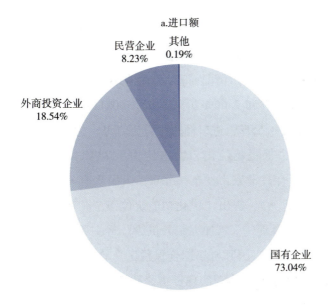

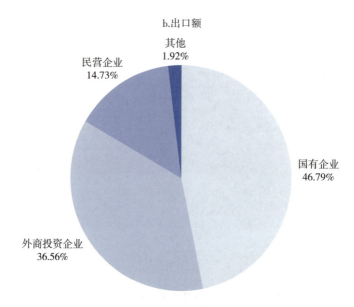

**图7 2021年北京市对外贸易分企业性质进口额、出口额占比**

资料来源：根据中华人民共和国北京海关的统计数据绘制。

　　本报告通过考察国有企业、民营企业和外商投资企业中不同贸易方式的占比发现，3种类型企业的进出口贸易均以一般贸易为主（见图8、图10和图12）。就国有企业的出口情况而言，保税物流和对外承包工程出口货物的出口额分别占12.64%和9.66%（见图9）。2021年北京市民营企业中保税物流出口额占比为4.55%，进口额占比为39.03%（见图11）。2021年北京市外商投资企业中保税物流出口额占比为1.28%，进口额占比为2.17%（见图13）。2021年，北京市发布《北京市人民政府关于支持综合保税区高质量发展的实施意见》，提出"优化功能定位""提升发展质量""创新管理模式""强化投资促进""加大服务供给"等主要任务。"北京天竺综合保税区"和"北京大兴国际机场综合保税区"作为北京市当前运营的综合保税区，充分助力北京市企业实现货物贸易和服务贸易双轮驱动，支撑实现内外贸易一体化。

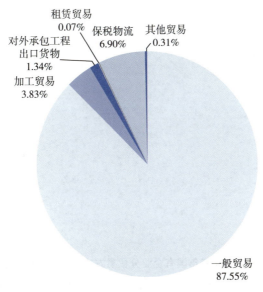

**图 8　2021 年北京市国有企业分贸易方式进出口额占比**

资料来源：根据中华人民共和国北京海关的统计数据绘制。

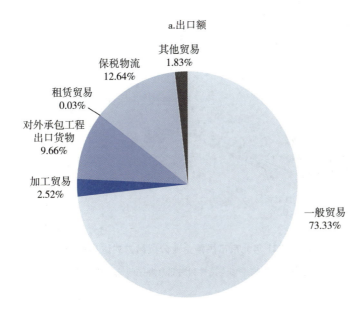

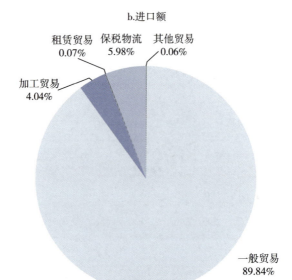

b.进口额

租赁贸易 0.07%　保税物流 5.98%　其他贸易 0.06%

加工贸易 4.04%

一般贸易 89.84%

**图9　2021年北京市国有企业分贸易方式出口额、进口额占比**

资料来源：根据中华人民共和国北京海关的统计数据绘制。

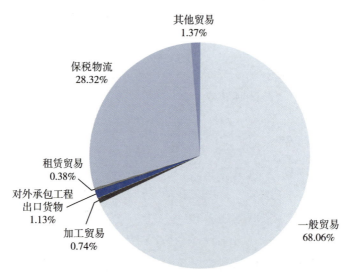

其他贸易 1.37%

保税物流 28.32%

租赁贸易 0.38%

对外承包工程 出口货物 1.13%

加工贸易 0.74%

一般贸易 68.06%

**图10　2021年北京市民营企业分贸易方式进出口额占比**

资料来源：根据中华人民共和国北京海关的统计数据绘制。

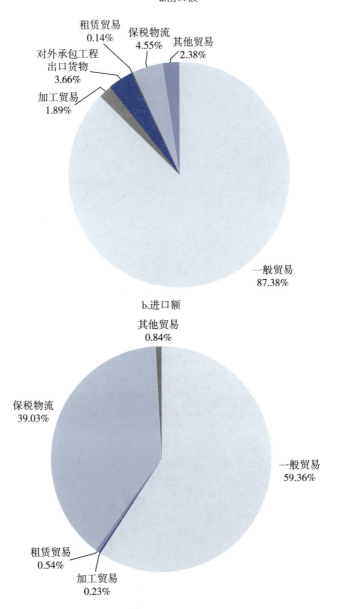

**图11 2021年北京市民营企业分贸易方式出口额、进口额占比**

资料来源：根据中华人民共和国北京海关的统计数据绘制。

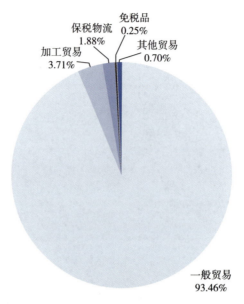

**图 12　2021 年北京市外商投资企业分贸易方式进出口额占比**

资料来源：根据中华人民共和国北京海关的统计数据绘制。

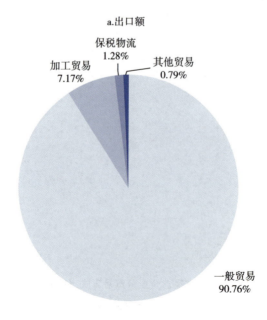

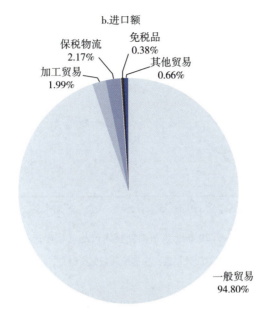

**图 13　2021 年北京市外商投资企业分贸易方式出口额、进口额占比**

资料来源：根据中华人民共和国北京海关的统计数据绘制。

### （三）北京市贸易发展质量提升，高新技术产业国际竞争力增强

北京市贸易高质量发展中的"高质量"一词集中体现在高新技术产业方面。本报告以高新技术产品和机电产品的贸易情况反映北京市贸易的发展"质量"。2000～2020 年，北京市高新技术产品与机电产品的出口额总体呈增长态势（见图 14）。从不同时间段来看，2000～2010 年，两产品的出口额增长较快；2011～2020 年波动较大。2000～2020 年北京市机电产品的出口额均高于高新技术产品的出口额。值得注意的是，尽管受到中美贸易摩擦和新冠疫情的冲击，北京市高新技术产品与机电产品出口仍然保持增长态势，说明北京市的高新技术产品和机电产品在国际市场上已经具有较强的竞争力和不可替代性。

北京市高新技术产品和机电产品进口在 2000 年后可以划分为两个阶段。2000～2011 年，北京市高新技术产品和机电产品进口额基本呈现增长态势；

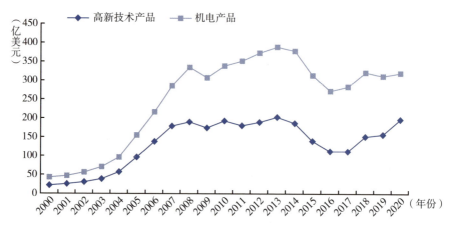

**图14  2000～2020年北京市高新技术产品与机电产品出口额**

资料来源：根据历年《北京统计年鉴》中的统计数据绘制。

2012～2020年，北京市高新技术产品与机电产品进口额则呈现微弱下降趋势（见图15）。这在一定程度上说明2012～2020年北京市对高新技术产品和机电产品进口的依赖程度降低。2020年北京市高新技术产品和机电产品的进口额分别为279.6亿美元和666.2亿美元，同比未出现大幅波动。这说明中美贸易摩擦以来美国对高新技术产品愈加严格的出口管理，以及疫情对贸易的冲击，未影响北京市高新技术产品和机电产品的进口贸易。

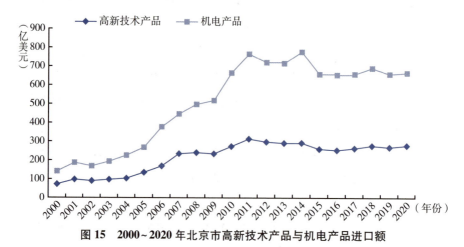

**图15  2000～2020年北京市高新技术产品与机电产品进口额**

资料来源：根据历年《北京统计年鉴》中的统计数据绘制。

从 2021 年北京市各类高新技术产品进出口情况来看（见图 16），北京市在生物技术、生命科学技术、计算机与通信技术和电子技术等领域的进出口额较高。在高新技术产品出口方面，北京市计算机与通信技术和生物技术的出口额较高，分别为 974.42 亿元和 926.91 亿元，分别同比增长 27.18%和 2931.23%。北京市生物技术出口额的迅猛增长主要由于新冠疫情背景下，北京市生物技术企业的试剂盒等产品的出口额迅速增长。在高新技术产品进口方面，北京市生命科学技术、计算机与通信技术和电子技术的进口额较高，分别为 709.22 亿元、391.82 亿元与 391.61 亿元，分别同比增长 24.28%、5.26%与 18.42%。高新技术产业强大的竞争力有利于北京市打造数字经济国际标杆城市，推进"两区"建设。

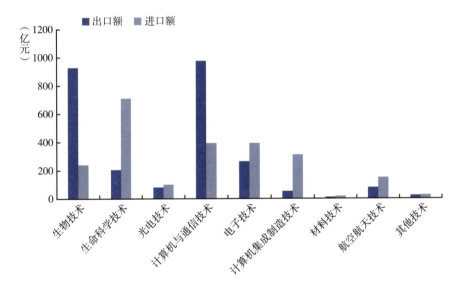

**图 16　2021 年北京市高新技术产品进出口额**

资料来源：根据中华人民共和国北京海关的统计数据绘制。

北京市机电产品进口和出口类别差异较大。图 17 和图 18 展示了 2021 年北京市机电产品进出口额及增速。2021 年北京市出口额最高的机电产品是手机，出口额为 851.07 亿元，同比增长 29.78%；手机出口数量为 9230.54 万台，同比增长 23.24%。2021 年北京出口额增速最快的机电产品为船舶，主要为散货船，共出口 128 艘，同比增长 93.94%；出口额为 114.10 亿元，同比增长 295.58%，说明北京市船舶出口单价有较大幅度的提高。2021 年北京市进口额最高的机电产品是汽车（包括底盘），汽车（包括底盘）进口数量为622 万辆，同比增长 1.93%；进口额为 2035.80 亿元，同比增长 9.49%。2021 年北京市进口额增速最快的为半导体制造设备，共进口 6390 台，同比增长 21.08%；进口额为 133.88 亿元，同比增长 145.87%。

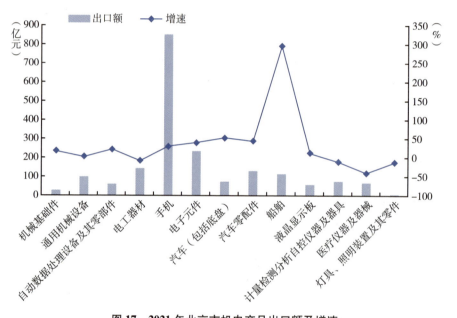

图 17　2021 年北京市机电产品出口额及增速

资料来源：根据中华人民共和国北京海关的统计数据绘制。

北京市高新技术产品与机电产品贸易的高速发展与北京市经济高质量发展战略息息相关。北京市政府印发的《北京市"十四五"时期高精尖产业发展规划》，要求以自主突破、协同发展为重点，构建集设计、制造、装备和材料于一体的集成电路产业创新高地。北京市高精尖产业发展对高新技术产业贸易提出了更高的要求，直观表现在高精尖产业产品进口额增长等方面，如半导体制造设备、电子元件等产品。同时，高新技术产品和机电产品的出口额也有所提升。

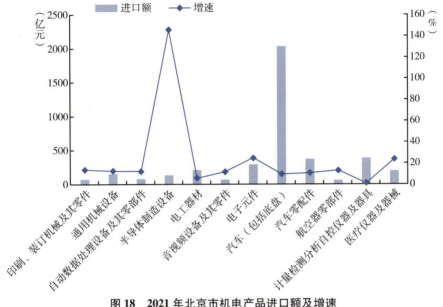

**图18　2021年北京市机电产品进口额及增速**

资料来源：根据中华人民共和国北京海关的统计数据绘制。

## （四）北京市与国内城市贸易往来密切，批发和零售业增加值持续增长

党的十九届五中全会通过的《中共中央关于制定国民经济和社会发展第十四个五年规划和二〇三五年远景目标的建议》（以下简称《建议》）提出，要加快构建以国内大循环为主体、国内国际双循环相互促进的新发展格局。为应对国内外经济风险明显上升的复杂局面，北京市统筹国内国际两个市场，充分利用国外资源发展对外贸易，同时强化与国内城市间的贸易联系。

北京市批发和零售业自改革开放以来持续增长。1978～2020年，北京市批发和零售业增加值分别在1992年、2008年和2016年经历了多次提速增长。历次批发和零售业销售额提速增长均与国家刺激消费的支持政策相关。2014年，北京市批发和零售业增加值出现了同比下降的情况，这是由于宏观经济增速放缓、"三公"经费控制、网络零售冲击等因素给传统实体零售行业带来消极影响。从图19可以看出，上述影响是暂时的，北京市批发和零售业增加值于

2016 年后恢复了增长。2020 年，由于新冠疫情对国内贸易的冲击，北京市批发和零售业增加值再次出现下降。

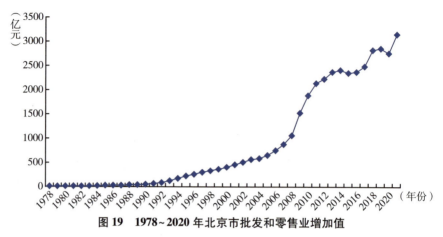

**图 19　1978~2020 年北京市批发和零售业增加值**

资料来源：根据历年《北京统计年鉴》中的统计数据绘制。

### （五）京津冀制造业协同发展，北京市高技术制造业加速发展

2016 年，工业和信息化部会同北京市、天津市和河北省人民政府制定了《京津冀产业转移指南》，旨在优化三省市要素资源配置，全面推进京津冀协同发展。图 20 展示了三省市在逐步推进产业转移后的工业企业资产情

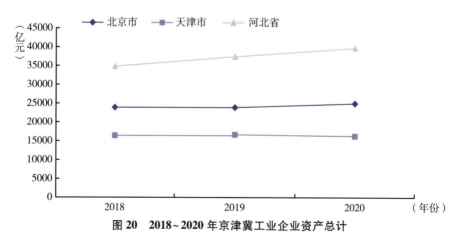

**图 20　2018~2020 年京津冀工业企业资产总计**

资料来源：根据中国科技数据库的统计数据绘制。

况。2018~2020 年，河北省工业企业资产体量超过北京市和天津市，天津市工业企业资产最少。对比 2018~2020 年京津冀工业企业平均用工人数发现（见图 21），河北省工业企业平均用工人数最高；北京市工业企业平均用工人数最低，并且有进一步降低的趋势。这说明京津冀产业转移后河北省制造业仍然以劳动力密集型为主。考察 2014~2020 年北京市高技术制造业主营业务收入发现（见图 22），北京市高技术制造业主营业务收入总体上呈增长态势，电子及通信设备制造业的主营业务收入远高于其他类别的高技术制造业。

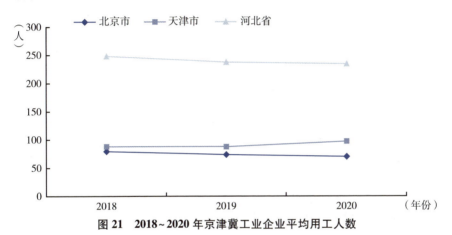

**图 21　2018~2020 年京津冀工业企业平均用工人数**

资料来源：根据中国科技数据库的统计数据绘制。

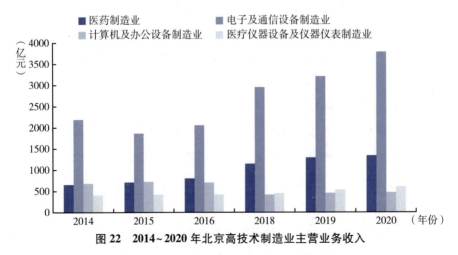

**图 22　2014~2020 年北京高技术制造业主营业务收入**

资料来源：根据《北京统计年鉴》《中国科技数据库》的统计数据绘制。

## 三  北京贸易高质量发展评价

### （一）贸易高质量发展的内涵

2020 年 5 月，中共中央政治局常委会会议提出"构建以国内大循环为主体、国内国际双循环相互促进的新发展格局"。党的十八大以来，我国积极转变发展模式，从以往以资源消耗为代价的粗放型经济发展模式转变为高效益、高收益的集约型经济发展模式。随着凝结在产品中的劳动价值发生变化，贸易方式也随之发生变化。党的十八届五中全会提出"创新、协调、绿色、开放、共享"的发展理念，不仅是新时期中国发展的重要导向，也为贸易高质量发展指明了发展方向和基本要求。

在新发展阶段，贸易高质量的内涵是多维、丰富且全面的。传统贸易发展的评价主要关注贸易数量，依据李嘉图的比较优势理论考察地区商品的流入与流出情况。然而，该评价方法没有考虑生产、交换与消费等环节，对服务贸易的重视不足。对贸易高质量发展的理解不能局限于增加值等单一标准，而应该使用多维度、多标准进行衡量。贸易高质量发展不仅要求贸易数量增长，也关注贸易结构升级、国内国外贸易环境优化，还充分考察地区贸易在国内和国际产业链、价值链中的地位变化，推动形成贸易科技实力更加雄厚、贸易产业结构不断优化、贸易开放程度不断深化、贸易成果由更多人民共享、贸易国际竞争力增强的贸易发展新格局。

#### 1. 贸易科技实力雄厚和创新产业发达

贸易高质量发展是高资源配置效率、高经济社会效益的可持续发展的具体实践。贸易高质量发展，本质上是从依靠物质资源消耗的贸易增长模式转变为依靠技术创新、制度创新、模式创新的贸易增长模式，实现贸易增长的新旧动能转换。创新要素驱动贸易发展更为持续、高效，贸易发展新的驱动力应该更多来自全要素生产率和科技进步贡献率的提升。在国际环境更加复杂、国际竞争日趋激烈的情况下，贸易高质量发展应该具有更强的内生驱动力与韧性，需要摒弃对传统要素的依赖，以制度创新与技术变革为抓手，加快新旧动能转换，支持创新产业贸易发展，培育新的贸易增长点与竞争优势。

北京市始终坚持发掘贸易新模式和新业态，探索制定新的贸易体系与贸易规则。贸易新模式有利于扩大贸易规模，提升贸易收益，提高资源配置效率与贸易便利化程度，降低贸易成本。技术创新所带来的科技进步为贸易新模式的产生与发展提供基础。例如，信息科技的发展催生跨境电商、数字贸易、离岸贸易等。围绕新的贸易模式也将产生新的市场生态体系与新的贸易规则，如自贸区规则等。在新形势下，积极扶持创新产业发展、培育贸易发展新业态是北京市贸易高质量发展的重要任务。

**2. 贸易产业结构和贸易结构优化**

北京市贸易高质量发展意味着对外拥有多元化国际市场，对内以产业结构升级带动贸易结构优化。外贸结构优化体现在贸易方式优化、进出口商品结构优化以及进出口企业结构优化等方面。在贸易方式优化方面，北京市货物贸易占外贸的比重较高，高新技术产品与机电产品出口数量增长源于"中国制造"的迅猛发展。相比货物贸易，中国的服务贸易起步较晚，发展潜力还未释放。此外，服务贸易是贸易强国的关键，越来越成为贸易强国的本质特征与核心衡量指标。要实现北京市贸易高质量发展，就要不断提高服务贸易比重，优化贸易方式，助力中国建设"服务贸易强国"。北京市坚持先行先试，在服务贸易领域积极探索，组织多届中国国际服务贸易交易会，积极建设国家服务贸易创新发展示范区。在进出口商品结构优化方面，贸易高质量发展意味着出口商品向高端产品升级优化，以高附加值、高技术含量的技术产品为主要贸易增长点，实现贸易从数量向质量的提升。在进出口企业结构优化方面，现阶段北京市进出口企业以国有企业为主，民营企业和外商投资企业亦占有较高比重。相比国有企业，民营企业拥有机制灵活、应变能力强等优势，在对外贸易中能够更快抢占国际市场，在贸易中具有无法替代的优势。

更趋平衡的贸易发展格局涵盖了国内市场和国际市场的多元平衡。

北京市拥有政策优势和制度经验，贸易企业集聚效应显著，在全国贸易中占有重要位置。然而，基于国内区域贸易格局现状，北京贸易高质量发展仍有赖于进一步完善国内区域间贸易协调发展机制，充分依托产业在区域间的梯度分布，发挥各区域比较优势，构造均衡协调的国内区域贸易格局。

3. 贸易开放程度持续深化，贸易与双向投资有效互动

自改革开放以来，中国不断拓展对外开放的广度与深度，深度融入国际产业分工体系，参与国际贸易规则制定，逐渐由国际贸易规则的"跟随者"转变为"引领者"，国际贸易地位不断提升。北京市致力于形成全方位、多领域、高层次的对外开放格局，对全国对外开放产生积极的引领和示范作用。通过主动开放，一方面可以融入国际贸易体系，促进北京市技术升级与产品升级，实现向全球价值链高端的攀升；另一方面可以不断扩展国外市场，对冲一些国家实施贸易保护政策所带来的不利影响。要推进贸易高质量发展，北京市亟待进一步突出优势行业，聚焦金融服务、数字经济、文化旅游和专业服务等重点领域，提升服务贸易和数字贸易的开放水平，充分激发市场主体活力和发展动力，充分运用国际平台。一是依托"一带一路"建设带动贸易格局的均衡发展。在"一带一路"倡议的引领带动下，中欧班列和西部陆海新通道建设深入推进。北京市拓展与共建"一带一路"国家的贸易往来，加强贸易供应链合作，有利于进一步优化海外市场布局。二是依托自贸试验区、自由贸易港开放高地引领贸易制度和模式创新。北京自贸区拥有较大的改革自主权，通过对标国际高标准贸易规则，探索贸易自由化便利化领域的制度创新，培育跨境电商等贸易新型业态和功能，不仅为贸易高质量发展提供了创新资源和要素，也先行先试为贸易高质量发展提供了路径借鉴和范式样本。三是依托跨境电商综试区、市场采购贸易试点、综合保税区等开放平台推动贸易转型升级。此类开放平台承载着贸易拓展创新的职能，通过配套综合改革，深入拓展跨境电商、市场采购贸易、保税维修、保税物流等贸易新业态新模式，推动形成贸易新型竞争优势，为贸易高质量发展注入内生动力。

### 4. 贸易成果由更多人民共享，坚持贸易共商共建共享

贸易高质量发展秉承更加普惠的发展理念，在激烈的国际竞争中实现持续稳固的贸易发展。2020 年 9 月 4 日，习近平总书记在 2020 年中国国际服务贸易交易会全球服务贸易峰会上致辞，倡议开创"全球服务、互惠共享"的美好未来①。贸易高质量发展中的普惠理念应该包含两个层面的含义，一是实现贸易成果由更多人民共享；二是为全球贸易治理提供更多公共产品，推动全球贸易更好发展。在贸易成果由更多人民共享方面，外贸不仅是拉动经济增长的重要力量，也发挥着就业蓄水池的重要作用。只有提升贸易发展的广度与深度，充分与国际服务贸易对接，深化国际合作，加强国内不同区域间贸易合作，不断做大贸易"蛋糕"，实现全国人民乃至各国人民共享服务贸易发展成果，才能充分体现贸易的普惠特征。而成为国际公共产品的有效提供者，不仅是中国从贸易大国向贸易强国转变、提高自身在国际贸易体系中的影响力、成为国际贸易制度与贸易规则的重要制定者的客观要求，也是推动国际政治经济环境趋向包容开放、引领构建人类命运共同体的重要路径。

### 5. 贸易国际竞争力增强

贸易高质量发展并非局限于贸易规模的扩大与数量的提升，而应该在推动我国深度融入全球价值链的同时，构建自主可控的全球供应链网络。从微观角度引导企业培育竞争新优势，优化经营主体，支持多种所有制外贸企业共同发展，培育一批具有国际竞争力的龙头企业和"小巨人"企业。坚持创新驱动，支持企业技术、管理、服务创新，开展全价值链数字化转型，鼓励企业发展跨境电商等新业态新模式。同时，应该前瞻布局数字贸易与服务贸易等下一代新型贸易，充分提高抵御外部风险与应对国际重大冲击的能力，提升我国在国际贸易中的竞争力。不仅要在巩固我国贸易传统优势的基础上形成包括技术研发、标准规则、品牌运营、服务体系、质量水平等方面的综合竞争新优势，还要纵深拓展贸易新增长点，在技术、数字贸易等新兴

---

① 《习近平在 2020 年中国国际服务贸易交易会全球服务贸易峰会上的致辞（全文）》，中国政府网，2020 年 9 月 4 日，https：//www.gov.cn/xinwen/2020-09/04/content_ 5540728. htm。

产业领域及跨境电商等贸易新模式方面占领竞争和规则的"制高点"。

贸易竞争力集中体现在技术创新、业态与模式创新以及制度创新三方面。在技术创新方面，贸易竞争力的提升离不开企业主体的参与。应着力构建产学研贸相结合的技术创新体系，鼓励企业开展原始创新和消化吸收式创新，增加对出口产品和服务的技术创新研发投入，开发具有自主知识产权的关键核心技术。在业态与模式创新方面，新的业态、模式创新与推广对于增强贸易影响力具有积极作用，应进一步扩大跨境电商、市场采购贸易方式和外贸综合服务企业试点，有效复制推广成熟经验做法。大力发展数字产业，利用互联网、物联网、大数据等数字技术对传统贸易业态和模式进行改造与融合。同时，紧抓数字贸易发展趋势和政策窗口期，增强在相应领域国际规则制定中的主动性。在制度创新方面，围绕跨境电商、市场采购贸易等模式创新将形成新的市场生态体系，需要及时修订和完善相关法律条文和贸易规则，配套跟进制度改革和创新。特别是在推动自贸试验区和海关特殊监管区域制度创新的同时及时总结成熟成功经验，做好全国范围的复制推广。

### （二）北京市贸易高质量发展指数构建

贸易高质量发展，是以建设社会主义现代化强国为目标的更加高效、更为平衡和更可持续的贸易发展模式。我国经济从高速增长转向高质量发展，既包括增长方式和发展路径的转变，也伴随体制机制与评价体系的变革创新。构建贸易高质量发展评价指标体系，必须要坚持质量第一、效益优先，以提高贸易发展质量和效益为中心，突出创新在贸易发展中的主导和驱动作用，关注知识、技术、信息、数据等新型生产要素在贸易领域的集聚与变革。此外，应反映我国以技术、品牌、质量、服务为核心的综合竞争优势，以及在全球产业链、供应链与价值链中的地位变化，体现我国对国际经贸规则的话语权与影响力。

在梳理中国贸易发展阶段与北京市贸易发展情况、充分分析贸易高质量发展内涵的基础上，本报告构建了北京贸易高质量发展评价指标体系，包括创新贸易、协调贸易、开放贸易、共享贸易、贸易竞争力5个维度，涵盖10个一级指标和16个二级指标，如表2所示。

表2　北京市贸易高质量发展评价指标体系

| 维度 | 一级指标 | 二级指标 | 属性 |
|---|---|---|---|
| 创新贸易 | 创新产出 | R&D 投入（亿元） | 正指标 |
| | | 专利数量（个） | 正指标 |
| | 贸易新动能 | 高新技术产品进出口总额（亿元） | 正指标 |
| | | 机电产品进出口总额（亿元） | 正指标 |
| | | 技术市场成交额（亿元） | 正指标 |
| 协调贸易 | 外贸结构 | 内资企业进出口/进出口总额 | 正指标 |
| | | 一般贸易进出口/进出口总额 | 正指标 |
| | 国内贸易 | 货运量（%） | 正指标 |
| | | 货物周转率（%） | 正指标 |
| 开放贸易 | 国外投资 | FDI（个） | 正指标 |
| | 外贸依存度 | 贸易总额/GDP | 正指标 |
| 共享贸易 | 人均对外贸易额 | 进出口总额/总人口数（亿元） | 正指标 |
| | 贸易对就业的贡献 | 总就业人数/贸易总额（亿元/人） | 正指标 |
| 贸易竞争力 | 贸易竞争力 | 货物贸易进出口额（亿元） | 正指标 |
| | | 服务贸易进出口额（亿元） | 正指标 |
| | 高技术制造 | 高技术制造业主营业务收入（亿元） | 正指标 |

注：R&D 指"研究与试验发展"，下同。

资料来源：历年《北京统计年鉴》《中国科技数据库》。

本报告采用熵值法对北京市贸易高质量发展水平进行评价，得到2004~2020年北京市贸易高质量发展指数（见图23）。结果显示，从2004年开始，北京市贸易高质量发展指数整体呈现上升趋势。2009~2012年，北京市贸易高质量发展指数出现了大幅提升。2010~2020年，北京市贸易高质量发展指数从0.38提升到0.68。北京市政府对数字贸易、服务贸易发展的政策支持有利于北京市贸易质量的提升。

## （三）北京市价值链贸易的发展趋势

考察百年世界贸易史，世界贸易大致经历了三个阶段：传统的最终产品贸易、全球价值链贸易和数字贸易。由于跨国分工的进一步细化与发展，世界贸易自20世纪70年代以来进入全球价值链贸易阶段。跨国分工降低了成本，促进

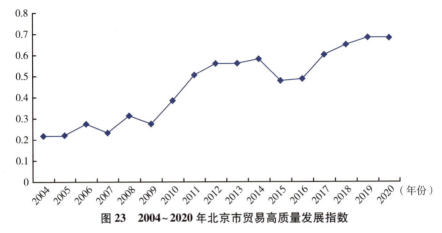

**图 23　2004～2020 年北京市贸易高质量发展指数**

资料来源：根据历年《北京统计年鉴》《中国科技数据库》的统计数据测算得到。

了中间贸易和零部件贸易的不断发展。各个国家承担不同产品的不同生产环节，由于不同的国际分工环节、位置伴随差异化的额外利润，承担了不同产品、不同生产环节的国家和地区自然面临差异化的"成本—收益"水平。随着数字技术的进步、普及以及数字产品的不断涌现，世界贸易未来将会进入数字贸易阶段。

根据全球价值链理论，上游的研发创新活动大多来自技术与资本密集型产业，下游的营销创新与生产性服务业属于信息与管理密集型产业，中游的组装环节属于劳动密集型产业。其中上游环节和下游环节所创造的附加值更高，而中游的组装环节附加值偏低。中国参与全球价值链的时间较晚，2001年加入世界贸易组织以后依托廉价劳动力嵌入全球价值链，主要承担全球产业链中初加工的部分，附加值较低。随着国家经济实力的提高，中国在全球价值链中的地位越发重要，在全球分工中的位置也由下游逐渐攀升。北京市在全球价值链中的地位亦伴随我国经济地位的提升发生变化，在一定程度上能够体现北京市贸易质量。

Baldwi 分析了近几十年来全球价值链拆解的动力来源。第一次全球价值链拆解源于 19 世纪初蒸汽机的使用。蒸汽动力推动了航运和铁路的创新，大大降低了运输成本，使得生产和消费的空间分离成为可能。第二次全球价值链拆解源于 20 世纪 80 年代的 ICT 革命。ICT 革命促进了信息流动的分散化，尤其是推动了生产活动在地理上的分散，从而充分发挥了比较优势和规模经济的作用。有研究指出，中国在全球价值链上的成功也根植于 ICT 革命，它大大促进了生产分散，削弱了日本工业集团所实行的严格的垂直控制。因此，本报告以北京市 ICT 产品贸易情况衡量北京市价值链升级水平，通过中国海关数据 8 位 HS 编码统计得到 2017~2021 年北京市 ICT 制造业进出口额（见图 24）。

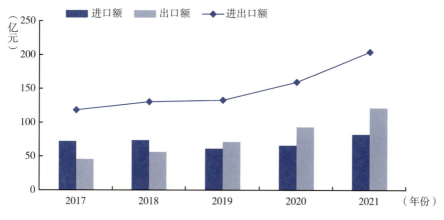

**图 24 2017~2021 年北京市 ICT 制造业进出口额**

资料来源：根据历年《中国科技数据库》的统计数据绘制。

从北京市 ICT 制造业出口额来看，2017~2021 年北京市 ICT 制造业出口额逐年增长，2019 年起出口额超过进口额，2019~2021 年实现快速增长。这主要是因为北京市对高精尖产业的政策支持使得北京市 ICT 制造业的国际竞争力逐年增强，在全球价值链中的地位逐渐攀升，北京市 ICT 制造业出口额逐渐超过进口额，获得迅速增长。从 ICT 制造业进口来看，受中美贸易摩擦影响，2019年北京市 ICT 制造业进口额出现下降。2020 年恢复增长，但增速较低。

ICT 制造业的发展与创新水平息息相关，ICT 制造业的持续发展需要当地创新能力的支持。一方面，ICT 制造业受创新要素作用获得发展，为数字经济奠定了良好基础；另一方面，ICT 制造业在创新驱动下与其他产业不断融合，从而有效支撑其他产业的数字化转型。对比 2010~2020 年四大直辖市 R&D 经费支出可以发现（见图 25），2010~2020 年北京市 R&D 经费支出均高于其他直辖市。从 2010～2020 年四大直辖市有效发明专利数来看（见图 26），除 2010 年外，北京市均位列第一，且呈现迅速上升趋势。由此可见，北京市的创新能力突出，ICT 制造业的后备力量强劲。

图 25 2010～2020 年四大直辖市 R&D 经费支出

资料来源：根据历年《中国科技数据库》的统计数据绘制。

图 26 2010～2020 年四大直辖市有效发明专利数

资料来源：根据历年《中国科技数据库》的统计数据绘制。

## （四）北京市高质量出口指标

改革开放特别是加入世界贸易组织以来，北京市的出口贸易得到迅速发展。

出口作为拉动经济增长的"三驾马车"之一，为北京市的经济发展做出了重要贡献。进入高质量发展阶段后，出口贸易需要由重视"量"向重视"质"转变。推动北京市出口贸易高质量发展，首先要明晰北京市出口贸易质量现状。

从北京市出口重点商品的出口额来看（见图27），机电产品和高新技术产品的出口额较高，分别为2691.14亿元和2606.35亿元。2021年北京市出口重点商品出口额同比增长最快的是医药材及药品，出口额为1040.93亿元，同比增长1433.97%。从出口数量来看，2021年北京市医药材及药品出口量为5006万千克，同比增长92.38%。其中，人用疫苗出口数量为464万千克，同比增长5676.40%。

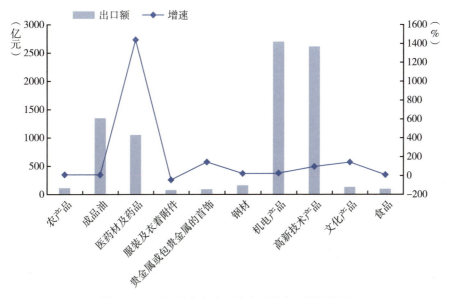

**图27　2021年北京市出口重点商品出口额及增速**

资料来源：根据中华人民共和国北京海关的统计数据绘制。

从北京市出口重点商品出口第一数量来看（见图28），出口第一数量最多的为成品油，出口第一数量为385.79亿千克，出口额为1339亿元。机电产品和高新技术产品的出口第一数量分别位列第二和第三。2021年北京市出口重点商品出口第一数量增速较快的是焦炭与半焦炭以及机电产品。

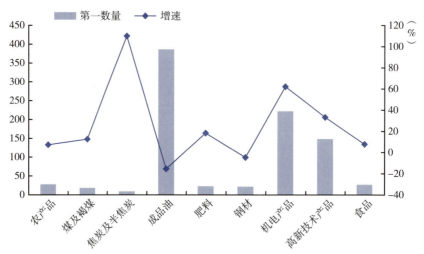

**图 28　2021 年北京市出口重点商品出口第一数量**

说明：根据《中华人民共和国海关进出口货物报关单填制规范》（海关总署公告 2008 年第52 号），每种商品需要填报法定第一数量和法定第二数量，具体单位必须按海关法定计量单位填报。在北京海关网站的"北京海关进出口报表"中，统一使用"第一单位"进行统计。
资料来源：根据中华人民共和国北京海关的统计数据绘制。

　　基于 Lall 等人的方法，根据中华人民共和国海关总署提供的省域 2 位HS 编码的出口产品数据，本报告计算得到 2005～2020 年四大直辖市出口技术复杂度（见图 29）。对比历年来四大直辖市出口技术复杂度，北京市与上海市基本持平，高于天津市和重庆市。

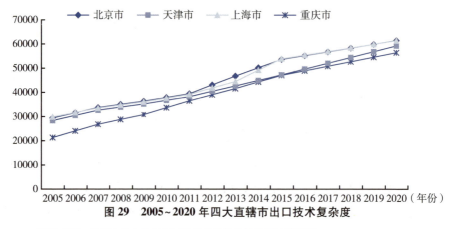

**图 29　2005～2020 年四大直辖市出口技术复杂度**

资料来源：根据中华人民共和国海关总署的统计数据计算得到。

# 四　主要研究结论及对策建议

## （一）主要研究结论

本报告基于贸易高质量发展的五维内涵，即实现贸易科技实力更加雄厚、贸易产业结构不断优化、贸易开放程度不断深化、贸易成果由更多人民共享、贸易国际竞争力增强的贸易发展新格局，定性、定量分析、评价北京贸易高质量发展现状，得出以下主要结论。

第一，北京贸易高质量发展指数整体呈现上升趋势。2010~2020年，北京市贸易高质量发展指数从 0.38 提升到 0.68。在北京市出口重点商品方面，机电产品和高新技术产品的出口额排名靠前，成品油出口第一数量最多，医药材及药品出口额同比增长最快。ICT 制造业出口额逐渐超过进口额，获得迅速增长。北京市出口技术复杂度在 2005~2020 年与上海市基本持平，高于天津市和重庆市。

第二，北京市货物进出口总额呈现整体增长态势。自中国加入世界贸易组织以来，北京市货物进出口总额高速增长；2010 年后，由于国际形势的变化和国内经济结构的转型，北京市货物进出口总额出现短期波动。与北京市贸易往来密切的国家主要有两大类：拥有高技术产品和高精尖产品垄断地位的国家，以及本土资源丰富的国家。北京市进出口贸易最多的对象国为美国，并与 APEC、RCEP、中东（17 国）和"一带一路"西亚北非 16 国等主要经济组织保持密切贸易往来。

第三，北京市贸易呈现出国有经济与民营经济、内资企业与外资企业相互协作、共同发展的态势。北京市进行对外贸易的主要是国有企业，民营企业在出口方面更具优势。从贸易方式来看，三类企业的进出口贸易均以一般贸易为主，保税物流也发挥了重要作用。

第四，北京市贸易发展质量集中体现在高新技术产业方面。近年来，北京市对高新技术产品和机电产品进口的依赖逐步降低，中美贸易摩擦和疫情对贸易的冲击未影响北京市对两类产品的进口。北京市生物技术、生命科学技术、计算机与通信技术和电子技术等高新技术产品的进出口额较高，机电产品进口和出口类别差异较大。

第五，北京市内贸活跃，制造业与津冀两地协同发展。批发和零售业自改革开放以来持续增长，但受到宏观经济增速放缓、"三公"经费控制、网络零售和新冠疫情等的冲击。在逐步推进京津冀产业转移后，北京市高技术制造业的收入呈总体增长态势，电子及通信设备制造业的主营业务收入远高于其他类别的高技术制造业。

### （二）对策建议

#### 1. 推动贸易创新，增强外贸综合竞争力

第一，积极探索科技创新模式。在大国博弈加剧的背景下，国内贸易创新环境发生根本性改变，由以往的错位竞争演变为当今的国内外并行竞争。北京作为国内主要科技中心和创新高地，需要加快转变技术研发模式，积极探索科技创新模式，主动解决当前高端产品出口的"卡脖子"问题。一是集中人力、财力、物力加速打造世界一流科技创新中心，摆脱技术引进依赖路径，高度重视基础研究积累，重点攻关重大关键技术，实现高水平科技自立自强。二是依托科教优势，加快转变大学科技园发展模式，深化产学研合作。强化大学与大学科技园在产学研创新链前端、后端的创新作用，发挥企业在推动创新产品落地与推广中的作用。在推动大学、大学科技园、企业有效完成产学研创新链衔接后，依托北京丰富的科教资源优势，建立"高校+大学科技园+大型企业"产学研协同创新模式，加速构建基础研究突破、科技产品研发、科技成果落地的科技创新完整链条。三是深化国际科技合作，补齐当前科技创新的短板。高水平科技自立自强并非"闭门造车"，完全脱离传统技术研发模式，而应深化国际科技合作，将国际科技合作推进至更深层次的技术共同研发，包括但不限于积极引入全球跨国公司在华建设研发中心，鼓励国内大企业与国际跨国公司、国内中小企业建立技术联盟等。

第二，转变加工贸易发展模式。北京作为全国价值链攀升的引领者，需

主动转变加工贸易发展模式，积极向全球价值链体系的高端靠拢。一是加快自主品牌建设，逐渐摒弃以往以贴牌生产为主的模式，向委托设计、自有品牌发展，打造在国际上有知名度、竞争力的品牌。二是积极鼓励北京加工贸易企业向产业链上游发展，充分利用好北京丰富的国企、央企资源，以国企、央企为引领带动民间资本进入关键零部件和系统集成制造领域，提升出口产品竞争力。

第三，打造外贸新业态新模式。推动数字贸易、服务贸易新业态新模式的发展是未来发挥北京贸易新竞争优势的关键所在，应多点发力，抓住数字经济机遇，打造下一个 10 年的竞争优势。一是适度超前布局新型数字网络基础设施建设，积极推动 5G、物联网、云计算等新一代信息技术的研发与应用，为数字贸易、服务贸易等新业态新模式的发展奠定良好的设施基础。二是积极探索数字贸易、服务贸易方式，适度灵活地设立贸易试验区，探索新型贸易规则，推动数字贸易、服务贸易等新型贸易规则的制定。三是积极引导企业数字化转型，通过税收补贴等方式激励企业生产数字产品、可贸易服务产品，抢占数字经济机遇下发展贸易新业态新模式的先机。

2.传统产业、新兴产业双端发力，持续优化贸易结构

第一，积极推动传统产业转型升级，重塑产业竞争优势。相较于劳动力价格低廉的新兴发展中国家，北京传统优势产业的比较优势受到限制，不仅面临来自新兴发展中国家的竞争压力，还面临发达国家"再工业化"计划的挤压。北京亟须转变传统产业发展模式，推动传统产业转型升级，塑造新的出口竞争优势。传统产业优势重塑的关键在于双端发力。一是打造以中国为"头雁"的"国际版雁阵模式"，正确认识劳动密集型产业丧失比较优势的规律，积极主动地在全球范围内布局高新技术产业，将中国产业发展经验和技术优势与投资国自身优势充分结合，打造多边"共赢"的国际分工新格局，建立连接南亚、东南亚的分工协作新模式；二是利用智能技术推动传统制造业业态创新，用数字技术为传统产业赋能，从而在传统产业的升级方向上与美国等西方发达国家展开竞争，充分利用"数据资源红利"替代"人口红利"，为传统产业构筑新的竞争优势，塑造新的

品牌形象。

第二，超前布局战略性新兴产业，培育产业竞争新优势。在新一轮科技革命的机会窗口期，北京应紧抓关键核心技术的自主创新，在自主创新过程中充分发挥宏观国家主体与微观市场主体的比较优势。关键在于转变以市场换技术的外生技术创新模式，以自主技术创新模式解决战略性新兴产业的"卡脖子"问题。一是引领基础研究领域的突破，为新技术的应用开发扫除障碍。二是转变微观市场主体创新模式，构建自助式的创新网络，充分利用央企与民企的特色研发导向。基于央企使命驱动型研发导向的特征，充分发挥其独特的创新、人才、组织优势，重点攻克基础性共用技术，使具有公共品属性的产业共性技术得以充分供给。基于民营企业市场型研发导向的特征，鼓励其凭借高度的积极主动性与企业家精神突破颠覆性技术，在全球产业变革中占得先机。

### 3.改革、开放双轮驱动，打造国际一流营商环境

第一，深化体制机制改革，激发贸易企业活力。北京是中国数字贸易、服务贸易最发达的地区，应当紧抓数字经济机遇，深化相应机制改革，为贸易新业态新模式的发展扫除制度障碍，激活贸易企业市场主体的动力，全方位推动北京贸易高质量发展。具体而言，一是持续深化贸易领域"放管服"改革，深入推进"单一窗口"便利化、智能化、国际化，进一步提升口岸通关时效、降低企业成本、推进跨境贸易便利化，切实减轻贸易企业通关负担，围绕贸易企业最关心的问题设计通关制度。二是在实践中不断探索合适的监管机制，既要形成有效监管机制，又要切实减轻对企业的干扰，创新事前、事中、事后监管方式。推进进口消费品质量追溯体系建设，建立和完善进口消费质量安全投诉平台。加强外贸企业诚信体系建设，探索建立进出口企业信用评价体系，建立企业竞争自律公约机制。三是进一步完善外贸领域金融体制改革，扩大出口信用保险对中小微外贸企业的覆盖面，加强出口信贷支持，优化外汇服务，加快出口退税进度，为贸易企业提供坚实的资金保障。

第二，扩大高水平对外开放，推动外贸"保稳提质"。北京作为国内对

外开放高地，应当实施更大范围、更宽领域、更深层次的对外开放。具体而言，一是实施更为积极的进口战略，采取进口贴息等多种举措降低关税壁垒，使北京企业及居民享受更多品类、更优惠的进口产品与服务。二是紧抓北京自贸区发展机遇，依托北京自贸区科技创新、数字经济优势，积极探索数字贸易、文化贸易等新业态发展模式，打造临空经济创新引领示范区，构建京津冀协同发展的高水平对外开放平台。三是进一步加大服务业开放力度，将"服务贸易"打造成北京的新名片。伴随以新一代信息技术为核心的科技革命和产业革命的兴起，传统服务经济理论中服务产品的"不可贸易"属性被彻底打破，大量服务通过网络跨境提供。北京作为服务贸易的重要示范区，应积极引导相关企业发展服务贸易，对服务出口实施零税率或免税，充分调动贸易企业及其他市场主体的积极性。

**4. 深化双边和多边贸易关系，拓展外贸发展空间**

第一，深化经贸领域合作，加强产业链供应链对接。北京应紧紧围绕构建新发展格局，深化经贸领域多边合作，保障产业链、供应链安全可控。一方面，发挥比较优势，强化产业链供应链的国际对接，优化分工体系，降低企业生产成本；另一方面，坚持关键核心技术自主可控，推动以利用他国市场为主的"客场"经济全球化模式向以利用内需为主的"主场"经济全球化模式加速转变。

第二，创新投资合作模式，完善对外投资布局。北京贸易高质量发展在注重"引进来"的同时，要高度重视"走出去"，不断创新投资合作模式，完善对外投资布局。一是推进国际产能合作，以境外经贸合作区为重要载体和平台，调整北京产业结构，增强北京企业国际竞争力。二是推动海外并购目标转变，积极引导企业将目标由跨国并购转向拓宽市场渠道、提高创新能力和打造国际品牌。三是对海外经营行为予以有效监管，建立对外投资备案核准及报告制度，执行阶段性管控措施，加强真实性、合规性审查，引导企业遵守东道国法律法规、履行社会责任，遏制恶意竞争。四是健全服务保障体系。加强和改善信息、法律、领事保护等服务，保障安全，维护利益。明确财政资金支持企业开展国际产能合作的产业方向和重点领域，充分发挥政策性、开发性金融机构的融资作用，重点支持项目和合作区建设。

### 5.大力发展绿色贸易，推动贸易可持续发展

第一，注重贸易绿色化。绿色、低碳、可持续发展理念已经成为全球高度共识，北京应以绿色发展理念引领绿色贸易发展。一是制定一整套发展绿色贸易的具体计划和目标，包括以下类别：服务地方高质量发展类，如"绿色供应链""碳排放期货交易"等；防范环境风险类，如"开发利用须遵守生态环境要求""生态环境风险防范"等；创新环境政策类，如"出口产品低碳认证""责任报告制度和责任追溯制度"等。二是设定与生态环境相关的省级地方性法规条例，对自贸试验区贸易发展提出绿色目标和要求。三是多措并举开展绿色贸易实践。例如，通过强化规划统筹推进生态环保工作，落实环境"放管服"改革，优化营商环境，创新管理模式，提升生态环境保护水平。四是主动对标国际绿色贸易规则。参照生态环境管理规则，积极参与制定投资准入负面清单，深入实施生态环境领域"证照分离"改革。

第二，注重外资绿色化。在国内外招商引资竞争日趋激烈的背景下，投资环境成为外资进入的重要考虑因素。北京在招商引资时，一方面要高度重视绿色投资，优先引进科技含量高、能源消耗低、污染排放少、综合效益好的投资项目。吸引高新技术产业、战略性新兴产业、生产性服务业、文化创意产业等高端项目落地，占据未来产业发展的先机；另一方面要通过多种方式招商引资，以保证在激烈的招商引资竞争中取得先机，包括但不限于在本地举办洽谈会、国际展会以及在海外举办促进投资活动等。

第三，注重金融绿色化。北京应紧抓绿色金融发展契机，进一步开放金融市场，增强对国际投资者的吸引力。搭建涵盖绿色贷款、绿色债券、绿色供应链、绿色金融生态圈的"点、线、面"相结合的立体化服务体系，聚焦绿色产业发展新趋势，重点在节能环保、清洁能源、清洁生产、基础设施绿色升级、生态环境和绿色服务等六大领域加大支持力度。把握传统产业升级需求，推动发电、石化、化工、建材等八大行业能效升级和低碳化改造，推动传统产业碳排放强度和总量双控。

## 参考文献

R. Baldwin，*Trade and Industrialization after Globalization's Second Unbundling：How Building and Joining a Supply Chain are Different and Why It Matters*（National Bureau of Economic Research，Inc.，2013）.

J. Bughin，J. Manyika，T. Catlin，*Twenty-five Years of Digitization：Ten Insights into How to Play it Right*（McKinsey Global Institute，2019）.

Organización Mundial del Comercio，*World Trade Report 2019：The future of Services Trade*（World Trade Organization，2019）.

D. Štreimikienė，"World Economic Forum 2012，" *Intelektinė Ekonomika* 1（2012）.

T. J. Sturgeon，"Mapping Integrative Trade：Conceptualising and Measuring Global Value Chains，" *International Journal of Technological Learning Innovation & Development* 3（2008）.

R. Baldwin，B. Yan，*Global Value Chains and the Productivity of Canadian Manufacturing Firms*（Statistics Canada，Analytical Studies Branch，2002）.

J. Humphrey，S. Hubert，"How does Insertion in Global Value Chains Affect Upgrading in Industrial Clusters?" *Regional Studies* 9（2002）.

S. Lall，J. Weiss，J. Zhang，"The 'Sophistication' of Exports：A New Trade Measure，" *World Development* 2（2006）.

刘洪愧：《数字贸易发展的经济效应与推进方略》，《改革》2020 年第 3 期。

何莉：《中国对外贸易质量评价体系研究》，《财经科学》2010 年第 2 期。

曲维玺等：《我国外贸高质量发展的评价与对策》，《国际贸易》2019 年第 12 期。

吴艳秋、张曙霄：《我国贸易质量演进及其现状评价》，《经济问题探索》2021 年第 5 期。

汤婧、夏杰长：《我国服务贸易高质量发展评价指标体系的构建与实施路径》，《北京工业大学学报》（社会科学版）2020 年第 5 期。

喻志军、姜万军：《中国对外贸易质量剖析》，《统计研究》2013 年第 7 期。

朱启荣：《中国外贸发展方式转变的实证研究》，《世界经济研究》2011 年第 12 期。

朱启荣、言英杰：《中国外贸增长质量的评价指标构建与实证研究》，《财贸经济》2012 年第 12 期。

喻胜华、刘旖旎：《基于灰色马尔可夫模型的全球创意产业贸易质量预测》，《经济数学》2017 年第 2 期。

张定法等：《中国服务贸易高质量发展：理论机理、突出短板和实现路径》，《宏观经济研究》2021 年第 4 期。

张昱、王亚楠、何轩：《基于整体网分析法的中国服务贸易国际竞争力分析》，《国际经贸探索》2020 年第 1 期。

张继行：《美国服务贸易管理体制及其借鉴意义》，《国际经济合作》2016 年第 10 期。

裴长洪、刘洪愧：《中国怎样迈向贸易强国：一个新的分析思路》，《经济研究》2017 年第 5 期。

刘洪愧：《中心城市推动新发展格局的理论、案例和政策》，《财经智库》2021 年第 5 期。

陈德铭：《改革开放见证中国坚持融入，深刻影响全球价值链的 40 年》，《国际贸易问题》2018 年第 1 期。

郭惠君、王黎瑶：《全球价值链重构下我国贸易高质量发展的机制及对策》，《国际经济合作》2020 年第 6 期。

吕越等：《全球价值链嵌入的生产率效应：影响与机制分析》，《世界经济》2017 年第 7 期。

肖文、殷宝庆：《垂直专业化的技术进步效应——基于 27 个制造行业面板数据的实证分析》，《科学学研究》2011 年第 3 期。

李俊：《建设服务贸易强国的战略思考》，《国际贸易》2018 年第 6 期。

# B.9
# 北京数字贸易高质量发展
# 报告（2023）[*]

**摘　要：** 数字贸易正在成为经济发展的新引擎和新趋势，对拉动经济复苏做出重要贡献。北京数字贸易的发展在全国具有引领作用。本报告建构了数字贸易高质量发展分析框架，提出了数字贸易高质量发展的定义与内涵，从5个维度建构数字贸易高质量发展评价指标体系，分析数字贸易高质量发展的影响因素，提出数字贸易高质量发展的对策建议。研究结果表明，北京市数字贸易发展水平持续攀升，人均GDP与其的关联程度最为密切。推进北京数字贸易发展应加快数字基础建设，完善数字人才培养体系，推动数字产业化和产业数字化发展，努力挖掘区域发展潜力，营造国际一流营商环境。

**关键词：** 数字贸易高质量发展　经济结构　北京

## 一　引言

党的二十大报告指出，"发展数字贸易，加快建设贸易强国。"在2023

---

[*] 执笔：贾品荣、梁云燕、行伟波。贾品荣，博士，北京市科学技术研究院高质量发展研究中心主任、研究员、"北科学者"、高精尖产业研究学术带头人，主要研究方向为高质量发展、高精尖产业；梁云燕，北京市科学技术研究院高质量发展研究中心课题组成员，对外经济贸易大学博士研究生，主要研究方向为数字经济与数字贸易、卫生经济与政策；行伟波，北京市科学技术研究院高质量发展研究中心特约研究员，对外经济贸易大学教授，主要研究方向为全国统一市场建设、公共政策评估。

年的地方政府工作报告中，数字贸易被频频提及，成为多地促进贸易高质量发展的有力抓手。作为"五子"联动中的"一子"，北京全力打造全球数字经济标杆城市，2017～2021年，北京数字贸易占服务贸易的比重提高了15.4%；《上海市提信心扩需求稳增长促发展行动方案》提出，加快发展新型国际贸易，争创首批"丝路电商"合作先行区；广东数字贸易创新加速推进，华为、腾讯、中兴通讯等一批数字贸易龙头企业发展壮大；浙江制定"确保实现数字贸易额4700亿元"的明确目标，加快建设贸易强省。

从国外来看，在数字经济发展的浪潮下，全球发达城市正在塑造新竞争力，美国打造"创新纽约"，英国部署"智慧伦敦"，日本建设"智慧东京"，加速推进数字贸易发展。种种迹象表明：数字贸易正在成为全球数字经济发展的新趋势，成为拉动经济复苏的强劲引擎。

目前，数字贸易研究以定性为主，定量分析较少。本报告建构了数字贸易高质量发展分析框架，提出了数字贸易高质量发展的定义与内涵，从5个维度建构数字贸易高质量发展评价指标体系，分析了数字贸易高质量发展的影响因素，提出数字贸易高质量发展的对策建议。

## 二 数字贸易的六大特征

最初，数字贸易仅指数字化的贸易，数字贸易来源于"电子商务"这一概念，1998年世界贸易组织将"电子商务"定义为用电子方式进行贸易的过程。2013年，美国国际贸易委员会首次正式提出"数字贸易"，认为数字贸易是国际和国内利用互联网传输产品以及服务的商业活动。随着数字贸易的扩展，发达国家逐渐开始丰富数字贸易的内涵，认为数字贸易不仅包括互联网或依托互联网进行的贸易活动，而且包括实现全球价值链的数据流、智能制造的服务和无数其他平台及应用。我国提出，数字贸易"以数据为生产要素、数字服务为核心、数字交付为特征"，分为数字技术贸易、数字产品贸易、数字服务贸易和数据贸易。

作为一种新型的贸易方式，数字贸易具有六大特征。

特征一：数据成为新型生产要素。数字技术成为降低贸易成本、提升贸易效率的重要支撑。数据作为新型生产要素，已成为推动经济高质量发展和产业数字化的关键要素。譬如，目前越来越多的科技企业投入"无人工厂"建设热潮，人工智能等技术的存在使机械在很大程度上代替人工，人力资本的红利和优势逐渐减少。

特征二：贸易运作环节呈现虚拟化。首先，在数字贸易的生产过程中采用虚拟化、数字化的知识和信息；其次，交易环节往往是在虚拟的互联网平台上开展和实现的，交易双方通常使用虚拟化的电子支付方式；最后，数字化产品和服务的运输可以通过虚拟化的方式实现。

特征三：数字化平台是贸易活动的重要载体。基于数字化平台，商家集聚在一起进行在线沟通互动，卖家通过数字化平台展示产品和服务、接受订单，买家通过数字化平台搜索产品和服务，进行在线订购和支付，高效地实现数据、产品和服务供需信息的对接及交易的达成。数字化平台为企业之间开展研发、创新和生产等活动的协同合作提供重要的支持，使得供应链各方能够高效沟通，及时获取信息并享受技术溢出带来的协同创新效应。

特征四：贸易生产实现集约化管理。在数字贸易中，贸易活动主要通过数字化的方式实现，互联网、大数据等数字技术与贸易的各个环节深度融合，促进产品和服务的研发设计、生产制造、市场营销、交易结算、运输支付、海关通关、售后服务等贸易环节的集约化，不仅实现了精准的供需匹配，促进要素资源的集约化投入，减少库存积压情况，而且降低了运营成本，减少了信息不对称，有效提高了贸易效率。

特征五：贸易主体更加多元化。在以信息通信技术为基础的数字贸易中，交易主体不仅包括大型跨国公司，中小型企业和个人消费者也直接参与贸易活动，这是传统贸易没有的特征。在传统贸易中，中小型企业和个人消费者难以享受贸易红利。在数字贸易中，贸易潜力被深度挖掘。数字化的信息在个人消费者、中小型企业和大型跨国公司之间共享，为各个贸易主体提供更加平等的贸易环境，促进贸易普惠化。

特征六：贸易监管更为复杂。数字技术的融入使数据跨国流动更加频繁、全球贸易往来更加密切成为必然趋势。个人隐私、数据安全、数据跨国流动、贸易双方数字贸易协定的制定正在成为关注的焦点。

## 三 数字贸易高质量发展的定义与内涵

数字贸易高质量发展，是以建设贸易强国为目标，实现数字贸易更加高效、更为平衡和更可持续的发展。与传统贸易相比，数字贸易呈现新特点，不应只在单一维度发展，而应从 5 个方面统筹发力——数字网络基础设施、物流环境、数字技术水平、数字与产业融合及贸易潜力。

第一，反映数字网络基础设施建设水平。数字网络基础设施建设水平往往与一个地区的技术水平密切相关，数字网络基础设施的硬件和软件是影响数字贸易活动开展的关键要素，其建设水平直接关系数字贸易的深度和广度。截至 2022 年 8 月底，我国千兆用户超过 7000 万人，5G 基站超过 210 万个，全国算力总规模超过 150EFlops，数字网络基础设施建设处于较高水平。

第二，反映物流环境的建设情况。物流是数字贸易发展的重要支撑，物流环境影响数字贸易中供应链的整体服务功能，直接影响贸易效率、贸易成本和贸易质量。截至 2023 年 1 月，我国中欧班列通达欧洲 24 个国家 196 个城市，国际道路运输合作范围拓展至 19 个国家，水路国际运输航线覆盖 100 多个国家和地区，航空网络覆盖 60 余个国家和地区，立体化、全方位、多层次的交通互联互通网络加快建设，有力服务了国内国际双循环。

第三，反映数字技术水平。数字技术水平往往影响数字贸易的发展高度，数字技术投入、人才等也是衡量数字贸易发展高度的重要指标。不容忽视的是，我国数字贸易在底层技术上面临"卡脖子"问题，在数字技术的基础理论、核心算法、关键设备上与发达国家存在一定差距。

第四，反映数字与产业融合情况。数字产业化和产业数字化是数字贸易发展过程中的重要环节，也是国家转型时期优化经济结构的重要途径之一。

当前，我国数字经济规模已经位居世界第二，但数字产业化和产业数字化的拓展不够，数字产业国际化程度较低。

第五，反映贸易潜力。贸易潜力是数字贸易发展的基础。地区宏观经济实力直接影响总体贸易水平，进而在一定程度上影响数字贸易规模。我国因时因势调整优化政策，有效推动经济全面快速恢复，迎来 2023 年"开门红"，在多重政策红利推动下，未来数字贸易必将成为我国参与国际竞争合作的新优势。

## 四　数字贸易高质量发展评价指标体系构建

基于数字贸易高质量发展的定义与内涵，本报告构建了包含数字网络基础设施、物流环境、数字技术水平、数字与产业融合及贸易潜力 5 个维度的数字贸易高质量发展评价指标体系（见表 1），运用熵值法测算北京数字贸易高质量发展水平。

一是数字网络基础设施。本报告选取域名数、网页数、长途光缆线路长度、互联网宽带接入端口数来衡量。

二是物流环境。本报告选取快递量、快递业务收入和邮路总长度衡量物流环境的建设情况。

三是数字技术水平。在人才维度，本报告选取规模以上工业企业 R&D（研究与试验发展）人员全时当量及信息传输、软件和信息技术服务业城镇单位就业人数来衡量；在企业维度，本报告选取信息传输、计算机服务和软件业法人单位数来衡量；在研发维度，本报告选取规模以上工业企业 R&D经费、国内专利申请授权量来衡量。

四是数字与产业融合。产业数字化是数字技术融入传统产业的过程，通过数字技术和数据为传统产业赋能，进而实现产出增加和效率提升的目的；本报告选取电子商务销售额、有电子商务交易活动的企业数比重来衡量。数字产业化主要指数字技术所带来的产品和服务，具体业态包括信息传输、软件和信息技术服务业以及电子信息制造业等；本报告选取电信业务总量、软

件业务收入、技术市场成交额来衡量。

五是贸易潜力。通过地区宏观经济指标来反映。本报告选取经营单位所在地进出口总额、人均 GDP、社会消费品零售总额来衡量。

表1　数字贸易高质量发展评价指标体系

| 维度 | 指标名称 | 指标解释 |
|---|---|---|
| 数字网络基础设施 | 互联网宽带接入端口数(万个) | 指用于接入互联网用户的各类实际安装运行的接入端口的数量,包括 xDSL 用户接入端口、LAN 接入端口、其他类型接入端口等,不包括窄带拨号接入端口 |
| | 长途光缆线路长度(万公里) | 指用以实现光信号传输的长途光缆线路的实际长度 |
| | 网页数(万个) | — |
| | 域名数(万个) | — |
| 物流环境 | 快递量(万件) | — |
| | 快递业务收入(万元) | — |
| | 邮路总长度(公里) | 邮路指各邮政局所、代办所之间及邮政局所、代办所与车站、码头、机场、转运站、报刊社之间,由自编或委代办人员按固定班期规定路线交换邮件、报刊的路线;包括农村地区以运邮为主兼投递邮件、报刊的路线,不包括城市、农村地区纯投递邮件、报刊的路线 |
| 数字技术水平 | 信息传输、软件和信息技术服务业城镇单位就业人数(万人) | 城镇单位就业人员指在各级国家机关、政党机关、社会团体及企业、事业单位中工作,取得工资或其他形式的劳动报酬的全部人员;包括在岗职工、再就业的离退休人员以及在各单位中工作的外方人员和港澳台方人员、兼职人员、借用的外单位人员和第二职业者,不包括离开本单位仍保留劳动关系的职工 |
| | 规模以上工业企业 R&D 人员全时当量(人年) | R&D 人员全时当量指全时人员数加非全时人员按工作量折算为全时人员数的总和,为国际上比较科技人力投入而制定的可比指标 |
| | 信息传输、计算机服务和软件业法人单位数(个) | 在我国境内从事电信、广播电视和卫星传输服务,互联网和相关服务以及软件和信息技术服务业活动的法人单位数量 |
| | 规模以上工业企业 R&D 经费(万元) | R&D 经费指调查单位用于内部开展 R&D 活动的实际支出,主要反映将科研成果转化为技术和产品的能力,是科技推动经济社会发展的物化成果 |

续表

| 维度 | 指标名称 | 指标解释 |
|------|---------|---------|
| 数字技术水平 | 国内专利申请授权量（项） | 专利是专利权的简称，是发明人的发明创造经审查合格后，由专利局依据专利法授予发明人和设计人对该项发明创造享有的专有权，包括发明、实用新型和外观设计，反映拥有自主知识产权的科技和设计成果情况 |
| 数字与产业融合 | 有电子商务交易活动的企业数比重（%） | 企业中电子商务交易活动的企业数和企业总数的比值，用来体现电子商务在企业中的发展程度 |
| | 电子商务销售额（亿元） | 指报告期内企业（单位）借助网络订单而销售的商品和服务总额（包含增值税），借助网络订单指通过网络接受订单，付款和配送可以不借助网络 |
| | 电信业务总量（亿元） | 电信业务总量是指以货币形式表示的电信企业为社会提供的各类电信服务的总量 |
| | 软件业务收入（亿元） | 统计口径为主营业务收入 500 万元以上的软件和信息技术服务业等企业 |
| | 技术市场成交额（亿元） | 指登记合同成交总额中明确规定属于技术交易的金额，即从合同成交总额中扣除所提供的设备、仪器、零部件、原材料等非技术性费用后实际技术交易额，但合理数量的物品并已直接进入研究开发成本的除外；在其构成中，电子信息技术的贡献一直处于领先地位 |
| 贸易潜力 | 经营单位所在地进出口总额（千美元） | 指在所在地海关注册登记的有进出口经营权的企业实际进出口额 |
| | 人均 GDP（元） | 人均 GDP 是 GDP 的绝对值与该年平均人口的比值，是衡量一个国家或地区每个居民对该国家或地区的经济贡献或创造价值的指标 |
| | 社会消费品零售总额（亿元） | 社会消费品零售总额指企业（单位、个体户）通过交易直接售给个人、社会集团非生产、非经营用的实物商品金额，以及提供餐饮服务所取得的收入金额；个人包括城乡居民和入境人员，社会集团包括机关、社会团体、部队、学校、企事业单位、居委会或村委会等 |

# 五　北京数字贸易高质量发展评价分析

全球已经进入数字经济时代，全球数据量飞速增长，推动全球大数据行业市场规模不断扩张。2021 年全球大数据行业市场规模为 649 亿美元，同比增长 13.5%。随着网络宽带、云服务等信息通信技术基础设施的不断完善，数字内容行业快速崛起，推动数字贸易加速发展。北京凭借领先的科技水平和较为雄厚的经济实力，在数字贸易领域具有较强的竞争力。

本报告测算 2013~2020 年北京数字贸易高质量发展指数，发现其由 2013 年的 0.20 增长到 2020 年的 0.46，8 年间北京数字贸易高质量发展指数翻倍增长（见图 1）。由图 1 可以看出，其间北京数字贸易高质量发展指数呈持续上升趋势。"十三五"时期，北京深入贯彻落实习近平总书记重要讲话精神，将推动数字经济与数字贸易发展上升至影响经济高质量发展的城市战略，积极培育新动能。2022 年北京数字经济增加值占 GDP 比重上升至 41.6%，为全国最高。面对日新月异的数字经济，北京发展数字贸易正逢其时。北京将数字贸易作为贸易高质量发展的亮点，在充分发挥数字资源优势的基础上，加快试点示范与政策创新，吸引数字经济高端产业落地，大力发展以数字经济为引领的高精尖产业，努力争创全球有影响力的数字贸易先导区。

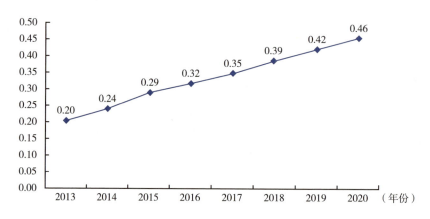

图 1　2013~2020 年北京数字贸易高质量发展指数变化趋势

近年来，北京接连发布多项新政与规划，积极探索推进数字贸易的制度创新，激发数字经济与数字贸易发展活力。2020 年 9 月 4 日，习近平总书记在中国国际服务贸易交易会全球服务贸易峰会上提出"将支持北京打造国家服务业扩大开放综合示范区"①。2020年9月7日，国务院批复《深化北京市新一轮服务业扩大开放综合试点建设国家服务业扩大开放综合示范区工作方案》，明确提出立足中关村软件园和北京大兴国际机场临空经济区特定区域，建设国际信息产业和数字贸易港，打造数字贸易发展引领区。2020年9月21日，北京市商务局发布《北京市关于打造数字贸易试验区的实施方案》，提出"推动数字贸易重点领域的政策创新""打造开放创新、包容普惠的数字经济和数字贸易营商环境"。2020年12月31日，北京市商务局发布《北京市全面深化服务贸易创新发展试点实施方案》，提出"在全球数字贸易中的话语权和影响力不断增强"的目标，主要措施包括打造"三位一体"的数字贸易试验区、探索跨境数据安全有序流动、释放数字贸易创新发展活力等。2021年1月，《北京市国民经济和社会发展第十四个五年规划和二〇三五年远景目标纲要》提出，在海淀区、朝阳区、大兴区打造3个数字贸易试验区，临空经济区还设置了专项奖励。以上内容体现了北京在数字贸易制度创新上的"百花齐放"。

虽然北京数字贸易发展迅猛，但仍处于起步阶段。互联网、电子商务头部企业从事数字贸易活动的水平仍较低，进出口规模较小，贸易潜力有待挖掘，产品服务和质量亟须提高。此外，北京数字产品服务的标准规范发展滞后，监测跨境数据流的标准缺乏，制约了北京数字贸易国际竞争力的提升。

## 六 北京数字贸易高质量发展的影响因素分析

为了进一步研究北京数字贸易高质量发展的影响因素，本报告采用包含

---

① 《习近平在2020年中国国际服务贸易交易会全球服务贸易峰会上的致辞（全文）》，中国政府网，2020年9月4日，https://www.gov.cn/xinwen/2020-09/04/content_5540728.htm。

技术因素、组织因素和环境因素的分析框架进行分析。技术因素指信息技术的发展水平、ICT 技术设施的建设及覆盖面积等；组织因素指国家、行业、企业等采纳和应用创新技术的组织规模、结构和决策支持等，包括组织内因素和组织间因素；环境因素指创新技术应用过程中所面临的社会大环境，包括经济环境、竞争环境和政策环境等。

本报告选取信息化水平和技术人才表征技术因素；选取电子商务销售额和电子商务采购额表征组织内因素；选取产业结构、企业竞争度表征组织间因素；选取政府支持力度、经济发展水平和对外贸易依存度表征环境因素，如表 2 所示。

表 2　数字贸易高质量发展影响因素

| 一级指标 | 二级指标 | 指标解释 |
|---|---|---|
| 技术因素 | 信息化水平 | 运用邮政业务总量、电信业务总量、互联网宽带接入端口、移动电话普及率、软件业务收入、域名数构建信息化发展指数 |
| | 技术人才 | 从人才规模、人才研发投入、人才产出等角度，运用信息传输、软件和信息技术服务业城镇单位就业人数，规模以上工业企业 R&D 人员全时当量，规模以上工业企业 R&D 经费，每百人使用计算机数量，国内专利申请授权量构建人才指数 |
| 组织内因素 | 电子商务销售额 | 企业（单位）借助网络订单而销售的商品和服务总额（包含增值税），借助网络订单指通过网络接受订单,付款和配送可以不借助网络 |
| | 电子商务采购额 | 企业（单位）借助网络订单而采购的商品和服务总额（包含增值税),借助网络订单指通过网络发送订单,付款和配送可以不借助网络 |
| 组织间因素 | 产业结构 | 第三产业增加值/GDP |
| | 企业竞争度 | 有电子商务活动的企业数比重 |
| 环境因素 | 政府支持力度 | 地方财政科学技术支出/地方一般预算支出 |
| | 经济发展水平 | 地方人均 GDP |
| | 对外贸易依存度 | 经营单位所在地进出口总额/GDP |

注：电子商务销售额和电子商务采购额统计范围为北京市规模以上工业、有资质的建筑业、限额以上批发和零售业、限额以上住宿和餐饮业、有开发经营活动的全部房地产开发经营业、规模以上服务业法人单位。

资料来源：国家统计局。

由表3可以看出，9种影响因素的灰色关联度指数均为正，介于［0.59，0.91］。这说明这些影响因素都与北京数字贸易高质量发展呈正相关关系，对其具有一定的促进作用。

表3　北京市数字贸易影响因素排序

| 指标 | 信息化水平 | 技术人才 | 电子商务销售额 | 电子商务采购额 | 产业结构 | 企业竞争度 | 政府支持力度 | 经济发展水平 | 对外贸易依存度 |
|---|---|---|---|---|---|---|---|---|---|
| 灰色关联度 | 0.64 | 0.61 | 0.74 | 0.86 | 0.72 | 0.89 | 0.70 | 0.91 | 0.59 |
| 排序 | 7 | 8 | 4 | 3 | 5 | 2 | 6 | 1 | 9 |

排在第1位的是经济发展水平，这表明北京数字贸易高质量发展离不开经济发展水平的支持。排在第2、3、4位的分别是企业竞争度、电子商务采购额和电子商务销售额，该结果符合北京数字贸易高质量的实际。北京正在大力推动企业数字化转型，产业与数字技术深度融合，产业数字化走在全国前列。排在第5、6、7、8位的分别是产业结构、政府支持力度、信息化水平和技术人才，这些因素都对促进北京数字贸易高质量发展产生积极作用。

可以从以下方面分析这些影响因素。

首先，全国创新要素最为集中，是北京数字贸易发展的先发优势。从发展条件来说，北京数字贸易发展得益于丰富的研发资源和人力资本。北京拥有2.5万家国家级高新技术企业、90多所高校、1000多家科研院所、120多个国家重点实验室、68个国家工程技术中心。作为全国创新要素最为集中的区域，北京已经具备形成国际科技创新中心的先发优势和条件，这些关键性要素有力推动北京数字贸易高质量发展。

其次，北京信息基础设施建设有力。北京云计算、人工智能等新基建项目固定资产投资加快，2022年新增5G基站2.4万个。北京拥有京东方、小米科技、中芯国际等国内电子信息制造业领军企业，五大电信运营商总部均在北京。

再次，北京第三产业发展迅猛，金融科技发展领跑全国。2022年，北京三次产业构成为0.3：15.9：83.8，第三产业发展迅猛。数字贸易企业的转型升级以及规模扩张离不开金融科技的"输血"和"造血"。在"两区"建设的政策加持下，北京已经成为全球金融科技的引领者。在创新金融监管理念方面，北京走在全国前列，金融科技"监管沙箱"前两批17个项目顺利入箱，进度、数量和范围等均领先全国。

最后，政策支持有力，数字生态位居全国前列。在一系列政策的有力支持下，北京数字生态位居全国前列。根据北京大学发布的《数字生态指数2020》，在全国4个数字生态处于"全面领先"地位的省份（北京、广东、上海、浙江）中，北京在数字生态总指数方面排名第一。

排在最后的是对外贸易依存度，与北京数字贸易高质量发展指数的关联系数为0.59。2015年以来，对外贸易依存度与北京数字贸易高质量发展指数的关联系数逐年下降；2018年开始，下降幅度加大。2017年中美贸易摩擦不断，新冠疫情发生后，不稳定的国际环境使企业将目光转向国内市场，增加国内贸易、拉动内需成为部分企业的首选。

# 七 主要研究结论及对策建议

## （一）主要研究结论

本报告建构了数字贸易高质量发展分析框架，从总结、提炼数字贸易的六大特征出发，提出数字贸易高质量发展的定义与内涵，构建数字贸易高质量发展评价指标体系并对北京市的发展状况进行定量测算，分析北京数字贸易高质量发展的影响因素。主要研究结论如下。

第一，数字贸易具有六大特征。一是数据成为新型生产要素；二是贸易运作环节呈现虚拟化；三是数字化平台是贸易活动的重要载体；四是贸易生产实现集约化管理；五是贸易主体更加多元化；六是贸易监管更为复杂。

第二，数字贸易高质量发展从5个方面统筹发力。数字贸易高质量发展，是以建设贸易强国为目标，实现数字贸易更加高效、更为平衡和更可持续的发展。与传统贸易相比，数字贸易高质量发展涉及 5 个方面：数字网络基础设施、物流环境、数字技术水平、数字与产业融合及贸易潜力。

第三，北京数字贸易高质量发展指数呈持续上升趋势。2013~2020 年，北京数字贸易发展指数翻倍增长，由 2013 年的 0.20 增长到 2020 年的 0.46。北京探索推进数字贸易的制度创新，激发数字经济与数字贸易发展活力。但北京数字贸易仍处于起步阶段，存在互联网、电子商务头部企业从事数字贸易活动的水平仍较低，进出口规模较小，贸易潜力有待挖潜，产品服务和质量有待提高等潜在问题。

第四，北京数字贸易高质量发展受技术、组织以及环境 3 方面因素的正向影响。技术因素（信息化水平、技术人才），组织因素（电子商务销售额、电子商务采购额、产业结构、企业竞争度）及环境因素（政府支持力度、经济发展水平、对外贸易依存度）与数字贸易高质量发展的灰色关联度均为正值，介于［0.59，0.91］。影响作用从大到小排序依次为：经济发展水平、企业竞争度、电子商务采购额、电子商务销售额、产业结构、政府支持力度、信息化水平、技术人才、对外贸易依存度。

## （二）对策建议

### 1.加强顶层设计，加快数字网络基础设施建设

互联网设施和物流环境是数字贸易发展的基础，也是安全开展数字贸易的重要保障。因此，为了进一步提高数字贸易活动中信息传输的效率和质量，北京应加快数字网络基础设施建设。第一，加快 5G、区块链、数据中心、工业互联网等新一代数字网络基础设施建设，激发数字贸易活力；第二，加强物流保障，进一步完善城市物流网络，保证物流产业与贸易开展同步完善、相辅相成；第三，加强顶层设计，加快雄安新区国际互联网数据专用通道建设和跨境合作步伐，探索数据跨境流动模式，保障数字贸易安全有序开展；第四，依托中关村软件园、金盏国际合作服务区、自贸区大兴机场片区打造数字贸易试验区，与建设全球数字经济标杆城市

形成联动效应，开发数字贸易新业态新模式；第五，加强数字平台建设，主动搭建信息共享平台，集国外丰富平台资源于一体，为北京企业开展数字贸易提供更便捷的内部环境。

**2. 提升数字技术水平，完善数字人才培养体系**

数字贸易的安全有序开展离不开数字技术水平的提升，数字化的快速发展、数字技术水平的提升离不开人才的引进。因此，在北京市"数字人才刚需"时代到来之际，应加快完善数字人才培养体系，提升数字技术水平。着力点包括：第一，加大研发支持力度，对数字企业实施税收优惠、补贴资助、定向贷款等优惠政策，以提升数字技术水平；第二，推动5G、人工智能、区块链技术等深度赋能贸易活动的各个环节，保证企业数字化转型顺利完成；第三，建立大数据专区，挖掘和发挥数据要素更大的价值，有序推进数字贸易领域的数据共享；第四，吸引数字化高端人才进京、留京，增强城市吸引力和包容度，给予高端人才多种优惠政策和保障措施，用人才带动企业发展，吸引更多龙头企业和独角兽企业加入北京；第五，注重数字人才培养，加强数字人才储备，强化政府、学校和企业之间的合作，培育高水平、复合型人才，打造北京数字人才高地，避免在数字贸易开展过程中出现人才"卡脖子"问题。

**3. 全力打造国家数字贸易示范区，推进数字产业化和产业数字化发展**

北京作为数字贸易"先行先试"的城市，要积极发挥示范作用，打造国家数字贸易示范区。着力点包括：第一，对接国际高水平自由贸易协定规则，在数据跨境流动、知识产权保护和个人隐私安全方面进行更大程度的压力测试，推进制度规范走在全国前列，在依法合规、安全有效的前提下打造对外数字贸易"北京模板"；第二，充分发挥政府的宏观调控作用，在继续推进数字产业化发展和产业数字化转型的同时，注意调整数字化产业结构，鼓励数字贸易核心产业的发展；第三，加大对初具国际竞争力的数字化企业的支持力度，帮助这些企业稳步快速成长，依靠创新科技发展、营商环境改善等途径扩大市场，尽快融入全球产业链；第四，培育大批具有全球影响力的龙头企业和独角兽企业，调整高精尖产业结构，提高数字贸易的国际占有率，提升我国国际竞争力。

**4. 发挥引领作用，努力挖掘区域发展潜力**

京津冀地区是我国数字产业发展的重要板块、"东数西算"工程全国8个一体化算力网络国家枢纽节点之一，具有发展数字贸易的天然优势。北京和天津拥有丰富的技术和人力资本，河北企业众多，京津冀协同发展，能够优势互补、相互借力。着力点包括：第一，借助"两区"建设，引进国际高端资源，助推高精尖产业做大做强，主动融入和服务京津冀地区，构建自主可用的数字贸易产业链和创新链，增强自主孵化数字化企业的能力；第二，发挥各自比较优势，打造区域优势互补开放新格局，催生数字贸易新动能，北京和天津积极向河北输送先进技术，采取园地搬迁、共同开发市场等方式助推河北传统企业数字化转型升级；第三，共建共享公共配套设施，积极推进京津跨自贸区通办服务的开展和全国首个跨省级行政区综合保税区的建设，推动建设京津冀新模式、新业态、新场景、新体制；第四，建立发展成果共享机制，强化企业间联动创新，形成区域数字贸易体系，加快科技成果落地转化。

**5. 强化国际交往中心功能，营造国际一流营商环境**

北京作为我国的首都和国际交往中心，要积极发挥环境优势，丰富对外交往的职能。着力点包括：第一，积极引进国际高端要素，打造国际化、自由化的中国特色国际数字产业群，引进大型外资企业和高精尖项目，与跨国公司形成"常态化"贸易模式；第二，立足"四个中心"建设，积极推进数字贸易港建设和自贸区建设，形成覆盖面广、更加开放和稳定的服务网络体系；第三，展现大国首都风貌，助力优化我国开展数字贸易的国际环境，一方面尽快推进北京跨境服务贸易负面清单管理，为我国数字贸易规则的制定提供"首都方案"，另一方面针对数据使用与监管、电子交易、数字贸易征信等与数字贸易相关的细分领域制定相应配套政策，促进北京数字贸易高质量发展。

**参考文献**

R. H. Weber, "Digital Trade in WTO-law-taking Stock and Looking Ahead," *SSRN Electronic Journal* 1 (2010).

OECD, WTO, IMF, *Handbook on Measuring Digital Trade* (Paris: OECD, 2019).

United States International Trade Commission, *Digital Trade in the US and Global Economies*, *Part 1* (Washington D. C.: USITC Publication 4415, 2013).

United States International Trade Commission, *Digital Trade in the US and Global Economies*, *Part 2* (Washington D. C.: USITC Publication 4485, 2014).

L. Tornatzky, M. Fleischer, *The Process of Technology Innovation* (Ma: Lexington Books, 1990).

刘斌、甄洋：《数字贸易规则与研发要素跨境流动》，《中国工业经济》2022 年第 7 期。

沈玉良等：《是数字贸易规则，还是数字经济规则？——新一代贸易规则的中国取向》，《管理世界》2022 年第 8 期。

刘纯霞等：《全球供应链外部中断风险缓释机制分析——数字贸易的视角》，《经济纵横》2022 年第 7 期。

范兆娟、艾玮炜：《数字贸易规则对中国嵌入全球价值链的影响》，《财贸研究》2022 年第 2 期。

姚战琪：《数字贸易、产业结构升级与出口技术复杂度——基于结构方程模型的多重中介效应》，《改革》2021 年第 1 期。

盛斌、高疆：《超越传统贸易：数字贸易的内涵、特征与影响》，《国外社会科学》2020 年第 4 期。

蓝庆新、窦凯：《美欧日数字贸易的内涵演变、发展趋势及中国策略》，《国际贸易》2019 年第 6 期。

马述忠等：《数字贸易及其时代价值与研究展望》，《国际贸易问题》2018 年第 10 期。

贾品荣：《找准数字贸易发展着力点》，《经济日报》2023 年 3 月 12 日，第 14 版。

# B.10
# 北京服务贸易高质量发展
# 报告（2023）*

摘　要：　在货物贸易乏力的背景下，服务贸易的高质量发展是维持贸易增
　　　　　长的动力，是推动我国从贸易大国向贸易强国迈进的必然要求。
　　　　　北京市作为国际交往中心，是服务贸易的重要交流合作平台，其
　　　　　服务贸易高质量发展对国内其他城市起到重要的引领作用。本报
　　　　　告从贸易结构、竞争力、开放水平、可持续和创新水平5个维
　　　　　度，选取18个指标构建北京市服务贸易高质量发展评价指标体
　　　　　系，应用熵值法测算北京市服务贸易高质量发展指数，分析北京
　　　　　市服务贸易在贸易结构、竞争力等方面的具体情况，提炼北京市
　　　　　服务贸易发展的优势与不足，分析服务贸易对北京市宏观经济的
　　　　　拉动作用，并与其他自贸区进行比较。研究表明，北京市服务贸
　　　　　易发展总体向好、可持续发展动力强劲且极具竞争优势，但创新
　　　　　水平和平衡度仍有待提升，生活性服务贸易应多受关注。本报告
　　　　　据此提出以下对策建议：持续促进服务贸易出口；着力推进新兴
　　　　　服务贸易；进一步扩大开放，完善市场准入和退出机制；充分发
　　　　　挥交流合作平台的积极作用；激发生活性服务贸易潜力；提高服
　　　　　务贸易与货物贸易的融合程度。

---

＊　执笔：刘宏俐、行伟波。刘宏俐，北京市科学技术研究院高质量发展研究中心课题组成员，
对外经济贸易大学博士研究生，主要研究方向为服务贸易与高质量发展、卫生经济与政策；
行伟波，北京市科学技术研究院高质量发展研究中心特约研究员，对外经济贸易大学教授，
主要研究方向为全国统一市场建设、公共政策评估。

**关键词:**　服务贸易高质量发展　贸易结构　北京

# 一　概述

## （一）研究背景

服务贸易是国际贸易的重要组成部分，具有巨大的发展潜力。在新冠疫情的冲击下，服务贸易表现出较强的韧性和活力，其发展越来越受到各界关注，逐渐成为国际竞争的重点领域。服务贸易的发展质量与发达程度也成为衡量一国或一地区经济发展水平的重要指标。北京市作为服务贸易发展的引领性城市，近年来积极响应并不断出台相关政策（见表1），迄今成就斐然：服务贸易规模显著扩大，贸易结构持续优化，开放能级不断提升、程度不断深化、质量显著提高。北京市在巩固传统服务贸易规模的同时大力发展新兴服务贸易，在自主创新、协调互动的发展战略下，竞争优势显著增强。2020年，北京市服务贸易总额占全国的1/5，第三产业增加值达3万多亿元，占GDP比重达83.8%，超越发达国家的平均水平。作为我国的政治、文化、国际交往和科技创新中心，北京市具有得天独厚的资源优势和雄厚的产业基础。作为我国重要的自贸区，北京市也肩负着发挥良好表率作用的责任，不仅在战略上起到引领作用，还是各地区开展贸易活动的重要国际平台。客观且科学地评价北京服务贸易发展的质量，有助于社会各界正确地了解、把握其发展情况，尤其有助于政策制定者把握实际。本报告通过政策解读与现实情况分析，构建适用于北京市服务贸易发展的可操作性评价指标体系；基于该体系测算发展指数，剖析北京市服务贸易在各方面的优势与不足，为北京市服务贸易发展提供科学依据。

表1 服务贸易发展相关政策

| 政策名称 | 发布机构 | 发布年份 | 主要相关内容 |
|---|---|---|---|
| 商务部关于2008年服务贸易工作的意见 | 商务部 | 2008 | 努力扩大服务出口 |
| 服务贸易发展"十二五"规划纲要 | 商务部会同33个部门 | 2011 | 巩固传统服务贸易规模优势、推进中国特色服务出口、重点培育新兴服务贸易；培育具有国际竞争优势的服务贸易企业并提倡服务贸易企业"走出去"；推动服务贸易自主创新、区域协调发展；发展战略性新兴产业配套服务贸易 |
| 国家税务总局 国家外汇管理局关于服务贸易等项目对外支付税务备案有关问题的公告 | 国家税务总局 国家外汇管理局 | 2013 | 规定服务贸易等项目对外支付税务备案有关问题 |
| 国务院关于加快发展服务贸易的若干意见 | 国务院 | 2015 | 扩大服务贸易规模；优化服务贸易结构；规划建设服务贸易功能区；创新服务贸易发展模式；培育服务贸易市场主体；进一步扩大服务业开放；大力推动服务业对外投资 |
| 关于促进外贸稳定增长的若干措施 | 北京市人民政府办公厅 | 2016 | 实行积极的进口政策；落实服务贸易出口零税率政策；支持高新技术产业发展以培育外贸竞争新优势；推动文化贸易、数字贸易、再制造等扩大出口 |
| 北京市人民政府关于进一步优化提升生产性服务业加快构建高精尖经济结构的意见 | 北京市人民政府 | 2016 | 提出全面优化提升生产性服务业的目标 |
| 服务贸易发展"十三五"规划 | 商务部会同12个部门 | 2017 | 推动服务贸易供给侧结构性改革；突出创新、协调联动发展；突出重要领域的引领作用 |
| 北京市服务贸易竞争力提升工程实施方案 | 北京市人民政府办公厅 | 2017 | 提出巩固传统服务贸易优势以及积极培育服务贸易竞争新优势 |
| 国务院关于促进外资增长若干措施的通知 | 国务院 | 2017 | 发挥外资对优化服务贸易结构的积极作用 |
| 深化改革推进北京市服务业扩大开放综合试点工作方案 | 北京市人民政府 商务部 | 2017 | 研究探索与服务贸易特点相适应的海关管理模式和统计制度；加速推进数字产品贸易和文化贸易，促进服务贸易与货物贸易融合发展 |

续表

| 政策名称 | 发布机构 | 发布年份 | 主要相关内容 |
|---|---|---|---|
| 中共中央 国务院关于开展质量提升行动的指导意见 | 中共中央 国务院 | 2017 | 鼓励高技术含量和高附加值项目维修、咨询、检验检测等服务出口,促进服务贸易与货物贸易紧密结合、联动发展 |
| 深化服务贸易创新发展试点总体方案 | 北京市人民政府 | 2018 | 积极拓展新兴服务贸易,重点推进服务外包、技术贸易、文化贸易发展 |
| 关于将服务贸易创新发展试点地区技术先进型服务企业所得税政策推广至全国实施的通知 | 财政部 国家税务总局 商务部 科技部 国家发展改革委 | 2018 | 技术先进型服务企业(服务贸易类)减税 |
| 关于扩大进口促进对外贸易平衡发展的意见 | 商务部等部门 | 2018 | 推动货物与服务贸易互动协同发展;推动进口与出口平衡发展;大力发展新兴服务贸易,促进建筑设计、商贸物流、研发设计、节能环保等生产性服务进口 |
| 北京市关于全面深化改革、扩大对外开放重要举措的行动计划 | 中共北京市委 北京市人民政府 | 2018 | 鼓励运用云计算、大数据、物联网、移动互联网等新一代信息技术推进服务贸易数字化;完善服务贸易市场准入制度,逐步放宽或取消限制措施;出台支持新兴服务出口、重点服务进口等系列服务贸易政策,进一步扩大本市新兴服务出口和重点服务进口 |
| 中共中央 国务院关于推进贸易高质量发展的指导意见 | 中共中央 国务院 | 2019 | 推进文化、数字、中医药等领域特色服务出口基地建设;促进生产性服务贸易发展;发展特色服务 |
| 服务贸易领域防疫情稳运行若干措施 | 北京市商务局 | 2020 | 鼓励文化、旅游等服务贸易特色行业有针对性地进行业务开发;鼓励服务贸易企业利用出口信用保险开拓海外市场、化解收汇风险 |
| 北京市商务局关于2020年度服务贸易及服务外包专项资金申报工作的通知 | 北京市商务局 | 2020 | 对服务贸易出口贴息 |
| 北京市全面深化服务贸易创新发展试点实施方案 | 北京市商务局 | 2020 | 加快提升金融、互联网信息、文化旅游、教育、医疗等重点领域服务贸易能级;巩固提升传统服务贸易,大力发展新兴服务贸易 |

续表

| 政策名称 | 发布机构 | 发布年份 | 主要相关内容 |
|---|---|---|---|
| 商务领域"两区"建设工作方案 | 北京市商务局 | 2020 | 重点促进开放升级 |
| 国务院办公厅关于推进对外贸易创新发展的实施意见 | 国务院办公厅 | 2020 | 加快发展新兴服务贸易;加快发展对外文化贸易 |
| 中国(北京)自由贸易试验区总体方案 | 国务院 | 2020 | 推动服务外包向高技术、高品质、高效益、高附加值转型升级,加快文化贸易、技术贸易等新兴服务贸易发展;探索在教育、工程咨询、会展、商务服务等领域,分层次逐步取消或放宽跨境交付、境外消费、自然人移动等模式的服务贸易限制措施 |
| "十四五"服务贸易发展规划 | 商务部等24个部门 | 2021 | 深化服务贸易改革开放;推动传统服务贸易转型升级;培育特色服务贸易竞争新优势;扩大优质服务进口;发挥绿色转型的促进作用 |
| 关于北京市专业服务业助力"走出去"发展若干措施 | 北京市商务局 北京市发展和改革委员会 北京市财政局 | 2021 | 设定知识密集型服务贸易占比、境外高科技类产业投资占比目标 |
| 国务院办公厅关于做好跨周期调节进一步稳外贸的意见 | 国务院办公厅 | 2021 | 高度认可服务贸易的发展潜力,提出积极利用服务贸易创新发展引导基金等,按照政策引导、市场运作的方式,促进海外仓高质量发展 |
| 北京市培育和激发市场主体活力持续优化营商环境实施方案 | 北京市人民政府办公厅 | 2021 | 推进跨境服务贸易实行更高标准规则;深化金融、信息、文化等服务贸易重点领域开放创新 |
| 北京市"十四五"时期优化营商环境规划 | 北京市人民政府 | 2021 | 进一步放宽服务贸易准入;制定跨境服务贸易负面清单 |
| 北京市外经贸发展资金促进服务贸易创新发展实施方案 | 北京市商务局 北京市财政局 | 2022 | 支持国家特色服务出口基地升级扩大范围;支持开展服务贸易相关研究及培训等工作;支持服务外包转型升级 |
| 中国(北京)自由贸易试验区条例 | 北京市第十五届人民代表大会常务委员会 | 2022 | 支持自贸区优化服务贸易行业结构,建设特色服务出口基地;推动服务外包转型升级,鼓励研发、设计、维修、咨询等领域服务外包发展;构建国际服务贸易主平台,促进服务贸易创新发展 |

## （二）服务贸易高质量发展评价研究综述

服务贸易近年来受到社会各界的高度关注，国家也相继出台多项政策对服务贸易的发展进行规范和引导。提高发展质量、推动结构升级对服务贸易产业的健康发展至关重要。在纷繁复杂的服务贸易活动中提炼出影响其发展质量的因素，是评价服务贸易发展质量的关键。现有文献对服务贸易发展质量的评价主要集中在服务贸易发展质量影响因素的逐一分析和评价指标体系的构建两个方面。

### 1.服务贸易发展质量影响因素研究进展

已有研究尝试探索服务贸易发展质量的影响因素，对质量评价的多个指标进行逐一分析，但未构建系统的评价指标体系。闫国庆和陈丽静基于我国国内经济低迷、国外争取"入世"的双重压力，提出通过优化贸易产业结构、加快形成多元化的竞争格局以提高对外贸易质量。喻志军和姜万军将对外贸易质量近似地量化为"一国通过贸易获取净收益的能力"，并以进出口的价格指数和数量指数作为静态质量衡量的指标，以出口与进口的价格和数量比例作为动态质量衡量的指标。张定法等认为经济结构变化是服务贸易高质量发展的基础，服务贸易竞争力的提升能促进我国供给侧结构性改革、提升我国在全球价值链中的话语权。陈飞翔和吴琅认为贸易大国向贸易强国转换的关键途径在于积累生产要素、调整产业结构、实行市场多元化战略和培育具有世界竞争力的跨国公司，这意味着贸易发展质量也将由这几个方面的表现来集中体现。Andresen 测算了美国与加拿大 1979~2003 年的双向贸易指数、水平差异、垂直差异化高质量贸易和垂直差异化低质量贸易以衡量贸易发展质量。Carneiro 等围绕出口绩效的评价进行了讨论。Liao 提出了一种直接的质量衡量方法——加权收入质量指数，并将其与具有质量选择的友好经济模型中的单位价值质量代理进行了比较，结果表明加权收入质量指数在真实质量排名中优于单位价值质量代理。

也有学者就贸易发展质量的某一影响因素进行深入的研究。例如，在贸易的竞争力方面，程春梅和刘洪顺就外贸的竞争力进行了讨论，认为外贸竞争力主要表现在产品、企业和产业三个层次上，但并未阐述如何量化竞争力。毛群英从竞争资产和竞争过程两个角度出发构建了贸易竞争力的指标体系，其中贸易竞争资产包括人口规模、人文发展、海运竞争、知识资源等因素，竞争过程包括贸易规模、核心竞争力、风险性、效益和增长率等因素。林红按照联合国贸易与发展委员会的服务贸易统计分类项目建立了服务贸易竞争力要素的贡献度模型，并对 31 个国家和地区的专有要素进行估计，以此评价各国家和地区的服务贸易竞争力。张少杰和林红就金砖国家的服务业国际竞争力构建了评价指标体系，包括服务业的发展水平、产业结构、基础条件，以及经济、科技、人文三种环境情况，并用因子分析法加以测算得出竞争力的评分。在贸易的可持续发展方面，谷志红等基于可持续发展战略，构建了对外贸易的可持续发展评价模型，认为可持续发展表现在经济、社会、生态等方面，并据此构建了可量化的度量指标。蒲艳萍和王玲参考谷志红等的研究，优化指标的度量与统计，提升对外贸易可持续发展能力评价指标体系的可操作性。Trinh 等利用东亚和太平洋国家的数据对出口质量对环境可持续的影响进行了讨论，研究发现出口质量与环境绩效之间呈倒"U"形关系，认为贸易开放程度达到一定阈值时，可以减少 $CO_2$ 排放。在开放方面，Squalli 和 Wilson 将贸易份额和贸易水平对世界贸易的相对重要性作为对外贸易开放水平的两个重要测度标的。

综上，服务贸易发展质量影响因素相关研究颇为丰富。总体来看，学者们高度关注贸易结构、竞争力和可持续发展等问题，并对这些问题进行了深入的探讨。但这些研究与服务贸易的结合并不密切。大多关注广义上的贸易，即包括货物与服务在内的贸易，且国外学者更关注贸易产品的质量，针对服务贸易的研究相对较少。

### 2. 服务贸易发展质量评价指标体系研究进展

服务贸易发展质量评价相关研究集中关注单一维度，尚未建立综合的评价指标体系。因此，有必要在以往研究的基础上形成服务贸易总体发展质量评价的指标体系。在构建多维度的评价指标体系方面，何莉认为对外贸易的质量体现在对外贸易对一国经济社会发挥的作用和取得的效果上，并基于外贸的增长规模、发展结构、经济和社会效益、国际竞争力5个准则构建包涵18个衡量指标的对外贸易质量评价指标体系。朱启荣结合十七届五中全会精神，从外贸的经济和社会效益、资源利用与绿色发展水平、结构优化程度5个方面构建了外贸发展方式的评价指标体系。朱启荣和言英杰对以上评价指标体系进行了扩展与完善，形成了包含外贸增长速度、国际竞争力、社会效益、经济效益、资源利用水平、绿色发展水平等6个一级指标、10个二级指标以及19个三级指标的多层次评价指标体系。其中，外贸增长速度、国际竞争力、经济效益3个指标都以服务和货物作为划分标准设置二级指标，社会效益用外贸发展成果的共享性作为二级指标，资源利用水平用出口贸易的资源利用效率和进口贸易的资源利用水平作为二级指标，绿色发展水平则以出口贸易对环境的影响作为二级指标。两位学者的评价指标体系设计与构建虽然并非特别针对服务贸易，但是在构建思路和体系的完整性上为后续的研究提供了大量的参考。

近年来，随着《中共中央 国务院关于推进贸易高质量发展的指导意见》《"十四五"对外贸易高质量发展规划》等文件的出台，服务贸易的质量评价问题越来越受到学界重视。汤婧和夏杰长探索了服务贸易高质量发展的影响因素，构建了包括开放与安全、可持续发展、创新驱动、国际竞争力和结构协调等因素在内的评价指标体系。付文宇等则认为优化发展环境是一国贸易高质量发展的首要前提，基于优越发展环境形成的发展能力和合作水平则是推动贸易从"量"上的"大"转变为"质"上的"强"的关键因素，进而从发展环境、条件、能力和贸易合作水平4个角度构建评价指标体系。

现阶段，服务贸易发展质量评价指标体系相关研究仍存在一些问题。一是指标间包含的内容存在重合，将导致测算结果的偏误。二是某些指标难以量化，将影响评价指标体系的实用性。三是评价指标体系囊括的内容有待完善。随着服务业的发展，某些新兴领域在以往的研究中没有受到关注，但日益成为我国国民经济的支柱产业，应在评价指标体系的构建过程中有所反映。

## 二　服务贸易的定义与类别

北京市服务贸易高质量发展指数建构、北京市服务贸易高质量发展水平评价、服务贸易对北京市宏观经济的拉动作用评价、北京自贸区与其他自贸区的比较分析等一系列工作需建立在科学的概念基础之上，故应明确本报告所适用的概念与范围。随着服务业的迅速发展，服务贸易的边界越来越模糊，要使本报告的后续研究在实践中更具可行性，需对相关概念进行探讨。

### （一）服务贸易的定义

服务通常以货物的对照物形式被人们所理解——货物是有形、看得见的，服务是无形的、看不见的，这是人们最熟悉的区别。但随着科学技术的发展，服务呈现出越来越多样的形式，甚至有些服务以货物为载体，服务与货物的区别越来越模糊。王军敏认为目前服务泛指的经济活动是无法穷尽地区分和列举的，如专业服务（律师、会计）、金融服务、市场服务（广告）、技术服务、商业服务（租赁）等。《2008年国民账户体系》将服务定义为一项生产活动的成果改变了消费单位的状况，或是促进了产品或金融资产的交换，促进了产品的交换可称为促成改变的服务，促进了金融资产的交换可称为盈利服务。促成改变的服务通常由生产者按照消费者的需求开展活动，实现方式包括改变消费者的货物状况、人的实际状况（医疗、整形等）、思想状态（教育、娱乐等）等。促成改变的服务不能脱离生产单独进行交易，生产完成时服务必然已经提供给消费者，可以是暂时的，也可以是永久的。促成改变的服务也称转化服务。盈利服务指货物、某些服务、金融资金或知识储存产品的所有权在两个机构之间发生改变，通常还有第三方机构协助这种改变的发生，如金融机构可以提供这种服务。类似于促成改变的服务，盈利服务也不能脱离生产单独进行交易。《国际收支和国际投资头寸手册》第六版也提出了服务的概念，内容基本上等同于《2008年国民账户体系》中的服务概念。

183

　　服务贸易的概念可追溯到《服务贸易总协定》。《服务贸易总协定》是关贸总协定乌拉圭回合谈判达成的第一套有关国际服务贸易的具有法律效力的多边协定，为国际服务贸易提供了一套初步的总体规则框架，为各国解决服务贸易统计上存在的模糊认识问题提供了法律基础。本报告采用《服务贸易总协定》的定义和范围，即跨境提供、境外消费、商业存在和自然人流动。该定义从法律和标准化的角度为本报告提供了支撑。

　　跨境提供是指一国境内的提供者向另一国境内的消费者提供服务，也叫跨境交付。理解跨境提供的关键在于明白跨境指的是"服务"跨境，通过邮电、计算机网络和电信等方式实现，一般无须人员和物资流动。例如，国际电信服务、一国的咨询公司向另一国的客户提供信息、法律咨询服务等。值得注意的是，有些跨境提供也有人员和物资流动，如国际运输服务。

　　境外消费是指一国境内的服务提供者向另一国服务消费者提供服务。境外消费涉及人员的流动，是一国的服务消费者到别国境内接受服务。例如，一国旅游者到另一国旅游、一国病人到另一国就医、一国学生到另一国留学等。

　　商业存在是指一国的服务提供者通过在其他国家境内建立商业机构或附属企业为其他国家的消费者提供服务。简而言之，即一国的服务提供者到其他国家开业。如一国的银行在另一国境内设立分支机构开展业务，参与分支机构所在国的金融市场竞争就属于商业存在；再如一国的餐饮集团到另一国开饭店，参与饭店所在国的餐饮市场竞争也属于商业存在。

　　自然人流动是指一国的自然人从本国到另一国境内提供服务。自然人流动与境外消费的类似之处在于，两者都涉及人员流动；区别在于境外消费是本国人员到他国境内接受服务，而自然人流动是本国人员到他国境内向东道国的服务消费者提供服务。自然人流动与商业存在的类似之处在于，两者都是本国服务提供者到其他国家提供服务；区别在于商业存在往往在其他国家开设经济实体，如本国律师到其他国家开设律所提供法律服务等，而不在其他国家开设经济实体、仅向东道国消费者提供服务则被定义为自然人流动，如本国专家到其他国家向企业提供技术指导、本国教授到国外大学讲学等。

## （二）服务贸易有关统计系统与分类

服务贸易内容丰富、范围较广，从整体上很难把握其特点。因此，本报告将服务贸易按照一定的依据进行分类，从不同的角度分解服务贸易，把握其结构特征。

本报告的目的之一是构建北京市服务贸易高质量发展指数，为保证指数测算的可操作性，对数据有较高的要求。目前国际上已有不少关于服务贸易的国际标准。如《国际收支和国际投资头寸手册》第六版、《2008 年国民账户体系》、《所有经济活动的国际标准行业分类》修订四，以及《产品总分类》第二版等。《2010 年国际服务贸易统计手册》在编制时，汲取了以上系统与分类的关键要素，力求与国际标准保持一致。手册阐述了关于汇编和报告广义的国际服务贸易统计数据的国际公认框架，为使用国际服务贸易统计数据的相关人员提供了实用的工具，满足了多样的国际服务贸易统计数据需求。因此本报告以《2010 年国际服务贸易统计手册》的统计框架为基础。

《2010 年国际服务贸易统计手册》统计框架以《国际收支和国际投资头寸手册》第六版为基础。《国际收支和国际投资头寸手册》第六版是有关国际服务、国际投资交易和人员流动的主要统计指南，提出了如下 12 项主要服务分类：

1. 对他人拥有的有形投入进行的制造服务；
2. 保养和维修服务（别处未包括）；
3. 运输；
4. 旅行；
5. 建筑；
6. 保险和养恤金服务；
7. 金融服务；
8. 知识产权使用费（别处未包括）；
9. 电信、计算机和信息服务；
10. 其他商业服务；

11. 个人、文化和娱乐服务；

12. 政府货物和服务（别处未包括）。

这 12 项分类与国际上备受认可的统计系统与标准相符，与《服务贸易总协定》里所涉及产品基本吻合，与《2010 年国际收支服务扩展分类》包含的主要类别完全一致，且囊括了知识产权使用费等没有列入《服务部门分类清单》（W/120）的内容。北京市对服务贸易的有关数据统计口径与这 12 项分类基本吻合（稍有出入，见图 28、图 29），有助于本报告从结构上解读北京市服务贸易的特征。

此外，为了科学界定生活性服务与生产性服务的范围，以及建立相关统计调查监测体系，2019 年国家统计局根据《国务院关于印发服务业发展"十二五"规划的通知》《国务院办公厅关于加快发展生活性服务业促进消费结构升级的指导意见》《国务院关于加快发展生产性服务业促进产业结构调整升级的指导意见》等文件，形成了生活性服务业和生产性服务业两套统计分类。其中生活性服务业包括健康服务、居民和家庭服务、旅游游览和娱乐服务、养老服务、文化服务、体育服务等十二大领域。生产性服务业包括为生产活动提供的研发设计与其他技术服务，货物运输、信息服务，金融服务等。这两套统计分类为本报告提供了政策上的参考依据。

## 三 北京市服务贸易高质量发展指数建构

《服务贸易总协定》里的定义和范围从法律与标准化方面为本报告提供参考，上述 12 项分类有助于本报告从结构上解读北京市服务贸易的特征，《2010 年国际服务贸易统计手册》、《国际收支和国际投资头寸手册》第六版等统计系统为本报告奠定了数据基础。本部分将在此基础上构建北京市服务贸易高质量发展指数。

### （一）北京市服务贸易高质量发展评价指标体系

构建北京市服务贸易高质量发展指数，首先要建立服务贸易高质量发展评价指标体系。该体系需具有较高的科学性与前瞻性，且能够反映出北京市的服务贸易发展是否符合中国发展理念和具体规划，因此本报告构建的评价指标体系旨在反映如下内容。

第一，反映服务贸易结构优化情况。《"十四五"对外贸易高质量发展规划》明确指出，要优化服务进出口结构，扩大研发设计、节能降碳等生产性服务进口；推动医疗等生活性服务进口；扩大旅游、运输、建筑等传统服务出口规模；推动知识密集型服务出口，鼓励成熟产业化技术出口，推动知识产权、人力资源、语言服务、地理信息、农业生产、法律、会计等专业服务"走出去"；拓展国家特色服务出口基地，促进版权有效应用，扩大文化服务、中医药服务、专业服务等出口。因此，北京市服务贸易高质量发展评价指标体系构建应考虑到贸易结构这一要素，以反映服务贸易高质量发展的结构情况。一方面，应反映服务贸易的内部结构，如生产性服务与生活性服务、传统服务与新兴服务等；另一方面，也要反映服务与货物、出口与进口协调发展的情况。

第二，反映服务贸易竞争力情况。服务贸易竞争力往往与一个国家或地区的经济效益紧密相关，服务贸易规模通常作为评价服务贸易质量的一个重要指标，但贸易规模的扩大不等同于发展质量的提升。如果贸易竞争力不足，国家或地区将享受不到规模经济带来的效益。本报告试图跳出简单以规模来评价贸易质量的局限，聚焦于竞争力来把握北京市服务贸易的发达程度和比较优势。

第三，反映服务贸易对外开放情况。开放指一个国家或地区在市场准入、营商环境等方面的自由化程度。北京作为我国的国际交往中心，开放对服务贸易的发展具有深刻影响。开放情况被用于衡量服务贸易高质量发展的自由化程度，以反映北京市服务贸易形成全面开放格局的制度环境。

第四，反映服务贸易可持续发展情况。服务贸易可持续发展是支撑北京市经济社会长期、高速发展的重要条件。服务贸易可持续发展一方面要求服务贸易的发展能够与资源环境相互协调，如资源消耗低、环境污染小等；另一方面要求服务贸易应具有持续发展下去的内生动力，如带动就业容量大。

第五，反映服务贸易创新驱动能力。创新是引领高质量发展的关键动力，北京作为我国的科技创新中心，高质量的服务贸易应该具有较强的创新驱动能力。创新驱动能力的衡量，拟从高新技术服务、知识产权使用、R&D 经费投入等方面，评价服务贸易在新理念、新技术、新业态、新模式等方面的创新驱动程度。

综合以上内容，秉持指标科学、数据可得的原则，本报告从贸易结构、竞争力、开放水平、可持续和创新水平等 5 个方面，共选取 18 个指标来构建北京市服务贸易高质量发展评价指标体系（见表 2）。

表 2　北京市服务贸易高质量发展评价指标体系

| 维度 | 指标 | 计算方法 |
|---|---|---|
| 贸易结构 | 生活性服务贸易结构比 | 北京市生活性服务贸易进出口额(亿美元)/北京市服务贸易进出口额(亿美元) |
| | 生产性服务贸易结构比 | 北京市生产性服务贸易进出口额(亿美元)/北京市服务贸易进出口额(亿美元) |
| | 服务货物贸易平衡度 | 北京市服务贸易总额(亿美元)/北京市货物贸易总额(亿美元) |
| | 服务贸易进出口平衡度 | 北京市服务贸易进口额(亿美元)/北京市服务贸易出口额(亿美元) |
| | 传统服务贸易结构比 | 北京市传统服务贸易进出口额(亿美元)/北京市服务贸易进出口额(亿美元) |
| | 新兴服务贸易结构比 | 北京市新兴服务贸易进出口额(亿美元)/北京市服务贸易进出口额(亿美元) |
| 竞争力 | RCA 指数 | [北京市服务贸易出口额(亿美元)/北京市贸易总出口额(亿美元)]/[全国服务贸易出口额(亿美元)/全国贸易总出口额(亿美元)] |
| | CA 指数 | RCA-[北京市服务贸易进口额(亿美元)/北京市贸易总进口额(亿美元)]/[全国服务贸易进口额(亿美元)/全国贸易总进口额(亿美元)] |
| | 国内市场占有率 | 北京市服务贸易总额(亿美元)/全国服务贸易总额(亿美元) |
| | STO 指数 | 北京市服务贸易进出口额(亿美元)/北京市 GDP(亿美元) |
| 开放水平 | 对外劳务合作人数占比 | 对外劳务合作年末人数(人)/北京市从业人员年末人数(万人) |
| | 对外承包工程贡献率 | 新签合同额(亿美元)/北京市 GDP(亿美元) |
| | 实际利用外资金额占全市比重 | 第三产业实际利用外资金额(亿美元)/北京地区实际利用外资金额(亿美元) |

续表

| 维度 | 指标 | 计算方法 |
|---|---|---|
| 可持续 | 服务贸易带动就业人数 | 第三产业从业人员人数占全市比重(%) |
| | 第三产业能耗占比 | 第三产业能源消费总量占全市比重(%) |
| 创新水平 | 知识产权使用费占比 | 北京市知识产权使用费总额(亿美元)/北京市服务贸易总额(亿美元) |
| | 科学研究和技术服务业 R&D 经费投入率 | 科学研究和技术服务业 R&D 经费投入(亿元)/R&D 经费内部支出(亿元) |
| | 信息传输、软件和信息技术服务业 R&D 经费投入率 | 信息传输、软件和信息技术服务业 R&D 经费投入(亿元)/R&D 经费内部支出(亿元) |

表 2 第一列为该评价指标体系的 5 个维度，第二列为具体指标，第三列为指标的计算方法。贸易结构中，生活性服务贸易结构比、生产性服务贸易结构比、传统服务贸易结构比和新兴服务贸易结构比反映了服务贸易内部的结构特征；服务货物贸易平衡度、服务贸易进出口平衡度反映了服务贸易协调发展的情况。其中生活性服务贸易包括旅行、电影和音像等服务，生产性服务贸易包括运输、保险、金融、通信、建筑、计算机和信息、知识产权使用费、咨询、广告和宣传等服务。传统服务贸易包括运输、旅行、建筑等服务，新兴服务贸易包括保险、金融、通信、计算机和信息、知识产权使用费、咨询、广告和宣传、电影和音像等服务[1]。

在竞争力方面，显示性比较优势指数（RCA 指数）由美国经济学家 Balassa Bela 提出，通过测算某一产业在该国总出口中的份额占世界范围内该产业出口在总出口中份额的比例，来反映一个国家的该产业在世界范围中的竞争地位。本报告借助这一思想分析北京市服务贸易在全国服务贸易中的竞争地位，通过测算北京市服务贸易出口份额与全国服务贸易出口份额的比重（RCA 指数），来反映北京市服务贸易在全国服务贸易中的显示性比较优势。总体来说，0<RCA 指数<1 时，表示北京市服务贸易出口水平相较于全国平均水平处于劣势，其值

---

[1] 北京市服务贸易分类统计口径在 2016 年进行过调整，本报告以 2016 年前的口径为基础。

越接近于 0 或越小于 1，这种比较劣势就越明显；若 RCA 指数>1，表示北京市服务贸易在全国范围内具有显示性比较优势，其数值越大，这种显示性比较优势越明显；如果 RCA 指数>2.5，表示北京市服务贸易具有很强的竞争优势；若 1.25<RCA 指数<2.5，表示具有较强的竞争优势；若 0.8<RCA 指数<1.25，表示北京市服务贸易竞争力处于平均水平；若 0<RCA 指数<0.8，则表示不具有竞争优势。显示性竞争比较优势指数（CA 指数）由 Vollratlh 提出，与 RCA 指数类似，都反映了服务贸易的优势。不同的是 RCA 指数只考虑服务贸易出口，而 CA 指数从出口的比较优势中剔除了进口的比较优势，用以反映北京市服务贸易实际竞争优势。这与 RCA 指数并不矛盾，两者的差别正好反映了进口的优势情况。当 CA 指数大于 0 时，表示北京市服务贸易的竞争力较强，当其小于 0 时反之。国内市场占有率反映北京市服务贸易在国内市场上的地位，其份额越高表示竞争力越强。STO 指数与竞争力亦呈正相关关系。

服务贸易开放度指数反映北京市服务贸易进出口的开放情况，数值越高表示开放度越高。在经济全球化的背景下，对外劳务合作发挥了极为重要的作用。对外劳务合作不仅在缓解失业矛盾方面发挥积极的作用，同时能增加国民收入、提高劳动力的素质。因此，本报告将对外劳务合作人数占比纳入评价指标体系。对外承包工程是指在国（境）外承揽和实施各类工程项目的经济活动。《"十四五"对外贸易高质量发展规划》提出保障外贸产业供应链畅通运转的重要举措，包括提高对外投资合作水平，大力发展对外承包工程，带动商品、服务、技术和标准出口等，对外劳务合作与对外承包工程以及外资利用情况从政策重点的角度反映了开放水平。

在服务贸易可持续发展方面，第三产业能耗占比反映北京市服务贸易的发展与资源环境相互协调的情况，服务贸易带动就业人数衡量了北京市服务贸易持续发展下去的内生动力。

根据《2010 年国际服务贸易统计手册》的规定，知识产权使用费不仅包括专利权、商标权、版权，也包括如设计权、特许权等涉及商业秘密的工业流程的使用费，还包括复制或传播原作中的知识产权和相关权利时所涉及的使用费，是最常用且备受认可的创新水平度量指标。科学研究和技术服务业与信息传输、软件和信息技术服务业的 R&D 经费是服务贸易领域重要的创新投入，不仅直接反映创新驱动的制度环境，也间接反映创新驱动的经济效果。

综上可见，本报告所构建的评价指标体系一方面体现区域可比性和引领性，便于北京市的服务贸易发展情况同其他地区进行对比并提取可供借鉴的经验；另一方面，该评价指标体系符合中国高质量发展服务贸易的基本方向和目标，评价的是结构优化、创新开放、具有竞争力又能可持续发展的服务贸易。

## （二）北京市服务贸易高质量发展指数

本报告搜集了若干年份的数据，并用熵值法测算北京市服务贸易高质量发展指数。首先根据表 2 的计算方法将获取的数据进行测算，得出每一个指标的量化值。根据数据情况，为便于进一步测算，部分指标在使用熵值法时需要进行调整，表 3 展示了根据数据情况完善后的评价指标体系。为测算指数，本报告给各指标分别定义一个变量名，并规定其方向。运用 Stata16 计算得出各指标权重，如表 3 第六列所示。

表 3　完善后的北京市服务贸易高质量发展评价指标体系

| 维度 | 指标 | 计算方法 | 变量 | 方向 | 权重 |
|---|---|---|---|---|---|
| 贸易结构 | 生活性服务贸易结构比 | 北京市生活性服务贸易进出口额（亿美元）/北京市服务贸易进出口额（亿美元） | $x_1$ | + | 0.0750 |
| | 生产性服务贸易结构比 | 北京市生产性服务贸易进出口额（亿美元）/北京市服务贸易进出口额（亿美元） | $x_2$ | + | 0.0332 |
| | 服务货物贸易平衡度 | 北京市服务贸易总额（亿美元）/北京市货物贸易总额（亿美元） | $x_3$ | − | 0.0972 |
| | 服务贸易进出口平衡度 | 北京市服务贸易进口额（亿美元）/北京市服务贸易出口额（亿美元） | $x_4$ | − | 0.0332 |
| | 传统服务贸易结构比 | 北京市传统服务贸易进出口额（亿美元）/北京市服务贸易进出口额（亿美元） | $x_5$ | + | 0.0891 |
| | 新兴服务贸易结构比 | 北京市新兴服务贸易进出口额（亿美元）/北京市服务贸易进出口额（亿美元） | $x_6$ | + | 0.0429 |
| 竞争力 | RCA 指数 | [北京市服务贸易出口额(亿美元)/北京市贸易总出口额(亿美元)]/[全国服务贸易出口额(亿美元)/全国贸易总出口额(亿美元)] | $x_7$ | + | 0.0456 |

续表

| 维度 | 指标 | 计算方法 | 变量 | 方向 | 权重 |
|---|---|---|---|---|---|
| 竞争力 | CA 指数 | RCA=[北京市服务贸易进口额(亿美元)/北京市贸易总进口额(亿美元)]/[全国服务贸易进口额(亿美元)/全国贸易总进口额(亿美元)] | x8 | + | 0.0408 |
| | 国内市场占有率 | 北京市服务贸易总额(亿美元)/全国服务贸易总额(亿美元) | x9 | + | 0.0292 |
| | STO 指数 | 北京市服务贸易进出口额(亿美元)/北京市 GDP(亿美元) | x10 | + | 0.0533 |
| 开放水平 | 对外劳务合作人数占比 | 对外劳务合作年末人数(人)/北京市从业人员年末人数(万人) | x11 | + | 0.0954 |
| | 对外承包工程贡献率 | 新签合同额(亿美元)/北京市 GDP(亿美元) | x12 | + | 0.0623 |
| | 实际利用外资金额占全市比重 | 第三产业实际利用外资金额(亿美元)/北京地区实际利用外资金额(亿美元) | x13 | + | 0.0428 |
| 可持续 | 服务贸易带动就业人数 | 第三产业从业人员人数占全市比重(%) | x14 | + | ]0.0568 |
| | 第三产业能耗占比 | 第三产业能源消费总量占全市比重(%) | x15 | + | 0.0347 |
| 创新水平 | 知识产权使用费占比 | 北京市知识产权使用费总额(亿美元)/北京市服务贸易总额(亿美元) | x16 | + | 0.0375 |
| | 科学研究和技术服务业 R&D 经费投入率 | 科学研究和技术服务业 R&D 经费投入(亿元)/R&D 经费内部支出(亿元) | x17 | + | 0.0324 |
| | 信息传输、软件和信息技术服务业 R&D 经费投入率 | 信息传输、软件和信息技术服务业 R&D 经费投入(亿元)/R&D 经费内部支出(亿元) | x18 | + | 0.0985 |

进一步地,本报告测算了 2010～2018 年北京市服务贸易高质量发展指数(见图1)。北京市服务贸易高质量发展指数整体上呈上升趋势,尤其在 2014～2016 年从 0.38 提高至 0.65,在 2016 年后稍有下降但仍维持在较高水平。根据本报告梳理的政策情况(见表1),2016 年后支持服务贸易发展的政策数量显著增加,主要着力于优化结构、创新协调发展、扩大开放、提升竞争力等。政策内容涉及指导生产性服务贸易发展,巩固传统服务贸易并大力推动新兴服务贸易发展,以及减税促进服务贸易出口等。

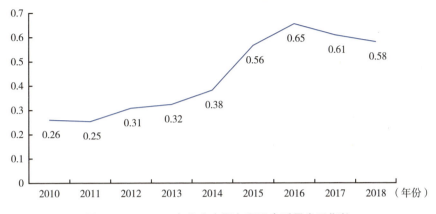

**图 1  2010~2018 年北京市服务贸易高质量发展指数**

资料来源：根据《北京统计年鉴》、北京市宏观经济与社会发展基础数据库中的统计数据测算结果绘制，除特别标注外，余同。

## 四  北京市服务贸易高质量发展水平评价

### （一）北京市服务贸易高质量发展水平分析

发展指数从总体上评价了北京市服务贸易高质量发展情况。为掌握北京市服务贸易在贸易结构、竞争力等 5 个方面的具体情况，本报告对每一个评价维度做进一步分析。

1. 贸易结构

总体上，生产性服务贸易结构比高于生活性服务贸易结构比。生产性服务贸易结构比在 2011 年创历史新高，随后尽管 2016~2017 年短暂"转降为升"，但整体缩小。生活性服务贸易结构比反之，2008 年后整体呈上升趋势，2013~2016年迅猛增长（见图 2）。通过比较两者的差距可以看出，在 2011 年之前生产性服务贸易结构比与生活性服务贸易结构比的差距整体上呈现出扩大的趋势，而2011 年之后两者的差距越来越小，甚至在 2016 年出现了反差，之后又出现了一个扩大趋势。此外，部分贸易不能被生活性与生产性服务所定义，本报告将这一部分定义为其他服务贸易。其他服务贸易的份额总体上维持在 0.03~0.22（见图 3）。

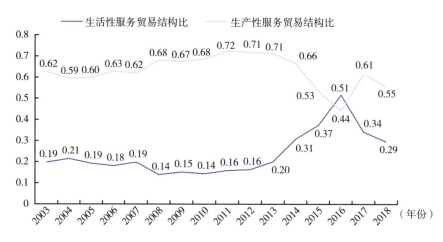

图 2　2003～2018 年生活性与生产性服务贸易结构比

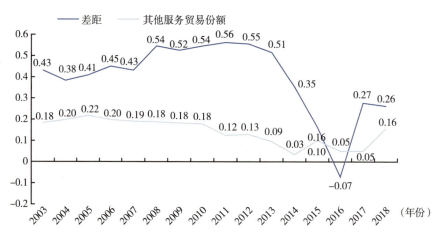

图 3　2003～2018 年生活性与生产性服务贸易结构比差距及其他服务贸易份额

图 4 与图 5 分别展示了 2003～2018 年北京市服务货物贸易平衡度和服务贸易进出口平衡度。平衡度越接近于 1，则表明两者关系越平衡。从服务货物贸易平衡度看，服务贸易占货物贸易的比例 2003～2013 年基本上维持在 0.23～0.30；2014～2016 年服务贸易占比上升，平衡度快速提高至 0.53；之后虽有所下降，但截至 2018 年，平衡度也维持在较高的水平。这体现出北京市货物与服务贸易趋向平衡。从服务贸易进出口平衡度看，2007～2010

年，进出口保持在相对平衡的状态；2007 年之前出口占主导地位；而 2010 年之后进口占主导地位，并且与出口的差距整体上呈扩大趋势。

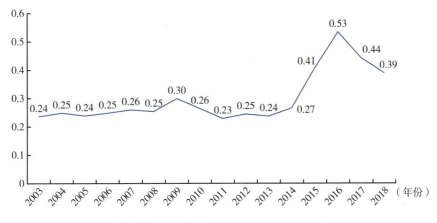

图 4　2003~2018 年服务货物贸易平衡度

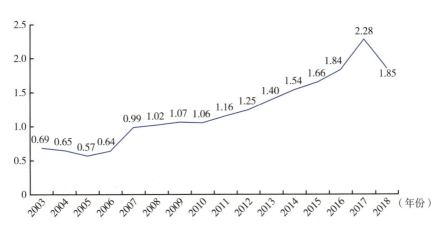

图 5　2003~2018 年服务贸易进出口平衡度

传统服务贸易结构比高于新兴服务贸易结构比（见图 6）。2013 年前新兴服务贸易结构比整体上呈现提高趋势，传统服务贸易结构比则反之；2013年后传统服务贸易结构比发生逆转，开始大幅度提高，至 2016 年创历史新高，达 0.67。为进一步比较两者的关系，图 7 展示了两种服务贸易结构比的差距。2013 年前两者差距整体上呈现缩小态势，至 2013 年两种服务贸易结构比差距缩小至 0.01。2013 后两者差距整体呈现跳跃式扩大趋势。到 2016 年，传统服务贸易结构比比新兴服务贸易结构比高出 0.38。

**图 6　2003~2018 年传统与新兴服务贸易结构比**

**图 7　2003~2018 年传统与新兴服务贸易结构比差距**

### 2. 竞争力

图 8 中 RCA 指数展示了北京市显示性比较优势指数情况。如前文所述，当 RCA 指数>2.5 则表明北京市服务贸易具有很强的竞争优势。2003~2018 年北京市服务贸易 RCA 指数都远高于 2.5，且总体上具有上升的趋势。这表明北京市服务贸易在全国范围内具有越来越强的显示性比较优势。该指数

在 2016 年达到历史新高，达 5.57。RCA 指数是基于出口测算的指数，并未考虑进口的影响。作为补充，图 9 反映了从出口的比较优势中减去进口的影响，从而得出的 CA 指数情况。2003~2018 年北京市 CA 指数均远大于 0，服务贸易具有比较优势。从时间变化趋势来看，该指数整体上迅猛提高，表明北京市服务贸易在全国范围内的竞争力整体上越来越强。2016 年后 CA 指数略有下降，但 2018 年（3.26）也优于基期（2.50）。图 10 反映了北京市服务贸易的国内市场占有率，可见从 2003 年的 0.15 上升到 2008 年的 0.21 之后，尽管部分年份略有下降，但总体上仍维持在这一水平。

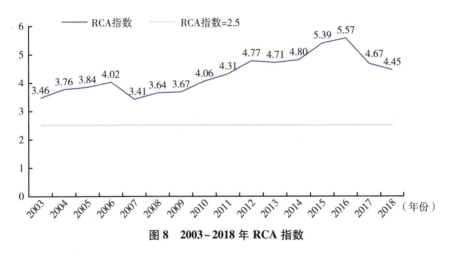

图 8　2003~2018 年 RCA 指数

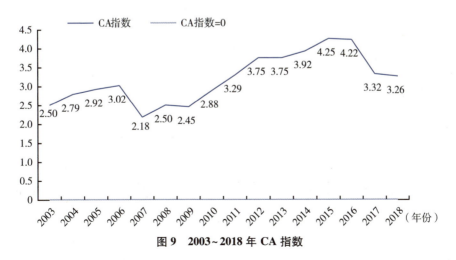

图 9　2003~2018 年 CA 指数

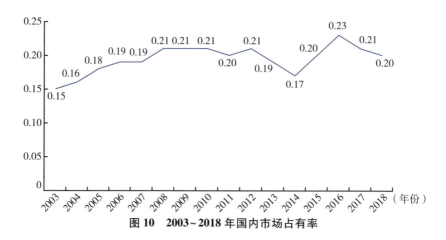

图 10　2003～2018 年国内市场占有率

### 3. 开放水平

由图 11 可知，2003～2020 年北京市 STO 指数总体维持在 0.23～0.41。由图 12 可知，2003～2020 年对外劳务合作人数占比总体上呈上升趋势，尤其是在 2016 年之后出现了跳跃式的增长，2019 年创历史新高，达 42.34%。次年对外劳务合作人数占比显著降低，主要由于新冠疫情冲击国际市场。由图 13 可知，对外承包工程贡献率在 2008 年达到巅峰，远高于其余年份，达 3.06%。剔除这一年，其他年份总体上呈波动式上升趋势。实际利用外资金额总体维持在较高水平（见图 14）。

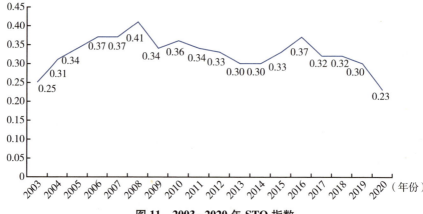

图 11　2003～2020 年 STO 指数

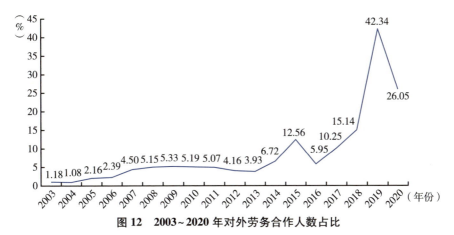

图 12　2003~2020 年对外劳务合作人数占比

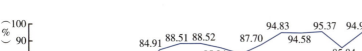

图 13　2003~2020 年对外承包工程贡献率

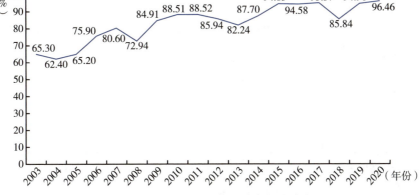

图 14　2003~2020 年实际利用外资金额占全市比重

### 4. 可持续

由图 15 可见，北京市服务贸易带动就业人数（第三产业从业人员人数占全市比重）在 2003~2020 年基本呈上升态势，体现了北京市服务贸易持续发展下去的内生动力日渐增强。虽然图 16 显示第三产业能耗占比有所增加，2003~2020 年亦基本呈上升态势，但总体趋势相对平缓。为进一步分析北京市服务贸易与资源环境相互协调的情况，本报告测算了 2004~2020 年第三产业能耗增长率（见图 17），可见总体上第三产业能耗增长率呈下降趋势，2010 年、2020 年甚至出现负增长，即产业能耗占比较前一年更低。

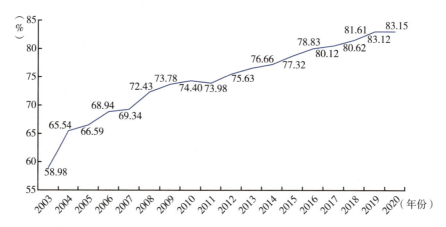

**图 15  2003~2020 年服务贸易带动就业人数（第三产业从业人员人数占全市比重）**

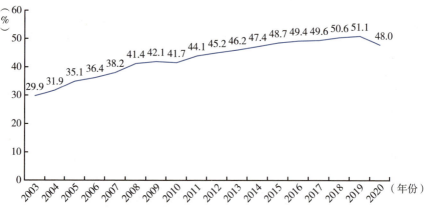

**图 16  2003~2020 年第三产业能耗占比**

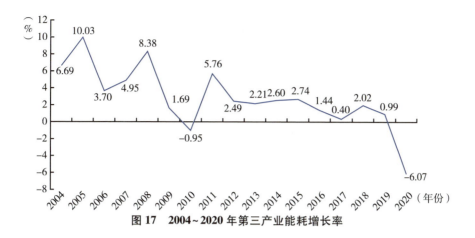

**图 17　2004~2020 年第三产业能耗增长率**

## 5. 创新水平

根据图 18 可知，2003~2018 年知识产权使用费占比虽不断波动，但基本上维持在 2.22%~3.66%。科学研究和技术服务业，信息传输、软件和信息技术服务业 R&D 经费投入率总体上保持稳定的状态，科学研究和技术服务业 R&D 经费投入率一直处于较高的水平。2015 年之后，信息传输、软件和信息技术服务业 R&D 经费投入率有所增加，而科学研究和技术服务业整体上有所下降，两者的差距呈缩小的态势（见图 19）。

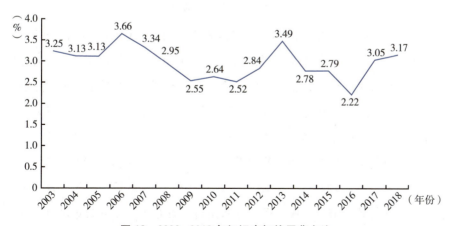

**图 18　2003~2018 年知识产权使用费占比**

图19 2010~2020年 R&D 经费投入率

### （二）北京市服务贸易高质量发展重点问题分析

通过对北京市服务贸易多个维度的分析，结合政策情况，本报告发现有以下问题值得注意。

第一，出口问题复杂顽固。早在"十五"时期，有关部门就指出北京市出口企业、商品和市场的集中度偏高，内资企业拥有自主知识产权和自主品牌的出口商品比重较低等问题，并提出实施出口多元化、巩固传统并开拓新兴服务出口市场、科技带动出口等战略。此外，2008年，《商务部关于2008年服务贸易工作的意见》提出要大力促进重点行业出口、推动运输服务出口、大力促进软件和技术出口、培育重点出口企业、促进专业人士服务出口等工作重点。《2010年服务贸易工作要点》依然强调出口的工作要点，提出一系列促进重点领域出口的指导措施。"十二五"期间我国服务贸易面临国际金融危机、全球经济复苏缓慢、服务贸易需求不振等挑战，《服务贸易发展"十二五"规划纲要》将重点行业的出口设为主要任务，并且设定了新兴服务贸易的出口规模目标。尽管出台、发布了一系列政策高度关注出口发展问题，但根据前文中计算的服务贸易进出口平衡度可知，出口数据仍不容乐观，北京市出口问题错综复杂。

第二，体育盛会、国际会议意义非凡。北京市 2008 年 STO 指数和对外承包工程贡献率达到巅峰。《北京市"十一五"时期外经贸发展规划》提出，抓住承办 2008 年奥运会的新机遇，创新管理体制和工作措施，创造性地开展外经贸工作，并把完善首都现代化口岸体系、带动周边区域经济共同发展作为发展重点。2016 年，全球服务贸易峰会在北京成功举办，从本报告数据分析结果看，同年 RCA 指数与国内市场占有率均达到巅峰，CA 指数也处于次高峰，体现了北京市强劲的竞争力。从北京市响应和发布的政策来看，北京市高度重视发挥体育盛会、国际会议的平台作用，抓住机遇扩大对外开放且成效显著。

第三，新兴服务贸易发展受挫明显。2013 年，北京市传统服务贸易与新兴服务贸易结构比变化趋势出现逆转，传统服务贸易结构比由降转升，新兴服务贸易结构比反之，两者的差距由逐步缩小变为逐步扩大。然而，图 18 表明知识产权使用费占比在该年并不低，甚至处于次高水平。"十二五"时期，新兴服务贸易受到较大冲击，政府出台一系列政策旨在推动新兴服务贸易发展。现阶段，同样面临国际环境不稳定等挑战，新兴服务贸易的发展更需重视。

第四，针对性政策成效显著。2016 年生产性服务贸易结构比与生活性服务贸易结构比发生逆转，且差距呈现进一步扩大的趋势。2016 年《北京市人民政府关于进一步优化提升生产性服务业加快构建高精尖经济结构的意见》发布，就优化提升生产性服务业提出一系列战略措施，并设定"全面优化提升生产性服务业。到 2020 年，生产性服务业对首都经济增长的贡献进一步增加，占地区生产总值的比重稳步提高，质量效益明显提升，服务功能显著增强"的战略目标。

# 五　服务贸易对北京市宏观经济的拉动作用评价

服务贸易越来越成为世界经济贸易发展的重要动力，不断丰富的服务贸易领域成为经济新的增长点，推动经济贸易可持续发展。北京市服务贸易在优化人力资源结构、缓解失业矛盾、优化经济结构、吸引外资等方面具有突出的作用。

### （一）优化人力资源结构，促进产业转型升级

2020年北京市法人单位从业人员劳动报酬数据显示，信息传输、软件和信息技术服务业劳动报酬位居榜首，达2897.2亿元，占全市劳动报酬的17.94%；租赁和商务服务业、科学研究和技术服务业分别占全市劳动报酬的9.96%和9.65%，分别位居第三、第四（见图20）。表4为2015~2019年北京市城镇单位在岗职工平均工资排名靠前的行业，大部分属于服务业。一方面，较高的工资水平更大程度地吸引知识型人才从事该领域工作，发挥知识型人才的作用，进一步推动服务业转型升级，提高服务业知识水平、科技含量和创新能力。另一方面，较高的工资水平增加居民可支配收入，居民生活水平得以提高，进而激发更多更广的国内外服务需求，进一步促进服务贸易发展，提高国内循环能力，扩大国际贸易规模。

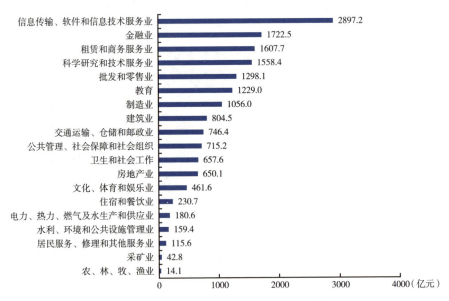

图20　2020年北京市法人单位从业人员劳动报酬

表4  2015~2019年北京市城镇单位在岗职工平均工资

单位：元

| 行业 | 2019年 | 2018年 | 2017年 | 2016年 | 2015年 |
|---|---|---|---|---|---|
| 其他金融业 | 427227 | 400018 | 325368 | 255898 | 237205 |
| 资本市场服务 | 362801 | 354167 | 360166 | 375988 | 467698 |
| 货币金融服务 | 361465 | 344342 | 313082 | 297675 | 275003 |
| 烟草制品业 | 284781 | 259835 | 240857 | 228741 | 223585 |
| 电信、广播电视和卫星传输服务 | 272001 | 249693 | 221476 | 186354 | 164247 |
| 保险业 | 268925 | 247312 | 237643 | 226262 | 215304 |
| 广播、电视、电影和影视录音制作业 | 268226 | 215138 | 186962 | 181676 | 176276 |
| 互联网和相关服务 | 255218 | 207722 | 176904 | 152000 | 140810 |
| 信息传输、软件和信息技术服务业 | 236143 | 207285 | 182914 | 169695 | 158210 |
| 研究和试验发展 | 231127 | 202402 | 183145 | 163815 | 156765 |
| 卫生 | 224717 | 199473 | 179510 | 157183 | 147464 |
| 石油和天然气开采业 | 220438 | 262597 | 163653 | 140637 | 133064 |

注：在岗职工平均工资指企业、事业、机关等单位的在岗职工在一定时期内的人均劳动报酬。它表明一定时期在岗职工工资收入的高低程度，是反映在岗职工工资水平的主要指标。计算公式为：在岗职工平均工资＝报告期实际支付的全部在岗职工工资金额/报告期全部在岗职工人数。

## （二）缓解失业矛盾，维持社会和谐稳定

2000~2020年，北京市第三产业从业人数从338.2万人增长到1047.2万人，占全市比重由54.6%增加到83.1%（见图21）。2000~2020年，第三产业从业人员比例均远高于第一、第二产业，并基本上保持稳定的增长趋势，第一产业与第二产业则反之（见图22）。北京市服务业巨大的就业容量，在缓解失业矛盾、维持社会和谐稳定方面发挥关键作用。服务业的发展为服务贸易奠定坚实的基础，反之，服务贸易通过拓宽服务业经济活动领域等方式激发服务业市场活力，二者相互交融、联动发展。服务贸易行业门类丰富、层次较多，高知识含量的领域吸纳创新型、知识型人才，高技术含量的领域吸纳技术型人才，低知识与技术含量的领域吸纳普通大学生，更大程度地缓解结构性失业矛盾，促进社会和谐稳定和经济高质量发展。

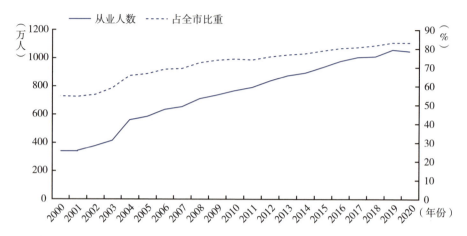

**图21 2000～2020年北京市第三产业从业人数及其占全市比重**

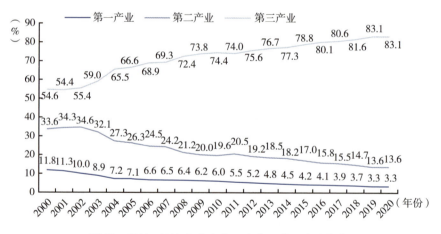

**图22 2000～2020年北京市三次产业从业人员构成**

## （三）优化经济结构，推动经济持续增长

改革开放以来，北京市第三产业增加值逐步增加，且增长迅猛，与第一、第二产业差距越来越大，成为北京市促进国民经济增长的主要产业（见图23）。2000～2020年，第三产业劳动生产率大幅提高，2000年为65302元/人，到2020年达287651元/人；占全市比重历年均高于100%

（见图24）。第三产业增加值稳步提高，从2000年的2174.9亿元增长至2020年的30278.6亿元，占全市比重从66.4%增加至83.8%（见图25）。随着传统发展模式弊端日渐突出，资源环境与制造成本的增加越来越限制经济的发展，服务业所具有的高劳动生产率和增加值、低资源消耗的优势使其成为新增长领域的必然选择。服务贸易进一步推动服务业的发展。

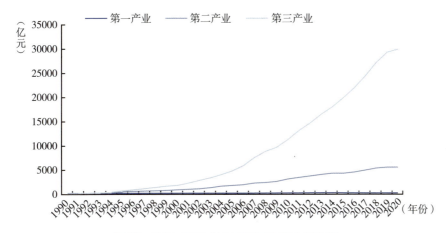

图23　1990~2020年北京市三次产业增加值

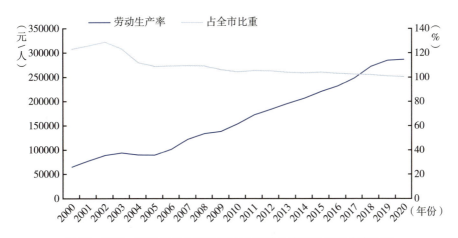

图24　2000~2020年北京市第三产业劳动生产率及其占全市比重

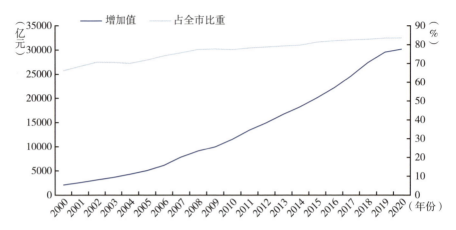

**图 25　2000~2020 年北京市第三产业增加值及其占全市比重**

### （四）吸引外资，激发经济活力

2017 年前北京市第三产业实际利用外资金额整体呈增长趋势，尤其在 2013 年后出现大幅增长；尽管 2017 年后有所下降，但也保持在较高水平，到 2020 年仍达 136.0 亿美元。占全市比重总体维持在较高水平，2020 年达 96.5%（见图 26）。服务贸易增加国内外经济主体的交流合作，吸引外资进

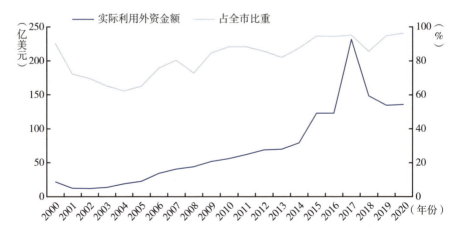

**图 26　2000~2020 年北京市第三产业实际利用外资金额及其占全市比重**

入，解决国内企业资金来源不足的问题。为吸引外资，国内企业更有动力提高自主创新能力，以先进的科学技术提升企业国际竞争力、资本吸引力。国外先进、优质服务的进入也将促进国内生产力水平和生活水平的提高，进一步促进产业和消费升级。

## 六　北京自贸区与其他自贸区的比较分析

为探索北京市服务贸易高质量发展新模式、新路径，本报告选取上海、广东和福建三个自贸区进行比较分析。

### （一）服务贸易现状

中国（上海）自由贸易试验区于 2013 年 9 月 29 日正式成立，早于其他三个自贸区，具有丰富的实践经验。鉴于数据的可获得性，本报告对北京、上海 2016 年、2017 年和 2018 年三年的服务贸易情况进行了比较分析。上海服务贸易进出口额三年均高于北京，依次领先 510.20 亿美元、520.44 亿美元、368.84 亿美元。两地区在出口方面差距甚微，2016 年北京服务贸易出口额领先上海 33.03 亿美元，2017 年和 2018 年上海分别领先北京 87.09 亿美元、33.01 亿美元，可以看出两地区的差距主要来源于进口（见图 27）。

为进一步分析两地区在服务贸易各领域的表现情况，本报告将对两地区不同门类贸易额进行比较分析。从进出口情况看，上海在旅行服务和知识产权费方面领先于北京，尤其在旅行服务方面与北京拉开较大差距。北京在运输服务，建筑服务，保险和养老金服务，金融服务，电信、计算机和信息服务，文化和娱乐服务以及其他服务门类上均领先于上海，尤其在建筑服务、保险和养老金服务、其他服务方面领先优势明显（见图 28）。

分进口和出口情况看，旅行服务进口主要指向本国的旅行者提供出境旅行服务，或者在国内消费由外国旅行经营者提供的旅行相关服务，以及在旅行服务进口过程中产生的必需的配套设施及原材料等；而旅行服务出口主要

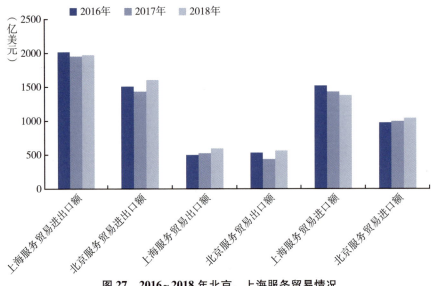

**图27　2016~2018年北京、上海服务贸易情况**

资料来源：根据《北京统计年鉴》《上海统计年鉴》、北京市宏观经济与社会发展基础数据库中的统计数据测算结果绘制，图28~图37同。

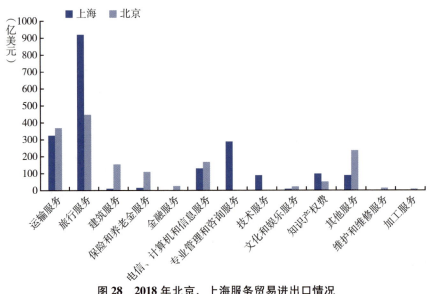

**图28　2018年北京、上海服务贸易进出口情况**

说明：由于统计口径的不同，上海公开的专业管理和咨询服务及技术服务在北京公开的数据里未予以采用。相应地，北京公开的维护和维修服务及加工服务在上海公开的数据里未予以采用。因此，上述四个项目在图中均只展示了一个地区。

指向入境旅行者提供的旅行服务或本国旅行经营者在境外提供的各种旅行服务。两地区在旅行服务出口方面差距并不大，北京略领先于上海。上海旅行服务进口规模较大，北京与之差距较为明显。这反映出上海居民对出境旅行的巨大需求。两地区的知识产权费均为进口占主导，北京知识产权费进口仅约为上海的50%，一定程度上反映了上海在创新方面的努力。北京在建筑服务，电信、计算机和信息服务方面具有较大的出口优势。尤其在建筑服务方面，2018年北京建筑服务出口达118.86亿美元，进口为35.26亿美元；相应地，上海建筑服务进出口均不到7亿美元。两地区运输服务均以进口为主，北京运输服务贸易实现261.88亿美元逆差（见图29）。

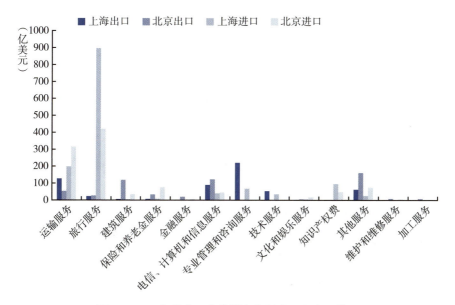

**图29　2018年北京、上海服务贸易进口和出口情况**

为进一步探索两地区服务贸易优势门类的发展情况，本报告对两地区的相应产业进行更深入的分析。首先，分析两地区在知识产权费方面的差异以及形成上海优势可能的原因。在知识产权费方面，北京与上海存在差距的原因更多的在于进口。从其出口来看，两者的差距较小，这与北京自主创新的能力具有较大关系。由图 30 可知，2010~2020 年北京 R&D 经费内部支出与 R&D 经费内部支出相当于地区生产总值比例均领先于上海，且在 2017 年后实现更快增长，反映出北京较高的科技创新投入水平。通过对比两地区技术合同成交总额情况发现，2015~2020 年北京技术合同成交总额均远高于上海（见图 31）。具体而言，技术合同可分为技术开发合同、技术转让合同、技术咨询合同、技术服务合同四类。从技术合同构成情

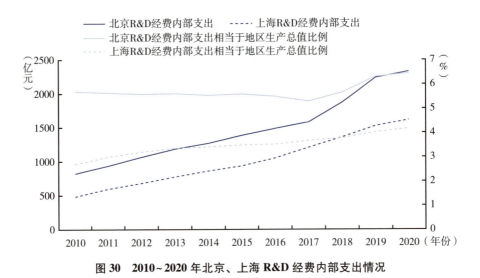

图 30　2010~2020 年北京、上海 R&D 经费内部支出情况

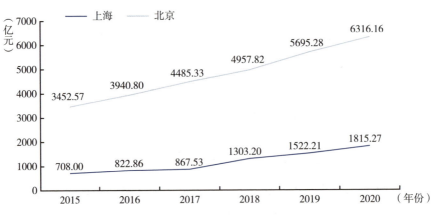

图 31　2015~2020 年北京、上海技术合同成交总额情况

212

况看，北京技术开发合同成交额除 2019 年略低于上海外，其他年份均领先于上海（见图 32）。2019 年前上海技术转让合同成交额高于北京，2019 年、2020 年被北京赶超，尤其在 2019 年，北京技术转让合同成交额超上海 432.95 亿元（见图 33）。2015～2020 年，北京技术咨询、技术服务合同成交额均高于上海，尤其是技术服务，上海合同成交额仅为北京的 3%～8%（见图 34、图 35）。可见北京除技术转让外，其他合同均表现出较高的成交额和成交水平。

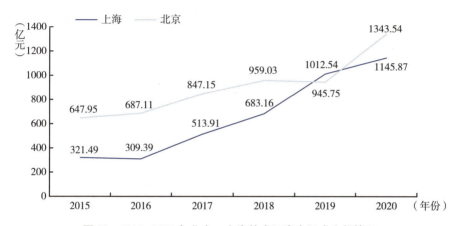

**图 32　2015～2020 年北京、上海技术开发合同成交额情况**

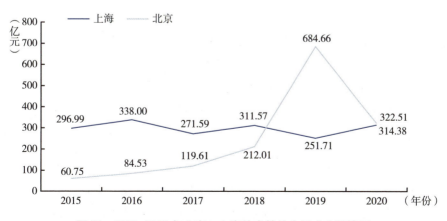

**图 33　2015～2020 年北京、上海技术转让合同成交额情况**

213

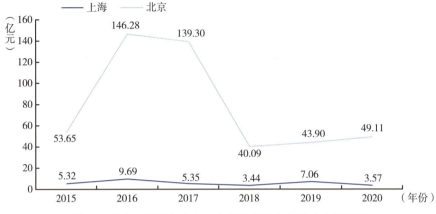

图 34 2015~2020 年北京、上海技术咨询合同成交额情况

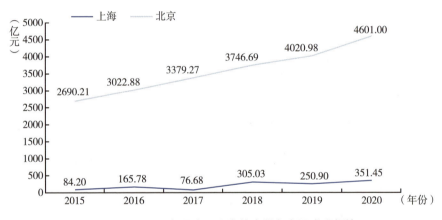

图 35 2015~2020 年北京、上海技术服务合同成交额情况

其次，上海旅行服务进口规模远远大于北京，反映了上海对旅行服务进口的巨大需求。居民收支情况可能会影响到对旅行服务进口的消费需求。从两地区全市居民家庭人均收入情况可以看出，上海近几年领先于北京，且差距整体上呈现出扩大的趋势，尤其在 2020 年，上海全市居民家庭人均收入达 72232 元，领先北京 2798 元（见图 36）。从两地区全市居民家庭人均消费支出情况看，上海也领先于北京，且领先的差距整体上呈现出扩大的趋势。2020 年上海全市居民家庭人均消费支出 42536 元，领先北京 3633 元（见图 37）。

图36 2015~2020年北京、上海全市居民家庭人均收入情况

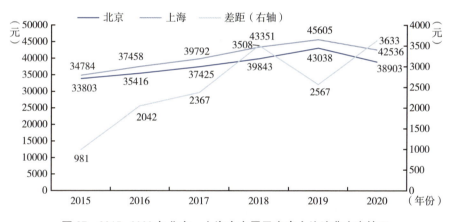

图37 2015~2020年北京、上海全市居民家庭人均消费支出情况

## （二）战略定位及发展优势

北京自贸区于2020年9月正式揭牌，涵盖科技创新、国际商务服务和高端产业三个片区。科技创新片区重点发展新一代信息技术、生物与健康、科技服务等产业，致力于打造数字经济试验区、全球创业投资中心、科技体制改革先行示范区；国际商务服务片区重点发展数字贸易、文化贸易、商务会展、医疗健康、国际寄递物流、跨境金融等产业，打造临空经济创新引领示范区；高端产业片区重点发展商务服务、国际金融、文化创意、生物技术和大健康等产业，

建设科技成果转换承载地、战略性新兴产业集聚区和国际高端功能机构集聚区。2020 年 9 月，国务院发布《中国（北京）自由贸易试验区总体方案》，将北京自贸区的主要任务和措施定位于推动投资贸易自由化便利化、深化金融领域开放创新、推动创新驱动发展、创新数字经济发展环境、高质量发展优势产业、探索京津冀协同发展新路径、加快转变政府职能。

上海自贸区是我国外贸发展最早的自贸区，拥有悠久的历史和丰富的经验。2013 年国务院印发《中国（上海）自由贸易试验区总体方案》，2013 年 9 月中国（上海）自由贸易试验区正式成立，涵盖上海市外高桥保税区、外高桥保税物流园区、洋山保税港区和上海浦东机场综合保税区等 4 个海关特殊监管区域。其中，洋山保税港区与外高桥保税区之间已开通水上"穿梭巴士"集装箱驳运系统。2014 年 12 月 28 日全国人大常务委员会授权国务院扩展陆家嘴金融片区、金桥开发片区和张江高科技片区。2017 年出台《全面深化中国（上海）自由贸易试验区改革开放方案》，将上海定位于面向全球、全方位的改革和开放试验田，提出重点服务"一带一路"建设和引领长江经济带发展，在科技与制度创新、体制改革、扩大开放等各方面做出显著成绩。

广东自贸区于 2014 年 12 月经国务院正式批准设立，涵盖广州南沙、深圳前海、珠海横琴三个片区。其中，广州南沙片区主要功能布局为航运物流、特色金融、国际商贸、高端制造等生产性服务业；深圳前海片区主要功能布局为金融、现代物流、信息服务、科技服务等战略性新兴服务业；珠海横琴片区定位于旅游休闲健康、金融服务、文化科技和高新技术等产业。战略定位为依托港澳、服务内地、面向世界，将自贸区建设成为全国新一轮改革开放先行地、21 世纪海上丝绸之路重要枢纽和粤港澳深度合作示范区。建设国际化、市场化、法治化营商环境，深入推进粤港澳服务贸易自由化，强化国际贸易功能集成，深化金融领域开放创新，增强自贸区辐射带动功能。

福建自贸区于 2014 年 12 月由国务院正式批复设立，涵盖福州、厦门、平潭三个片区。其中，平潭作为两岸共用家园和国际旅游岛，主要实施投资贸易和资金、人员往来自由便利措施；厦门是两岸新兴产业和现代服务业合作示范区、东南国际航运中心、两岸区域性金融服务中心和两岸贸易中心；福州是先进制造业基地、海上丝绸之路沿线国家和地区交流合作平台、两岸服务贸易与金融创新合作示范区。福建自贸区以切实转变政府职能、推进投资管理体制改革、推进贸易发展方式转变、率先推进与台湾地区投资贸易自由化、推进金融领域开放创新、培育平潭开放开发新优势为主要任务和措施。

我国开展国际贸易活动大部分以航空和海运作为主要客货联系途径。相较于上海、广东、福建等沿海地区，海运是北京的短板。但从图38和图39可见，2011~2019年北京首都机场旅客吞吐量远高于其他机场，2019年达10001万人，世界排名第二；2019年货邮吞吐量达196万吨，世界排名第十五，国内排名第二，次于上海浦东机场。2020年受新冠疫情冲击，北京首都机场旅客吞吐量急剧下滑，次于广州白云机场。但同时2019年北京大兴机场投入运营，一年内旅客吞吐量赶超厦门高崎机场，并保持高速增长态势。从三大机场（首都、南苑和大兴）总量上看，北京旅客吞吐量在2014年前居于国内首位，之后被上海赶超。上海坐拥浦东和虹桥两大机场，长期以来客货运量均位居国内首列。从货邮吞吐量看，上海浦东机场保持着超强的优势，2011~2021年远高于其他机场。北京首都机场和大兴机场两大机场联动发展，有助于建设世界级航空枢纽，大力提高服务贸易便利化水平。

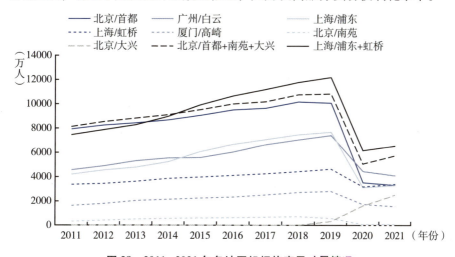

图38　2011~2021年各地区机场旅客吞吐量情况

资料来源：各地区统计年鉴。

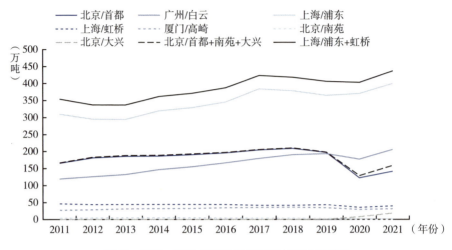

图例：
北京/首都　　　广州/白云　　　　　上海/浦东
上海/虹桥　　　厦门/高崎　　　　　北京/南苑
北京/大兴　　　北京/首都+南苑+大兴　上海/浦东+虹桥

**图39　2011~2021年各地区机场货邮吞吐量情况**

资料来源：各地区统计年鉴。

# 七　主要研究结论及对策建议

## （一）主要研究结论

第一，北京市服务贸易发展总体向好。具体来看，北京市服务贸易高质量发展指数总体呈上升趋势。生活性服务贸易结构比与生产性服务贸易结构比差距整体上呈现缩小态势。

第二，北京市服务贸易极具竞争优势。RCA与CA两种竞争力指数都反映出北京市服务贸易越来越强的竞争力。国内市场占有率迅猛提升之后维持在较高的水平，体现了北京市服务贸易国内市场占有率高且发展稳定的特点。

第三，北京市服务贸易可持续发展动力强劲。北京市作为我国服务贸易发展的引领性城市，在保持发展的同时，避免了第三产业能耗过快增长，甚至使增长率大体呈下降趋势。这体现了北京市服务贸易与资源环境协调发展的能力。同时，稳定增长的服务贸易带动就业人数（第三产业从业人员人数占全市比重）也体现了可持续发展的强大内生动力。

第四，北京市服务贸易平衡度有待提升。一方面，北京市服务与货物贸易虽日趋平衡，但服务贸易的比例仍有待提升。另一方面，服务贸易进出口在 2010 年后整体上有向不平衡发展的趋势。结合目前加强服贸出口的政策目标，提高进出口的平衡度更有利于服务贸易高质量发展。

第五，生活性服务贸易应多受关注。生活性服务贸易结构比在高质量发展评价指标体系中占重要地位。从本报告的分析看，生活性服务贸易结构比在经历迅猛增长后出现下降。从服务贸易高质量发展的目标出发，生活性服务贸易结构比的增长还需保持。

第六，北京市服务贸易创新水平仍需提高。虽然北京市服务贸易的创新水平已较高，但无明显提升趋势。此外，从贸易结构中可看出，在 2013 年之后，新兴服务贸易结构比出现下降。为响应当下创新驱动的号召，新兴服务贸易结构比仍有待提升。

## （二）对策建议

### 1. 持续促进服务贸易出口

北京市服务贸易出口乏力多年来受到各部门高度关注，但迄今为止出口规模和质量都有待提升，服务贸易出口的潜力还未充分发挥，积极的服务贸易出口政策还需持续。现有的政策内容涉及扩大技术服务出口，支持特色服务出口，支持文化出口，实现服务贸易与服务业有机融合、互动发展，激发文旅产业活力，扩大对外承包工程、劳务合作、运输、旅游、分销等服务出口规模等。具体措施包括税收优惠，比如零税率政策支持出口、贴息、完善出口信用保险机制等财税金融手段，为服务贸易出口营造良好环境，以及引导出口企业加强知识产权管理和创造能力等。有关部门应考虑采取以下措施以扩大服务贸易出口规模、提升服务贸易质量。第一，优先发展重点领域以带动其他门类发展，如金融、保险等资本密集型服务贸易，抓住疫情后经济金融恢复的机会，改善服务贸易新兴/传统结构，发挥北京市旅游和运输优势。第二，着力培育服务贸易出口主体，尤其是在优势和重点领域培育具有国际竞争力的企业。第三，逐步放宽服务贸易出口人员的管理限制。

## 2. 着力推进新兴服务贸易

新兴服务主要依托现代管理理念和信息技术，具有资本密集、知识含量高、附加值高、产业延展性强、满足社会多元化需求等特点。新兴服务是相对于传统服务的概念，并非固定的某些服务类别。在服务贸易种类不断丰富的过程中，新兴服务涵盖的范围也相应变化，推动新兴服务贸易，实质上是把握住现代服务发展的先导。第一，把握新兴产业，随着新一轮科技革命的发展和产业变革的深入，信息技术、人工智能等发展迅速，抓住新兴科技发展的机遇，重点培育和支持新兴服务贸易。第二，开拓新兴市场，在深化与发达经济体合作的同时，积极探索未开拓的服务贸易市场，让中国特色服务、北京特色服务"走出去"，扩大服务外贸市场范围。第三，挖掘新兴服务贸易方式，鼓励企业自主创新，利用新渠道开展服务贸易，增强服务贸易抗风险能力。

## 3. 进一步扩大开放，完善市场准入和退出机制

近年来中美贸易摩擦、新冠疫情相继冲击，我国对外贸易面临更多的不稳定和不确定性，世界经济萎靡，经济结构正在重塑，开放体系也处于动态调整中。在此背景下，扩大开放是必然之选。首先，要在充分发掘国内贸易市场潜力的同时，加大对外开放力度，在保证安全的前提下更大程度地放宽市场准入，创造更加良好的投资环境，充分吸引外资，持续利用外资。其次，要进一步优化营商环境，充分激发服务企业的潜能，引导服务企业加强知识产权保护、利用和管理能力，推动服务企业"走出去"，为企业开展服贸活动创造更好的条件，推动服务贸易的发展。

## 4. 充分发挥交流合作平台的积极作用

北京市作为多个国家级、国际性交流合作平台的主办地，具有强大的资源整合利用能力，在国际服务贸易交流合作中起到重要的纽带作用。服贸会是全球唯一的综合性服务贸易平台，涵盖服务贸易十二大分类领域，在加快服务贸易消费升级中发挥重要作用，给各国企业进军国际服贸市场提供了机遇，吸引国外优质服务，推动企业"走出去"。此外，中关村论坛是面向全球的科技创新交流合作重要平台；金融街论坛作为中国金融改革发展风向标

之一，在国内外享有盛誉，是北京市高质量发展和对外开放的重要平台。

5. 激发生活性服务贸易潜力

生活性服务贸易对服务贸易高质量具有较大的贡献。虽然中美贸易摩擦对机电产品、高新技术产品出口造成的打击较大，生活性产品受影响却较小。服装等产品出口在 2020 年甚至恢复到比贸易摩擦前更高的水平，与之配套的服务贸易也面临发展机遇。互联网发展使生活性服务贸易在新冠疫情冲击前表现出超强的韧性，在疫情管控下也体现出生机，生活性服务贸易潜力巨大。

6. 提高服务贸易与货物贸易的融合程度

北京市服务贸易规模远小于货物贸易，尽管近年来比重有所提升，但二者仍存在较大差距。强劲的货物贸易对服务贸易具有明显的拉动作用，为服务贸易的发展提供了机遇。2018 年前，北京市印刷电路、金属制品、机电设备、电器及电子产品以及仪表仪器等机电产品的出口规模巨大。考虑到这一系列产品多数对维修和售后服务具有较大需求，出口涉及产品的运输，且此类经济活动与金融、保险等服务密切相关，服务贸易可以随着商品出口同步推进。虽然 2018 年中美贸易摩擦给机电产品和高新技术产品的出口带来了巨大冲击，但一是货物贸易带动服务贸易的效益不会变，二是过去出口的大部分商品还处于服务需求期，可以在已有的货物贸易中开拓服务贸易市场，三是随着客观环境的变化，货物贸易也终将迎来新的机会。

**参考文献**

A. Martin, Andresen, "The Evolving Quality of Trade Between Canada and the United States," *Canadian Geographer* 1 (2008).

C. -H. Liao, "Measuring Quality in International Trade," *Economic Systems* 1 (2011).

J. Squalli, K. Wilson, "A New Measure of Trade Openness," *The World Economy* 10 (2011).

V. Q. Trinh, Nguyen, Vo, "Export Quality Upgrading and Environmental Sustainability:

Evidence from the East Asia and Pacific Region," *Research in International Business and Finance* 60 (2022).

J. Carneiro, A. Rocha, J. F. Silva, "A Critical Analysis of Measurement Models of Export Performance," *BAR-Brazilian Administration Review* 4 (2007).

闫国庆、陈丽静：《对我国外贸发展规模与质量问题几点思考》，《经济问题》2002年第 12 期。

喻志军、姜万军：《中国对外贸易质量剖析》，《统计研究》2013 年第 7 期。

张定法等：《中国服务贸易高质量发展：理论机理、突出短板和实现路径》，《宏观经济研究》2021 年第 4 期。

陈飞翔、吴琅：《由贸易大国到贸易强国的转换路径与对策》，《世界经济研究》2006 年第 11 期。

程春梅、刘洪顺：《试论外贸竞争力评价指标体系》，《商业时代》2005 年第 8 期。

毛群英：《衡量贸易竞争力的指标体系及评价方法探析》，《经济管理》2008 年第 Z1 期。

林红：《服务贸易竞争力内生性因素的实证研究》，《科研管理》2010 年第 5 期。

张少杰、林红：《"金砖五国"服务业国际竞争力评价与比较研究》，《中国软科学》2016 年第 1 期。

谷志红等：《对外贸易可持续发展的评价指标体系及模型》，《统计与决策》2005 年第 9 期。

蒲艳萍、王玲：《我国对外贸易可持续发展能力的综合评价》，《国际贸易问题》2007 年第 7 期。

何莉：《基于 AHP 的中国对外贸易质量综合评价》，《国际经贸探索》2011 年第 9 期。

朱启荣：《中国外贸发展方式转变的实证研究》，《世界经济研究》2011 年第 12 期。

朱启荣、言英杰：《中国外贸增长质量的评价指标构建与实证研究》，《财贸经济》2012 年第 12 期。

汤婧、夏杰长：《我国服务贸易高质量发展评价指标体系的构建与实施路径》，《北京工业大学学报》（社会科学版）2020 年第 5 期。

付文字等：《中国对外贸易高质量发展的测度与评价》，《统计与决策》2021 年第 22 期。

王军敏：《试论服务贸易的概念》，《国际贸易问题》1995 年第 12 期。

陶明：《完善服务贸易数据统计：国外的实践与我国的对策》，《统计研究》2000 年第 10 期。

王亚菲：《GATS 模式 4 服务贸易的统计范围与数据来源研究》，《统计研究》2008 年第 2 期。

# 附录一 北京高质量发展相关政策

| 政策名称 | 发文机构 | 时间 | 相关内容 |
|---|---|---|---|
| 政府工作报告 | 北京市人民政府 | 2022年1月6日 | 强化规划战略引领,推动形成京津冀世界级城市群主干构架。加快国际科技创新中心建设,构筑创新驱动发展新优势。积蓄数字化新势能,增强高质量发展内生动力。推动引领性制度创新,打造改革开放北京样板。深化精治共治法治,提高城市精细化管理水平。优先发展农业农村,以更大力度统筹城乡区域发展。强化全国文化中心建设,促进首都文化繁荣发展。紧扣"七有"要求和"五性"需求,持续保障和改善民生。统筹发展和安全,建设人民满意的安全城市。努力提升政府治理效能和服务水平 |
| 关于北京市2021年国民经济和社会发展计划执行情况与2022年国民经济和社会发展计划的报告 | 北京市发展和改革委员会 | 2022年1月18日 | 在做好冬奥筹办和服务保障上精益求精,为世界奉献一届简约、安全、精彩的奥运盛会;在推动高水平科技自立自强上寻求突破,为我国进入创新型国家前列提供坚实支撑;在提升数字经济核心竞争力上抢占先机,加快建设全球领先的数字经济新体系;在扩内需、优供给上加力提效,增强供需结构适配性和灵活性;在"两区"政策和项目落地上力求实效,加快打造对外开放和制度创新的新高地;在推动区域协调发展上强化统筹,进一步提高城市发展平衡性和协调性;在解决群众急难愁盼问题上全力以赴,不断提升城市精细化治理水平 |

续表

| 政策名称 | 发文机构 | 时间 | 相关内容 |
|---|---|---|---|
| 2022 年北京市政府工作报告重点任务清单 | 北京市人民政府 | 2022 年 1 月 30 日 | 办好北京 2022 年冬奥会和冬残奥会;强化规划战略引领,推动形成京津冀世界级城市群主干构架;加快国际科技创新中心建设,构筑创新驱动发展新优势;积蓄数字化新势能,增强高质量发展内生动力;推动引领性制度创新,打造改革开放北京样板;深化精治共治法治,提高城市精细化管理水平;优先发展农业农村,以更大力度统筹城乡区域发展;强化全国文化中心建设,促进首都文化繁荣发展;紧扣"七有"要求和"五性"需求,持续保障和改善民生;统筹发展和安全,建设人民满意的安全城市;努力提升政府治理效能和服务水平 |
| 北京市营商环境创新试点工作实施方案 | 北京市人民政府 | 2022 年 1 月 30 日 | 进一步破除妨碍市场资源配置的不合理限制。建立健全更加开放透明、规范高效的市场主体准入和退出机制。持续提升投资和建设便利度。更好地支持市场主体创新发展。持续提升跨境贸易便利化水平。优化外商投资和国际人才服务管理。维护公平竞争秩序。进一步创新监管方式,加大监管力度。依法保护各类市场主体合法权益。优化经常性涉企服务 |
| 关于推进北京城市副中心高质量发展的实施方案 | 中共北京市委办公厅 北京市人民政府办公厅 | 2022 年 2 月 11 日 | 强化科技创新引领,服务支撑北京国际科技创新中心建设;强化与中心城区联动发展,承接非首都功能疏解;提升金融商务服务功能,建设国际商务服务新中心;加快文化体育旅游发展,打造文旅商融合发展示范区;坚持绿色发展理念,建设国家绿色发展示范区;落实四统一要求,加快建设通州区与北三县一体化高质量发展示范区;紧抓"两区"建设契机,厚植服务业扩大开放新优势;发展消费新业态新模式,打造国际消费中心城市新引擎;坚持规划引领,实施高标准规划建设管理;强化数字治理,加快建设智慧城市;坚持交通先行,构建便捷高效现代交通体系;紧扣"七有"要求和"五性"需求,提升公共服务水平;强化人才保障,打造专业人才新高地;强化财政金融支持,有效保障城市建设发展需要;探索土地管理利用制度改革,提高土地集约利用水平;坚持"房住不炒"定位,推进区域职住平衡;坚持党的全面领导,强化干部队伍保障;加强实施保障,强化责任落实 |

续表

| 政策名称 | 发文机构 | 时间 | 相关内容 |
|---|---|---|---|
| 中共北京市委办公厅 北京市人民政府办公厅印发《关于推进北京城市副中心高质量发展的政策清单》等三个清单的通知 | 中共北京市委办公厅 北京市人民政府办公厅 | 2022 年 2 月 11 日 | 坚持创新驱动,打造北京发展新高地;推进功能疏解,开创一体化发展新局面;强化规划管理,创建新时代城市建设发展典范;加强环境治理,建设国家绿色发展示范区;对标国际规则,搭建更高水平开放新平台;加大改革力度,增强发展动力活力 |
| 北京市国土空间近期规划(2021 年—2025 年) | 北京市规划和自然资源委员会 | 2022 年 2 月 17 日 | 牢牢守住首都城市战略定位,加强"四个中心"功能建设与服务保障。持续推进规模结构调整与提质增效,深入推进城市更新。坚定不移疏解非首都功能,持续优化城市空间布局。统筹全域全要素系统治理,为高质量发展做好空间保障和引导。贯彻碳达峰、碳中和重大决策部署,积极培育绿色发展新动能。持之以恒抓好历史文化名城保护工作,提升城市风貌品质。围绕以人民为中心,深入推进超大特大城市治理体系和治理能力现代化。加强首都安全保障,多措并举提高城市韧性。加强城乡统筹,全面推进城乡发展一体化。建设现代化首都都市圈,推动京津冀世界级城市群主干构架基本形成。深化体制机制改革,保障总体规划实施 |
| 北京市深入打好污染防治攻坚战 2022 年行动计划 | 北京市人民政府办公厅 | 2022 年 3 月 2 日 | 切实提高政治站位;全面落实责任;强化宣传引导;严格督察考核。以生态文明建设为统领,准确把握深入打好污染防治攻坚战的新形势、新要求,统筹污染治理、生态保护、应对气候变化,坚持精准治污、科学治污、依法治污,创新工作方法,保持力度、延伸深度、拓宽广度,以更高标准抓好各项任务落实。不断强化市级生态环境保护督察,对部分区级有关部门开展例行督察;分区域、分领域开展日常督察;对突出问题和整改不力的典型案件,视情开展专项督察。各区、各部门和各单位要全面加强年度行动计划工作任务统筹落实 |

续表

| 政策名称 | 发文机构 | 时间 | 相关内容 |
|---|---|---|---|
| 北京市"十四五"时期重大基础设施发展规划 | 北京市人民政府 | 2022年3月3日 | 加快京津冀基础设施一体化发展。全面落实京津冀协同发展国家战略,大力推进区域交通一体化和能源安全保障体系建设,加强生态环境协同治理,助力推动形成以首都为核心的世界级城市群主干构架。建立更加完善的基础设施体系。进一步完善基础设施空间结构和功能布局,更好发挥基础设施的先行引导作用,持续提升基础设施的系统性、安全性和可靠性。强化重点区域基础设施保障。充分发挥基础设施对于核心区、城市副中心、平原新城、生态涵养区及重点区域的空间布局优化引领和保障支撑作用,大力推动疏解整治促提升。推进基础设施绿色低碳循环发展。牢固树立绿色发展理念,以碳排放稳中有降和推动碳中和为抓手,强化水资源和碳排放总量、强度双控,深入推进基础设施领域减排降碳,助力绿色北京建设。着力提升基础设施服务品质。坚持以人民为中心,围绕"七有"要求和"五性"需求,加强城市规划建设管理统筹,推动基础设施功能优化,提升基础设施服务品质,让市民生活更加便利、高效、舒适 |
| 北京市全民科学素质行动规划纲要(2021—2035年) | 北京市人民政府办公厅 | 2022年3月14日 | 激发青少年好奇心和想象力,增强科学兴趣、创新意识和创新能力,促进具备科学家潜质的青少年群体个性化发展。着力提升农民科技文化素质,提高农民文明生活、科学生产的能力,打造一支适应农业农村快速现代化发展要求的高素质农民队伍,助力乡村振兴战略。着力提升技能素质,打造一支懂技术、会创新、敢担当、讲奉献的首都高素质产业工人队伍,更好服务"北京智造"和经济社会高质量发展。以提升信息素养和健康素养为重点,针对老年人的科技素质需求,提高老年人适应社会发展的能力,实现老有所学、老有所乐、老有所为。进一步强化领导干部和公务员对科教兴国、创新驱动发展战略、北京城市战略定位的认识和理解,强化科学执政理念,提高科学决策能力 |

续表

| 政策名称 | 发文机构 | 时间 | 相关内容 |
|---|---|---|---|
| 北京市住房和城乡建设委员会等五部门关于进一步加强老旧小区改造工程建设组织管理的意见 | 北京市住房和城乡建设委员会等五部门 | 2022年3月28日 | 提高对老旧小区改造工作的认识;坚持党建引领推进改造项目共商共建共治;强化老旧小区改造项目立项等前期工作;提升规划设计水平;强化施工组织管理;强化工程验收和保修工作;强化改造工程监督管理 |
| 中国(北京)自由贸易试验区条例 | 北京市人民代表大会常务委员会 | 2022年3月31日 | 鼓励自贸试验区先行先试和制度创新,充分激发各类市场主体活力。支持符合首都城市战略定位的市场主体在自贸试验区设立地区总部、研发总部等多种形态总部,并开展实体化运行。支持自贸试验区发展跨境电子商务,探索跨境电子商务新模式;推动发展离岸贸易,创新离岸贸易业务;探索新型易货贸易方式,促进国际贸易新业态、新模式发展;发展绿色贸易,推动国际贸易与生态环境协调发展。支持自贸试验区内企业、高等院校和科研院所设立科技成果转化平台,提供研发试制、测试检验、中试熟化、产业开发、供需对接等服务,促进科技成果转化。支持数据资源与产业发展深度融合,推动数字产业化和产业数字化,构建具有国际竞争力的数字产业集群。支持自贸试验区金融科技应用场景试验区建设,促进金融科技项目落地;支持法定数字货币试验区建设;鼓励金融机构和大型科技企业依法设立金融科技公司,创新金融科技业务。鼓励自贸试验区发展医疗健康、专业服务、教育服务、文化旅游、航空服务等优势产业,形成现代服务产业集聚的开放平台。自贸试验区应当落实京津冀协同发展战略,与天津自贸试验区、河北自贸试验区建立合作机制,联合开展制度创新,推进制度创新成果共享互用 |

续表

| 政策名称 | 发文机构 | 时间 | 相关内容 |
|---|---|---|---|
| 北京市基本公共服务实施标准（2021年版） | 北京市发展和改革委员会 | 2022年4月11日 | 有效落实支出责任。各区财政要加强基本公共服务资金预算管理,完整、规范、合理编制基本公共服务项目预算,保障基本公共服务资金的及时下达和拨付,推动建立可持续的投入保障长效机制并使之平稳运行。着力强化能力保障。各区要按照基本公共服务实施标准,强化供给能力建设,织密扎牢民生保障网。合理规划建设各类基本公共服务设施,加快补齐基本公共服务短板,不断提高基本公共服务的可及性和便利性。全面推进公开共享。加强基本公共服务实施标准实施监测和效果评估,及时妥善回应社会关切,自觉接受群众和社会监督。切实强化责任担当。各区人民政府要将基本公共服务实施标准作为民生保障的重点任务,确保各项服务全部达标,尽力而为、量力而行,切实保障人民群众的基本公共服务权益 |
| 北京市"十四五"时期城市管理发展规划 | 北京市人民政府 | 2022年4月12日 | 塑造大国首都城市环境新形象。凸显核心区国家形象地位;打造区域特色环境风貌;提升城市公共空间品质;持续更新改善城乡面貌。优化市政公用服务新供给。聚焦急难愁盼,提供生活便利;坚持首善标准,创建宜居环境;防控风险隐患,守护市民安全。树立城市运行绿色低碳新典范。打造世界领先绿色智能电网;建设国际一流燃气供应系统;重构绿色低碳供热保障体系;创新能源综合利用模式;构建垃圾资源化处理体系。筑牢安全韧性城市新基石。提高基础设施工程韧性;增强城市运行管理韧性;提升应急处置能力;积极培育城市社会韧性。提升智慧城市管理新能级。完善网格化城市运行管理新体系;建设全覆盖的城市运行感知体系;构建城市运行"一网统管"模式。努力开创城市治理新局面。推进体制机制改革创新;建立健全法规标准体系;提升城市管理专业化水平;构建社会多元共治格局 |

续表

| 政策名称 | 发文机构 | 时间 | 相关内容 |
|---|---|---|---|
| 关于做好 2022 年全面推进乡村振兴重点工作的实施方案 | 中共北京市委　北京市人民政府 | 2022 年4 月 13 日 | 强化现代农业基础支撑,全力抓好粮食生产和重要农产品供给。聚焦产业促进乡村发展,多渠道加快农民增收。扎实稳妥推进乡村建设,更好满足乡村"七有"要求和"五性"需求。突出实效建设善治乡村,打造具有首都特点的党建引领乡村治理新格局 |
| 北京市市场监督管理局助企惠企促进市场主体发展壮大若干措施 | 北京市市场监督管理局 | 2022 年4 月 18 日 | 优化市场主体名称自主申报;深化市场主体登记智慧网办;便利企业分支机构信息变更;持续释放住所(经营场所)资源;试点食品经营许可领域事前服务;深化"证照联办"改革;推行企业年度报告"多报合一"改革;帮扶企业提升质量管理水平;培育先进标准支持企业创新发展;持续优化质量认证服务;加强平台企业反垄断合规指导;开展商业秘密保护试点;出台市场监管部门不予实施行政强制措施清单;发挥党建引领作用支持"小个专"发展;开展涉企违规收费专项整治;加强公平竞争审查;严厉查处垄断和不正当竞争行为;加强数字服务规范化、标准化建设;提升政务服务数字化、智能化水平;推进政务服务事项"一照通办";深入开展"局处长走流程"活动 |
| 北京市"十四五"时期交通发展建设规划 | 北京市人民政府 | 2022 年5 月 7 日 | 推进轨道交通高质量融合发展。打造便利快捷的地面公交系统。建设步行和自行车友好城市。推动道路系统更高水平成网。弥补路网系统短板,支撑重点区域发展;完善道路养护机制,提升路网服务品质。构建科学合理的静态交通体系。精细化调控交通需求。推进交通运输治理体系和治理能力现代化。提升交通运输综合服务水平。促进交通运输行业绿色发展。建立稳定可靠的安全保障体系。科技赋能提升交通智慧化水平 |

续表

| 政策名称 | 发文机构 | 时间 | 相关内容 |
|---|---|---|---|
| 北京市"十四五"时期能源发展规划 | 北京市人民政府 | 2022年5月27日 | 大力推进能源供给消费绿色低碳变革,持续提升重点行业、重点区域绿色发展水平,确保碳排放总量稳中有降。坚持底线思维,做好重大风险研判和能源运行预警监测,强化应急保障设施能力建设,确保资源供应安全和城市运行平稳。发挥北京国际科技创新中心优势,创新突破一批绿色低碳关键技术和装备。大力推动能源新技术、新模式示范应用和现代信息技术与传统能源行业融合发展,打造一批绿色低碳智慧发展示范区。统筹中心城区与城市副中心、重点功能区能源设施建设布局,构建城乡协调、高效协同的能源管理运行机制。多层次推进与津冀及周边地区能源交流合作,实现资源优势互补、设施管网互通、发展成果共享。加强顶层设计、系统谋划、分类推进,更好发挥政府规划政策约束引导作用,持续深化能源领域"放管服"改革,提高能源行业监管服务水平。充分发挥市场在资源配置中的决定性作用,强化企业主体责任,加快构建适应能源绿色低碳发展要求的市场机制 |
| 北京市关于实施"三大工程"进一步支持和服务高新技术企业发展的若干措施 | 北京市人民政府办公厅 | 2022年6月21日 | 建立高新技术企业培育服务体系;引导市场机构加强高新技术企业孵化培育;深入开展高新技术企业认定"报备即批准"试点;推进高新技术企业认定精简流程、材料、时限。建立"小升规"重点企业支持服务体系;加大对"小升规"企业支持力度。做好对"规升强"企业的跟踪服务;支持"规升强"企业提升核心竞争力。支持企业增强技术创新能力;加强对企业的融资服务;强化企业人才服务保障;支持企业拓展产品市场销售渠道;做好对企业的空间及用地服务。加强工作组织实施,用好信息技术手段,引入第三方机构开展评估督导,强化高新技术企业全流程监管,确保政策措施落实落细、见到实效 |

续表

| 政策名称 | 发文机构 | 时间 | 相关内容 |
|---|---|---|---|
| 北京市标准化办法 | 北京市人民政府 | 2022年7月5日 | 构建以法律法规为依据,以国际标准为引领,以国家标准、行业标准为基础,以地方标准为特色,以团体标准、企业标准为补充的标准体系;发挥标准化对科技创新的助力促进作用,对国际经贸合作、扩大开放、优化营商环境的保障提升作用,对高质量发展的提质增效作用,对京津冀区域协同发展的推动引领作用 |
| 北京市外经贸发展资金管理实施细则 | 北京市商务局 | 2022年7月27日 | 支持外贸稳增长、调结构;推动服务贸易创新发展;引导有序开展对外投资合作业务;促进商业会展业发展;促进高质量引进外资;搭建促进外经贸发展平台;优化外经贸发展环境,对国家和北京市确定的重点外经贸发展领域予以支持 |
| 中国(北京)自由贸易试验区投资自由便利专项提升方案 | 北京市商务局 | 2022年8月5日 | 突出开放压力测试,引领市场准入制度改革;突出"准入即准营",引领涉企经营许可改革;突出先行先试,引领土建工程全环节改革;突出法治建设,引领高标准投资权益保护;突出特色精准服务,引领投资促进体系创新;突出跨部门协同,引领企业出海护航体系夯实;突出辐射带动,引领全市和京津冀新一轮改革开放;突出制度建设,引领高质量发展和高水平安全良性互动 |
| 北京市"十四五"时期应对气候变化和节能规划 | 北京市生态环境局 | 2022年8月9日 | 全面推动产业结构优化调整;深入推进能源结构低碳转型;扎实推动城市功能转型升级。全面推动建筑领域低碳发展;努力构建低碳交通体系;持续推动公共机构节能降碳;控制非二氧化碳温室气体排放。系统提升城市生态系统碳汇能力;加强适应气候变化能力建设;建立气候危机防范体系。加强法规制度和标准规范建设;强化目标责任和监管考核;更好发挥市场机制作用;建立数字化智慧化管理体系;构筑全民共同行动格局。加快节能降碳科技创新;优化节能降碳服务产业;加强试点示范建设 |

续表

| 政策名称 | 发文机构 | 时间 | 相关内容 |
|---|---|---|---|
| 北京市优化营商环境条例① | 北京市人民代表大会常务委员会 | 2022 年 8 月 29 日 | 坚持市场化、法治化、国际化原则,以市场主体需求为导向,持续深化简政放权、放管结合、优化服务改革,构建以告知承诺为基础的审批制度、以信用为基础的监管制度、以标准化为基础的政务服务制度、以区块链等新一代信息技术为基础的数据共享和业务协同制度、以法治为基础的政策保障制度,切实降低制度性交易成本,激发市场主体活力,充分发挥市场在资源配置中的决定性作用,打造国际一流的营商环境。推进科技、文化重点产业发展。政府及有关部门应当统一政务服务标准,创新政务服务方式,推动区块链、人工智能、大数据、物联网等新一代信息技术在政务服务领域的应用,不断提高政务服务质量,为市场主体提供规范、便利、高效的政务服务 |
| 北京市"十四五"时期住房保障规划 | 北京市住房和城乡建设委员会 | 2022 年 9 月 5 日 | 完善新形势下首都住房保障体系;区域协同,优化保障性住房空间布局;增存并举,切实加大高品质房源供应;提升资格审核与分配效率,切实推进精准保障;增强使用监管政策效能,全面推动治理能力现代化;实施城市更新行动,全面提升城市品质和活力 |
| 北京市"十四五"城乡社区服务体系建设规划 | 北京市人民政府办公厅 | 2022 年 9 月 21 日 | 坚持城乡统筹。统筹把握城乡发展差异,推进社区服务制度城乡衔接、要素共享、互通互融,推动社区服务机制城乡联动、基础设施城乡配套、基本公共服务城乡全覆盖。坚持因地制宜,突出问题导向,把握政府、市场、社会不同定位,区分不同区域功能、不同社区需求,重点突破、分层推进、分类实施,全方位提升城乡社区服务水平 |

---

① 《北京市优化营商环境条例》于 2020 年 3 月 27 日通过,根据 2022 年 8 月 29 日北京市第十五届人民代表大会常务委员会第四十二次会议通过的《关于修改〈北京市优化营商环境条例〉的决定》修正。

续表

| 政策名称 | 发文机构 | 时间 | 相关内容 |
|---|---|---|---|
| 北京市公共文化服务保障条例 | 北京市人民代表大会常务委员会 | 2022年9月23日 | 应当按照均衡配置、严格预留、规模适当、功能优先、经济适用、节能环保的原则,结合经济和社会发展水平、人口状况、环境条件、文化特色,合理确定公共文化设施种类、数量、规模和布局,统筹规划、建设公共文化设施,形成覆盖城乡的公共文化设施网络。鼓励和支持公共文化设施管理单位加强数字化建设,丰富公共数字文化资源供给;鼓励和支持公民、法人和其他组织开发数字文化产品,搭建数字化文化体验线下场景 |
| 北京市人民政府关于印发《北京市碳达峰实施方案》的通知 | 北京市人民政府 | 2022年10月13日 | 坚持以新时代首都发展为统领,深入实施人文北京、科技北京、绿色北京战略,深入实施京津冀协同发展战略,牢牢牵住北京非首都功能疏解这个"牛鼻子",坚定不移走生态优先、绿色低碳的高质量发展道路,把碳达峰、碳中和纳入首都经济社会发展全局,坚持系统观念,处理好发展和减排、整体和局部、长远目标和短期目标、政府和市场的关系,以经济社会发展全面绿色转型为引领,以能源绿色低碳发展为关键,加快形成节约资源和保护环境的产业结构、生产方式、生活方式、空间格局,让绿色低碳成为社会主义现代化强国首都的鲜明底色,聚焦效率引领、科技支撑、机制创新,为全国实现碳达峰做出北京贡献 |
| 首都标准化发展纲要2035 | 中共北京市委　北京市人民政府 | 2022年10月14日 | 加强"四个中心"功能建设标准化支撑;推动标准化助力京津冀协同发展,服务国家重大战略;提升产业标准化水平,引领现代化经济体系建设;提高城市治理标准化效能,服务高品质宜居城市建设;完善绿色发展标准化保障,推动绿色北京建设;强化公共服务标准化建设,切实保障和改善民生;深化平安北京标准化建设,筑牢首都安全防线;提升标准化对外开放水平,形成全面开放新格局;优化首都标准供给结构,强化实施应用;夯实标准化发展基础,提升支撑能力 |

续表

| 政策名称 | 发文机构 | 时间 | 相关内容 |
|---------|---------|------|---------|
| 北京市城市更新条例 | 北京市人民代表大会常务委员会 | 2022年11月25日 | 坚持先治理、后更新,与"疏解整治促提升"工作相衔接,与各类城市开发建设方式、城乡接合部建设改造相协调;完善区域功能,优先补齐市政基础设施、公共服务设施、公共安全设施短板;落实城市风貌管控、历史文化名城保护要求,严格控制大规模拆除、增建,优化城市设计,延续历史文脉,凸显首都城市特色;落实绿色发展要求,开展既有建筑节能绿色改造,提升建筑能效水平,发挥绿色建筑集约发展效应,打造绿色生态城市;统筹地上地下空间一体化、集约化提升改造,提高城市空间资源利用效率;落实海绵城市、韧性城市建设要求,提高城市防涝、防洪、防疫、防灾等能力;推广先进建筑技术、材料以及设备,推动数字技术创新与集成应用,推进智慧城市建设;落实无障碍环境建设要求,推进适老化宜居环境和儿童友好型城市建设 |
| 北京市数字经济促进条例 | 北京市人民代表大会常务委员会 | 2022年11月25日 | 加快建设信息网络基础设施、算力基础设施、新技术基础设施等数字基础设施,推进传统基础设施的数字化改造,推动新型城市基础设施建设,并将数字基础设施建设纳入国民经济和社会发展规划和计划、国土空间规划。加强数据资源安全保护和开发利用,促进公共数据开放共享,加快数据要素市场培育,推动数据要素有序流动,提高数据要素配置效率,探索建立数据要素收益分配机制。支持数字产业基础研究和关键核心技术攻关。支持农业、制造业以及建筑、能源、金融、医疗、教育、流通等产业领域互联网发展,推进产业数字化转型升级,支持产业互联网平台整合产业资源,提供远程协作、在线设计、线上营销、供应链金融等创新服务,建立健全安全保障体系和产业生态 |

续表

| 政策名称 | 发文机构 | 时间 | 相关内容 |
|---|---|---|---|
| 北京市关于深化生态保护补偿制度改革的实施意见 | 中共北京市委办公厅 北京市人民政府办公厅 | 2022 年 11 月 30 日 | 践行"绿水青山就是金山银山"理念,深入实施绿色北京战略,加快健全有效市场和有为政府更好结合、分类补偿与综合补偿统筹兼顾、纵向补偿与横向补偿协调推进、强化激励与硬化约束协同发力的生态保护补偿制度,推进建立生态产品总值核算与生态保护补偿联动机制,增强生态保护地区的生态产品供给能力,进一步改善生态环境质量,培育经济高质量发展新动能,加快推进绿色低碳发展,为建成天蓝、水清、森林环绕的生态城市提供制度保障。聚焦重要生态环境要素,完善分类补偿制度。强化首都生态安全保障,健全综合补偿制度。发挥市场机制作用,加快推进多元化补偿。完善补偿配套措施,发挥政策合力。强化责任落实,稳步推进各项改革 |
| 北京市贯彻落实《计量发展规划(2021—2035 年)》的实施方案 | 北京市人民政府 | 2022 年 12 月 30 日 | 计量科技创新支撑国际科技创新中心建设。产业计量测试服务高精尖产业发展。能源计量推动绿色发展。智慧计量提升城市精细化治理和民生保障水平。计量共建共享促进京津冀协同发展。加强量值传递溯源体系与计量基础能力建设 |

注: 如无特殊说明,涉及人民代表大会审议的政策标注通过时间,否则为发布时间。

# 附录二 北京高质量发展指数指标解释

## 一 北京经济高质量发展指数指标解释

### （一）规模增长

#### 1. GDP（2015年不变价）

GDP 表示一个国家或地区在一定时期内（通常是一年内）生产的最终产品和劳务的市场总和。采用的是 2015 年不变价，以不变价计算的增长速度剔除了价格变动因素，使其更具可比性。具体计算公式如下：

$$实际 GDP = \frac{上年 GDP（不变价）\times GDP 指数（上年=100）}{100}$$

例如：2016 年 GDP（2015 年不变价）$= \dfrac{2015 年名义 GDP \times 2016 年 GDP 指数}{100}$

资料来源：各城市统计年鉴。

#### 2. 人均 GDP（2015年不变价）

人均 GDP 指人均国内生产总值，是一个国家或地区的国内生产总值除以其常住人口总数后得到的平均数。采用的是 2015 年不变价，以不变价计算的增长速度剔除了价格变动因素，使其更具可比性。具体计算公式如下：

$$实际人均 GDP = \frac{上年人均 GDP（不变价）\times 人均 GDP 指数（上年=100）}{100}$$

例如：2016 年人均 GDP（2015 年不变价）=

$$\frac{2015 \text{ 年名义人均 GDP} \times 2016 \text{ 年人均 GDP 指数}}{100}$$

资料来源：各城市统计年鉴。

3. 第一产业增加值（2015年不变价）

根据中国 2017 年修订版《国民经济行业分类》标准，第一产业指的是农林牧渔业。第一产业增加值指的是在一定时期内单位产值的增加值。采用的是 2015 年不变价，以不变价计算的增长速度剔除了价格变动因素，使其更具可比性。具体计算公式如下：

$$\text{第一产业增加值} = \frac{\text{上年第一产业增加值（不变价）} \times \text{第一产业增加值指数（上年}=100）}{100}$$

例如：2016 年 第 一 产 业 增 加 值 （ 2015 年 不 变 价 ） =

$$\frac{2015 \text{ 年名义第一产业增加值} \times 2016 \text{ 年第一产业增加值指数}}{100}$$

资料来源：各城市统计年鉴。

4. 第二产业增加值（2015年不变价）

根据中国 2017 年修订版《国民经济行业分类》标准，第二产业指的是采矿业、制造业和电力、热力、燃气及水生产和供应业以及建筑业。第二产业增加值指的是在一定时期内单位产值的增加值。采用的也是 2015 年不变价，以不变价计算的增长速度剔除了价格变动因素，使其更具可比性。具体计算公式如下：

$$\text{第二产业增加值} = \frac{\text{上年第二产业增加值（不变价）} \times \text{第二产业增加值指数（上年}=100）}{100}$$

例如：2016 年 第 二 产 业 增 加 值 （ 2015 年 不 变 价 ） =

$$\frac{2015 \text{ 年名义第二产业增加值} \times 2016 \text{ 年第二产业增加值指数}}{100}$$

资料来源：各城市统计年鉴。

5. 第三产业增加值（2015年不变价）

根据中国 2017 年修订版《国民经济行业分类》标准，第三产业指的是

服务业，是除了第一产业和第二产业以外的其他行业。第三产业指的是在一定时期内单位产值的增加值。采用的也是 2015 年不变价，以不变价计算的增长速度剔除了价格变动因素，使其更具可比性。具体计算公式如下：

$$第三产业增加值 = \frac{上年第三产业增加值（不变价）×第三产业增加值指数（上年 = 100）}{100}$$

例如：2016 年第三产业增加值（2015 年不变价）=

$$\frac{2015 年名义第三产业增加值×2016 年第三产业增加值指数}{100}$$

资料来源：各城市统计年鉴。

## （二）结构优化

### 1. 第三产业占 GDP 比重

三次产业占 GDP 比重大小，能充分体现一个地区经济发展历程和通过政策引导产业结构调整前后所发生的变化，是宏观衡量一个地区产业结构分布的最重要的指标。世界发达地区的第三产业占 GDP 比重达到 70% 以上。由此采用第三产业占 GDP 比重来衡量地区的产业结构优化度。具体计算公式如下：

$$第三产业占 GDP 比重 = \frac{第三产业增加值}{GDP} × 100\%$$

资料来源：各城市统计年鉴。

### 2. 社会消费品零售总额占 GDP 比重

社会消费品零售总额指国民经济各行业直接售给居民、社会集团，非生产、非经营用的实物商品总额，以及提供餐饮服务所取得的金额收入。社会消费品零售总额占 GDP 比重在一定程度上反映国家扩大内需和消费对经济的拉动效应。具体计算公式如下：

$$社会消费品零售总额占 GDP 比重 = \frac{社会消费品零售总额}{GDP} × 100\%$$

资料来源：各城市统计年鉴。

### 3.高端制造业总产值占工业总产值比重

高端制造业具备高技术、高附加值、低污染、低排放等显著特征，具有较强的竞争优势。综合新经济、高技术产业、信息产业特征，遴选出高端制造业的 7 个行业：化学原料和化学制品制造业，医药制造业，通用设备制造业，专用设备制造业，铁路、船舶、航空航天和其他交通运输设备制造业，计算机、通信和其他电子设备制造业，仪器仪表制造业。具体计算公式如下：

$$高端制造业总产值占工业总产值比重=\frac{高端制造业总产值}{工业总产值}\times100\%$$

其中，高端制造业总产值=化学原料和化学制品制造业+医药制造业+通用设备制造业+专用设备制造业+铁路、船舶、航空航天和其他交通运输设备制造业+计算机、通信和其他电子设备制造业+仪器仪表制造业 7 个行业的总产值。

资料来源：各城市统计年鉴。

### 4.战略性新兴产业产值占比

根据国家统计局数据，战略性新兴产业是指以重大技术突破和重大发展需求为基础，对经济社会全局和长远发展具有引领带动作用，知识技术密集、物质资源消耗少、成长潜力大、综合效益好的先进产业，代表新一轮科技革命和产业变革的方向，是经济结构优化的关键抓手。具体计算公式如下：

$$战略性新兴产业产值占比=\frac{战略性新兴产业产值}{GDP}\times100\%$$

资料来源：各城市统计年鉴、各城市国民经济和社会发展统计公报。

### 5.数字经济产业产值占比

根据《中国数字经济发展白皮书》，数字经济产业一是形成于数字产业化，二是形成于产业数字化。前者主要指信息产业，包括电子信息制造业、信息通信业、软件服务业等；后者被视为数字经济融合的部分，是数字技术应用于传统产业所带来的生产数量与效率的提升，能反映经济结构优化的状态。具体计算公式如下：

$$数字经济产业产值占比=\frac{数字经济产业产值}{GDP}\times 100\%$$

资料来源：各城市统计年鉴、各城市国民经济和社会发展统计公报。

（三）效率提升

**1. 全员劳动生产率**

全员劳动生产率是考核地区城市经济活动的重要指标，是衡量该地区生产技术水平、经营管理水平、职工技术熟练程度和劳动积极性综合表现的指标，反映了劳动这一生产要素对于经济产出的贡献。具体计算公式如下：

$$全员劳动生产率=\frac{GDP}{城镇从业人员数量}$$

资料来源：各城市统计年鉴。

**2. 资本生产率**

资本生产率指一定时期内单位资本存量创造的产出（GDP），产出越多，投资效率越高。这是衡量国家或地区经济运行效率的重要指标，反映了资本这一生产要素对于经济产出的贡献。具体计算公式如下：

$$资本生产率=\frac{GDP}{全社会固定资产投资}$$

资料来源：各城市统计年鉴。

**3. 全要素生产率**

全要素生产率（Total Factor Productivity，TFP）指产出与综合要素投入之比，综合要素指资本、劳动、能源及其他要素等两种或多种要素的组合。全要素生产率反映了资源配置状况、生产手段的技术水平、生产对象的变化、生产的组织管理水平、劳动者对生产经营活动的积极性，以及经济制度与各种社会因素对生产活动的影响程度。本报告采用 DEA 方法计算得出全要素生产率。

资料来源：各城市统计年鉴。

（四）开放提升

1. 对外贸易依存度

对外贸易依存度又称对外贸易系数，指一国货物进出口总额占国内生产总值的比重，反映国家或地区经济与国际经济联系的紧密程度。具体计算公式如下：

$$对外贸易依存度=\frac{货物进出口总额}{GDP}\times100\%$$

资料来源：各城市统计年鉴。

2. 对外资本依存度

对外资本依存度指实际使用外资金额占国内生产总值的比重。对外资本依存度的概念来自对国际贸易的测度，反映国家或地区的开放水平。具体计算公式如下：

$$对外资本依存度=\frac{实际使用外资金额}{GDP}\times100\%$$

资料来源：各城市统计年鉴。

3. 高新技术产品进出口总额占比

高新技术产品进出口总额占比指符合国家或地区高新技术重点范围、技术领域和产品参考目录的全新型产品进出口总额占货物进出口总额的比重。高新技术产品的贸易情况能够反映各城市贸易的质量。具体计算公式如下：

$$高新技术产品进出口总额占比=\frac{高新技术产品进出口总额}{货物进出口总额}\times100\%$$

资料来源：各城市统计年鉴。

4. 人均货运量

货运量，也称"商品运量"，是商品运输数量的简称。本报告采用人均货运量反映城市的国内贸易情况。具体计算公式如下：

241

$$人均货运量 = \frac{货运量}{人口}$$

资料来源：各城市统计年鉴。

## 二 北京社会高质量发展指数指标解释

### （一）共同富裕

**1. 城乡收入比**

城乡收入比指城镇居民年人均可支配收入与农村居民年人均可支配收入的比值，分子分母部分分别反映城镇和农村居民家庭全部现金收入用于安排家庭日常生活的部分，是衡量城乡收入差距的一个重要指标。具体计算公式如下：

$$城乡收入比 = \frac{城镇居民年人均可支配收入}{农村居民年人均可支配收入}$$

资料来源：各城市统计年鉴。

**2. 城乡消费比**

城乡消费比指城镇居民年人均消费支出与农村居民年人均消费支出的比值，分子分母部分分别反映城镇居民和农村居民用于日常生活的全部支出，包括购买商品支出和文化生活、服务等非商品性支出，是衡量城乡居民生活品质差异的一个重要指标。具体计算公式如下：

$$城乡消费比 = \frac{城镇居民年人均消费支出}{农村居民年人均消费支出}$$

资料来源：各城市统计年鉴。

### （二）公共服务

**1. 人均教育经费支出**

教育是基本公共服务的重要组成部分，人均教育经费支出水平在一定程度上可以衡量地区对教育的重视程度。本报告采用的是地方财政教育事业费支出与常住人口的比值表征人均教育经费支出水平。具体计算公式如下：

$$人均教育经费支出 = \frac{地方财政教育事业费支出}{常住人口}$$

资料来源：各城市统计年鉴。

### 2.万人医生数

医疗是基本公共服务的重要组成部分，用万人医生数这个具有代表性的指标来衡量地区在医疗资源方面的投入程度，可表征医疗人力资源的投入水平。具体计算公式如下：

$$万人医生数 = \frac{医生数}{常住人口} \times 10000$$

资料来源：各城市统计年鉴。

### 3.社会医疗保险年末参保率

社会医疗保险年末参保率是指地区社会医疗保险年末参保人数占常住人口的百分比。具体计算公式如下：

$$社会医疗保险年末参保率 = \frac{社会医疗保险年末参保人数}{常住人口} \times 100\%$$

资料来源：各城市统计年鉴。

### 4.基本养老保险年末参保率

养老是基本公共服务的重要组成部分。基本养老保险年末参保率是指一定范围内的人口中，基本养老保险年末参保人数占常住人口的比重，是衡量地区在社会保障方面完善程度的一项重要指标。具体计算公式如下：

$$基本养老保险年末参保率 = \frac{基本养老保险年末参保人数}{常住人口} \times 100\%$$

资料来源：各城市统计年鉴。

## （三）幸福指数

### 1.平均预期寿命

本报告以平均预期寿命作为衡量预期寿命的指标，是指同一时期出生的

人预期能继续生存的平均年数，它是综合体现医疗卫生、健康水平、生活质量和社会发展状况的重要指标之一。

资料来源：各城市统计年鉴。

2. 居民年人均可支配收入

居民年人均可支配收入是居民年可支配收入除以常住人口后得到的平均数，是多种类型家庭收入的综合平均。居民年可支配收入是居民能够自由支配的收入，即居民可用于最终消费支出和储蓄的总和，既包括现金收入，也包括实物收入。

资料来源：各城市统计年鉴。

3. 城镇登记失业率

就业是表征民生优化的重要方面，失业率是评价地区就业状况的主要指标。本报告采用城镇登记失业率来衡量地区就业情况。

资料来源：各城市统计年鉴。

4. 城镇商品房价格与居民收入水平比率

一般来说，地区发展水平越高，居民在居住上的支出占居民家庭消费支出的比例就相对越高。城镇商品房价格与居民收入水平差距越大，居民的幸福指数就会越低，最终会影响到民生优化水平。本报告选取城镇商品房价格与居民收入水平的比率来表征民生优化的消费与收入的平衡度。具体计算公式如下：

$$城镇商品房价格与居民收入水平比率 = \frac{城镇商品房价格}{居民收入水平}$$

资料来源：各城市统计年鉴。

# 三 北京生态高质量发展指数指标解释

## （一）环境质量

### 1. 全年优良天数比例

该指标来源于《"十二五"城市环境综合整治定量考核指标及其实施细

则》，可用来表征研究对象的大气环境质量。选用 API 指标进行空气质量表征，能够综合、直观地表征城市的整体空气质量状况和变化趋势。

API 划分为六档，对应于空气质量的六个级别。API≤100 对应的空气质量为优良。计算公式如下：

$$全年优良天数比例 = \frac{API \leq 100\ 的天数}{365} \times 100\%$$

资料来源：各城市统计年鉴。

### 2. 建成区绿化覆盖率

该指标来源于《"十二五"城市环境综合整治定量考核指标及其实施细则》，可用于表征研究对象区域内的绿化水平。具体计算公式如下：

$$建成区绿化覆盖率 = \frac{建成区内绿化覆盖面积}{建成区总面积} \times 100\%$$

资料来源：《中国城市统计年鉴》。

### 3. 国家自然保护区比重

该指标来源于《国家生态文明建设试点示范区指标（试行）》，可用于表征研究对象区域内受保护区域的面积占比。具体计算公式如下：

$$国家自然保护区比重 = \frac{自然保护区面积}{区域总面积} \times 100\%$$

资料来源：生态环境部网站。

### 4. 断面水质达标率

断面水质达标率指按照单因子评价法，对考核断面采用每月的人工监测值或水质自动监测站的周均值进行评价，达到规划目标的检测次数占年度监测总次数的百分比。根据中华人民共和国生态环境部《重点流域水污染防治专项规划实施情况考核指标解释》，考核断面水质状况评价采用人工监测值或水质自动监测站的周均值。具体计算公式如下：

$$G_{断面} = \frac{N_{达标}}{N_{监测}} \times 100\%$$

$G_{断面}$——考核断面的水质达标率（%）

N~达标~——考核断面的达标次数（次）

N~监测~——考核断面总监测次数（次）

资料来源：各城市统计年鉴、各城市国民经济和社会发展统计公报。

### （二）资源利用

生态高质量发展要求以较少的资源能源消耗和环境破坏来实现经济发展，提高资源利用效率是应有之义。资源利用指标主要由结构优化指标和综合利用指标两大类构成。从机理上看，结构优化指标主要表征社会经济系统能源结构的合理性，意图通过结构调整以降低社会经济活动对环境的影响；综合利用指标则表征对废水及固体废物等进行重复利用的水平，以体现研究对象区域废物资源化、循环经济发展水平。

1. 能源产出率

该指标来源于《循环经济发展评价指标体系（2017年版）》，指研究对象地区生产总值占能源消耗量的比重，反映单位能源的产出情况。该指标越高，表明能源利用效率越高。具体计算公式如下：

$$能源产出率 = \frac{GDP}{能源消耗量} \times 100\%$$

公式中能源消耗量涉及的能源主要包括原煤、原油、天然气、核电、水电、风电等一次能源。

资料来源：各城市统计年鉴。

2. 水资源产出率

该指标来源于《循环经济发展评价指标体系（2017年版）》，指研究对象地区生产总值占水资源消耗量的比重，反映单位水资源的经济产出情况。该指标越高，表明水资源利用效率越高。具体计算公式如下：

$$水资源产出率 = \frac{GDP}{水资源消耗量} \times 100\%$$

资料来源：各城市统计年鉴。

3. 建设用地产出率

该指标来源于《循环经济发展评价指标体系（2017 年版）》，指研究对象地区生产总值占城市建设用地面积的比重，反映单位面积建设用地的经济产出情况。该指标越高，表明建设用地的利用效率越高。具体计算公式如下：

$$建设用地产出率 = \frac{GDP}{城市建设用地面积} \times 100\%$$

资料来源：各城市统计年鉴。

4. 煤炭消耗量占能源消耗量比重

该指标参考了《"十二五"城市环境综合整治定量考核指标及其实施细则》中清洁能源使用率指标——研究对象地区终端能源消耗量中的清洁能源消耗量的比例。相对地，煤炭消耗量的占比可用来衡量研究对象地区非清洁能源消耗量的情况，且相关数据的获取更为直接、容易。具体计算公式如下：

$$煤炭消耗量占能源消耗量比重 = \frac{煤炭消耗量}{能源消耗量} \times 100\%$$

该指标为负向指标，即比重越低，则研究对象地区的能源清洁化水平越高。

资料来源：各城市统计年鉴。

## （三）污染减排

污染防治指标主要由排放强度指标、环境建设指标构成。从机理上看，排放强度指标直接表征人类社会经济活动对生态环境造成的压力；环境建设指标体现研究对象地区防治污染所进行的努力。

1. $CO_2$ 排放强度

该指标来源于环境安全界限理论中的气候变化。环境安全界限理论中选用"大气中的 $CO_2$ 的浓度（百万分率）"或"辐射强迫（瓦/米$^2$）"作为气候变化安全界限的表征。考虑到大气流动的动态开放特性及浓度数据在城市层面极弱的可获得性，最终选择与《国家生态文明建设试点示范区指标

（试行）》相结合，使用 $CO_2$ 排放强度作为表征数据。具体计算公式如下：

$$CO_2排放强度 = \frac{当年CO_2排放总量}{GDP}$$

资料来源：各城市统计年鉴、中国碳核算数据库（CEADs）。

### 2. 城市生活污水集中处理达标率

该指标来源于《"十二五"城市环境综合整治定量考核指标及其实施细则》，指研究对象地区中城市建成区内经过城市集中污水处理厂二级或二级以上处理且达到排放标准的城市生活污水量占城市生活污水排放总量的比重。该指标可用以表征污水处理设施建设的成效。具体计算公式如下：

$$城市生活污水集中处理达标率 = \frac{城市污水处理厂生活污水达标处理量}{城市生活污水排放总量} \times 100\%$$

资料来源：《中国城市统计年鉴》。

### 3. 生活垃圾无害化处理率

该指标来源于《"十二五"城市环境综合整治定量考核指标及其实施细则》，指研究对象地区内经无害化处理的生活垃圾数量占地区内生活垃圾产生总量的比重。该指标可用以表征废物处置设施建设的成效。具体计算公式如下：

$$生活垃圾无害化处理率 = \frac{生活垃圾无害化处理量}{生活垃圾产生总量} \times 100\%$$

资料来源：《中国城市统计年鉴》。

# 四 北京创新高质量发展指数指标解释

## （一）创新投入

### 1. R&D 投入强度

罗默的内生经济增长模型显示：知识和技术的研发可产生科技创新，从而产生知识溢出效应，推动生产前沿面前移，从而带动全要素生产率的提升，拉动经济增长。本报告采用该指标用于表征全社会研究与试验发展（R&D）经费内部支出占国内生产总值的比重。该指标被视为衡量科技投入水平的重要指标。具体计算公式如下：

$$R\&D\text{投入强度}=\frac{R\&D\text{经费内部支出}}{GDP}\times100\%$$

资料来源：各城市统计年鉴。

2. 科研人员投入力度

科技创新、研究开发过程中最重要的投入就是智力投入，R&D 人员数在从业人员数中的比重则是判定创新投入的一个重要指标。具体计算公式如下：

$$\text{科研人员投入力度}=\frac{R\&D\text{人员数}}{\text{从业人员数}}\times100\%$$

资料来源：各城市统计年鉴。

3. 万名 R&D 人员全时当量

根据国家统计局数据，R&D 人员全时当量指全时人员数加非全时人员按工作量折算为全时人员数的总和。例如，有两个全时人员和三个非全时人员（工作时间分别为 20%、30% 和 70%），则全时当量为 2+0.2+0.3+0.7＝3.2 人年。该指标为国际上为比较科技人力投入而制定的可比指标。具体计算公式如下：

$$\text{万名}R\&D\text{人员全时当量}=\frac{R\&D\text{人员全时当量}}{R\&D\text{从业人员数}}\times10000$$

资料来源：各城市统计年鉴。

（二）创新产出

1. 万名 R&D 人员专利授权数

专利授权数是创新活动中间产出的又一重要成果形式，是反映研发活动

249

产出水平和效率的重要指标。具体计算公式如下：

$$万名\ R\&D\ 人员专利授权数 = \frac{专利授权数}{R\&D\ 从业人员数} \times 10000$$

资料来源：各城市统计年鉴。

### 2. 发明专利授权数占专利授权数比重

发明专利在三种专利中的技术含量最高，能够体现专利的水平，也能够体现研发成果的市场价值和竞争力。发明专利授权数占专利授权数比重是反映专利质量的重要指标。具体计算公式如下：

$$发明专利授权数占专利授权数比重 = \frac{发明专利授权数}{专利授权数} \times 100\%$$

资料来源：各城市统计年鉴。

### 3. 技术合同成交能力

技术合同成交额是指针对技术开发、技术转让、技术咨询和技术服务类合同的成交总额。为使得各城市间具有可比性，将技术合同成交额除以GDP以对比分析城市科技成果转化能力。具体计算公式如下：

$$技术合同成交能力 = \frac{技术合同成交额}{GDP}$$

资料来源：各城市统计年鉴。

## 五 北京文化高质量发展指数指标解释

### （一）文化资源

#### 1. 亿人拥有城市博物馆数量

城市博物馆代表着一座城市的文化厚度，是政府财政资金主导的文化项目，也是发挥博物馆个性特征及惠民效应的基础。本报告借鉴侯松（2022）的研究，选择亿人拥有城市博物馆数量反映地区文化高质量发展的资源基础。具体计算公式如下：

$$\text{亿人拥有城市博物馆数量} = \frac{\text{城市博物馆数量}}{\text{常住人口}} \times 100000000$$

资料来源：各城市统计年鉴。

**2. 亿人国家级非物质文化遗产入选数**

国家级非物质文化遗产是指列入国务院批准公布的《国家级非物质文化遗产代表性项目名录》中的所有非物质文化遗产项目。本报告参考侯松（2022）的研究，选择亿人国家级非物质文化遗产入选数作为反映文化资源的代表指标之一。《国家级非物质文化遗产代表性项目名录》共 5 个批次，根据批次时间计算各年项目入选累计数。即 2012~2013 年的入选数均为第 1 批次~第 3 批次项目入选数之和；2014~2020 年的入选数均为第 1 批次~第 4 批次项目入选数之和；2021 年的入选数为第 1 批次~第 5 批次项目入选数之和。具体计算公式如下：

$$\text{亿人国家级非物质文化遗产入选数} = \frac{\text{国家级非物质文化遗产入选数}}{\text{常住人口}} \times 100000000$$

资料来源：《国家级非物质文化遗产代表性项目名录》，中国非物质文化遗产网·中国非物质文化遗产数字博物馆（ihchina.cn）。

**3. 亿人拥有5A级景区数量**

5A 级景区代表世界级精品的旅游风景区，代表着中国旅游景区最高等级。其优于次级景区的本质在于它具有更高的文化性和特色性，特别是"以人为本"的服务宗旨。其中，文化性主要包括对景区整体文化程度的提升，以及对地方特色文化氛围的营造两方面的内容。本报告参考贾品荣和冯婧（2022）的研究，选择亿人拥有 5A 级景区数量作为反映文化资源厚度的代理指标之一。具体计算公式如下：

$$\text{亿人拥有 5A 级景区数量} = \frac{\text{5A 级景区数量}}{\text{常住人口}} \times 100000000$$

资料来源：文化和旅游部网站。

#### 4. 亿人拥有历史文化名镇、名村数量

历史文化名镇、名村是中国文化遗产的重要组成部分和满足社会公众精神文化需求的重要途径，它反映了传统建筑风貌、传统民俗民风、原始空间形态，以及当地历史建筑保护工作成效。本报告参考贾品荣和冯婧（2022）、黄顺春与邓文德（2020）的研究，选择亿人拥有历史文化名镇、名村数量作为反映文化资源厚度的代理指标之一。具体计算公式如下：

$$
\text{亿人拥有历史文化名镇、名村数量} = \frac{\text{历史文化名镇、名村数量}}{\text{常住人口}} \times 100000000
$$

资料来源：住房和城乡建设部网站。

### （二）文化设施

#### 1. 亿人城市图书馆拥有量

作为城市的文化活动和交流中心，城市图书馆是为人民群众提供阅读资源和文化底蕴的载体，也是不断完善公共文化服务设施网络的基础。本报告借鉴侯松（2022）的研究，选择亿人城市图书馆拥有量作为反映文化设施厚度的代理变量。具体计算公式如下：

$$
\text{亿人城市图书馆拥有量} = \frac{\text{城市图书馆拥有量}}{\text{常住人口}} \times 100000000
$$

资料来源：各城市统计年鉴。

#### 2. 亿人拥有城市公园数

城市公园是一种对公众开放的空间，是市民主要的休闲游憩活动场所，便利居民在歌唱、健身、交谊等社会文化开展的过程中传播大众文化，是社会主义精神文明建设中的重要设施。作为活动空间、活动设施，城市公园数体现了城市居民户外活动、文化传播的程度和潜力。具体计算公式如下：

$$
\text{亿人拥有城市公园数} = \frac{\text{城市公园数}}{\text{常住人口}} \times 100000000
$$

资料来源：各城市统计年鉴。

## （三）文化产业

### 1. 年游客接待能力

年游客接待能力反映了旅游者在旅游目的地国家或地区的流量，展示旅游者对其旅游商品的需求规模及水平。为使得城市间具有可比性，将年游客接待人次除以城市常住人口以对比分析城市年游客接待能力。具体计算公式如下：

$$年游客接待能力 = \frac{年游客接待人次}{常住人口}$$

资料来源：各城市统计年鉴。

### 2. 旅游收入占 GDP 比重

旅游收入占 GDP 比重是一个旅游业发展水平的重要指标，反映了旅游业对经济增长的贡献。旅游具有较强的文化属性：旅游主要表现为旅游者对自然和人文资源的审美行为，是旅游主体和客体之间的文化交流。基于此，本报告参考贾品荣和冯婧（2022）的研究，选择旅游收入占 GDP 比重作为衡量文化产业的代理变量之一。具体计算公式如下：

$$旅游收入占 GDP\ 比重 = \frac{旅游收入}{GDP} \times 100\%$$

资料来源：各城市统计年鉴。

### 3. 文化从业人员占第三产业比重

文化从业人员占第三产业比重反映了文化产业对第三产业的就业贡献度，本报告从劳动力、人力资本一侧反映文化产业的发育程度和发展水平。具体计算公式如下：

$$文化从业人员占第三产业比重 = \frac{文化、体育和娱乐业从业人员}{第三产业从业人员} \times 100\%$$

资料来源：各城市统计年鉴。

### 4. 文化产业经济规模占比

文化产业是为社会公众提供文化、娱乐产品和服务的活动以及与这些活

动有关联的活动的集合，是第三产业的重要组成部分。本报告选择文化、体育和娱乐业增加值与服务业增加值的比重作为文化产业经济规模占比的代理变量。具体计算公式如下：

$$文化产业经济规模占比 = \frac{文化、体育和娱乐业增加值}{服务业增加值} \times 100\%$$

资料来源：各城市统计年鉴。

### （四）文明程度：获得全国五一劳动奖人数占比

全国五一劳动奖章和全国五一劳动奖状是中华全国总工会为奖励在社会主义各项建设事业中做出突出贡献的职工和集体而颁发的荣誉奖章和荣誉奖状。除了工作业绩外，全国五一劳动奖评选对政治思想、道德作风，以及对社会主义经济建设、政治建设、文化建设和社会建设的贡献程度均有要求。在一定程度上反映了地区的文明程度。具体计算公式如下：

$$获得全国五一劳动奖人数占比 = \frac{获得全国五一劳动奖人数}{常住人口} \times 100\%$$

资料来源：中华全国总工会。

## 六　北京治理高质量发展指数指标解释

### （一）基础设施

#### 1.互联网宽带普及率

互联网宽带是"第四次工业革命"背景下城市发展、治理的重要基础设施。互联网宽带普及率反映了一个国家和地区使用互联网宽带的人口数量比例，是体现信息化能力和水平的重要指标。具体计算公式如下：

$$互联网宽带普及率 = \frac{互联网宽带用户数量}{总户数} \times 100\%$$

资料来源：各城市统计年鉴。

## 2. 境内公路密度

公路密度指每百平方公里或每万人公路总里程数，是区域公路发展水平的重要标志，也是衡量公路作为社会经济发展中重要基础设施而满足交通需求的直观指标。该指标一般而言有两种计算方法：每百平方公里的公路总里程数（常用单位为公里/100 公里$^2$）或每万人公路总里程数（常用单位为公里/万人）。具体计算公式如下：

$$境内公路密度 = \frac{境内公路总里程数}{土地面积}$$

资料来源：各城市统计年鉴。

## 3. 高速公路里程占比

根据交通部《公路工程技术标准》规定，高速公路指能够适应年平均日载客汽车交通量 25000 辆以上，专用于高速行驶的单独车道，所有出入口受控的高速公路。高速公路里程占比是反映公路建设发展规模的重要指标，也是计算运输网密度等指标的基础资料。具体计算公式如下：

$$高速公路里程占比 = \frac{高速公路里程}{境内公路总里程} \times 100\%$$

资料来源：各城市统计年鉴。

## 4. 城市轨道交通密度

作为支撑、承载区域经济和城市群发展的重要基础设施，轨道交通是城市公共交通系统的重要组成部分。其密度影响城市道路网合理密度的设置和公共交通服务的供给，进而影响城市治理水平。具体计算公式如下：

$$城市轨道交通密度 = \frac{轨道交通营运线路长度}{土地面积}$$

资料来源：《中国城市建设统计年鉴》。

## 5. 建成区供水管道密度

建成区供水管道密度指报告期末建成区内供水管道分布的疏密程度，密

度越大则供水保障率越高。本报告参考周国富和李贺（2022）的研究，选择建成区供水管道密度作为反映基础设施的代理变量。

资料来源：《中国城市建设统计年鉴》。

### 6. 建成区排水管道密度

建成区排水管道密度指报告期末建成区内排水管道分布的疏密程度，密度越大则排水保障率越高。本报告参考周国富和李贺（2022）的研究，选择建成区排水管道密度作为反映基础设施的代理变量。

资料来源：《中国城市建设统计年鉴》。

### 7. 高铁线路条数

高铁一般指高速铁路，指设计标准等级高、可供列车安全高速行驶的铁路系统。高铁线路条数从铁路交通方面反映了城市治理完整的系统集成能力和安全高效的建设运营能力。本报告参考张震和刘雪梦（2019）的研究，选择该指标作为反映基础设施的代理变量。

资料来源：高铁网。

### 8. 民用航空客运量占比

民用航空客运量指公共航空运输飞行所载运的旅客人数。采用民用航空客运量占总客运量比重以反映城市远距离对外交通的程度和能力。具体计算公式如下：

$$民用航空客运量占比 = \frac{民用航空客运量}{总客运量} \times 100\%$$

资料来源：各城市统计年鉴。

### （二）行政调控

#### 1. 人均地方财政预算内收入

地方财政预算内收入指按国家预算收入科目规定，除"预算调拨收入类"以外的收入，属于各地区负责组织征收、筹集的财政资金。人均地方财政预算内收入，则是将地方财政预算内收入除以常住人口数量，以此衡量区域收入能力和水平。具体计算公式如下：

$$人均地方财政预算内收入 = \frac{地方财政预算内收入}{常住人口}$$

资料来源：各城市统计年鉴。

## 2. 人均地方财政预算内支出

根据国家统计局数据，地方财政预算内支出指按照地方政府的责权划分确定的支出，主要包括地方行政管理和各项事业费，地方统筹的基本建设、技术改造支出，支援农村生产支出，城市维护和建设经费、价格补贴支出等。人均地方财政预算内支出，则是将地方财政预算内支出除以常住人口数量，以此衡量区域支出水平。具体计算公式如下：

$$人均地方财政预算内支出 = \frac{地方财政预算内支出}{常住人口}$$

资料来源：各城市统计年鉴。

## （三）行政服务

### 1. 营商环境

营商环境评价的是市场主体在准入、生产经营、退出等过程中的政务环境、市场环境、法治环境、人文环境等有关外部因素和条件的总和。本报告主要考察税收收入占 GDP 比重，以此衡量市场主体在准入、生产经营、退出等过程中的行政服务水平。具体计算公式如下：

$$营商环境 = \frac{税收收入}{GDP} \times 100\%$$

资料来源：各城市统计年鉴。

### 2. 政府信息公开申请数量

政府信息公开申请指公民、法人或者其他组织向行政机关申请公开其在履行行政管理职能过程中制作或者获取的，以一定形式记录、保存的信息。本报告参考贾品荣和冯婧（2022）的研究，选择政府信息公开申请数量作为衡量行政服务的代理变量之一。

资料来源：各城市政府网站。

**3. 政务微博互动力**

政务微博互动力从传播力、服务力、互动力和认同度四个维度评价政务机构的服务水平，即利用新媒体平台，回应公众关切、为民排忧解难办实事的能力。本报告参考贾品荣和冯婧（2022）的研究，选择该指标来反映政务机构切实服务公众、服务社会的能力和水平。

资料来源：人民网舆情数据中心《政务微博影响力报告》。

**4. 政府微博城市竞争力影响力指数**

政府微博是政府机构加强政务新媒体管理，强化政策解读、网络政务信息发布及公开，以及提升与网民交流互动、网络政务服务力的渠道。本报告参考贾品荣和冯婧（2022）的研究，选择该指标来反映政务机构切实服务公众、服务社会的能力和水平。

资料来源：人民网舆情数据中心《政务微博影响力报告》。

**5. 一站式服务**

一站式服务是指政府机构把许多服务项目、流程通过集成的方式整合在一起，减少烦琐的服务过程，以最短的时间提供最优质的服务，使服务过程变得快捷、方便。本报告参考贾品荣和冯婧（2022）的研究，选择该指标作为反映行政服务水平的代理变量。

资料来源：各城市政府网站。

**6. 政府网站留言平均办理时间**

政府网站留言是指公民通过互联网，在政府网站网络留言办理反馈系统中给市政府领导、市政府部门、县区政府等单位的意见建议、投诉求助和咨询网贴等电子信函。一般可分为咨询、求助、建议、投诉、举报、其他等六大类。政府网站留言平均办理时间是体现政府部门办事效率的重要指标。

资料来源：各城市政府网站。

# Abstract

The report to the 20th National Congress of the Communist Party of China pointed out that high-quality development is the primary task of comprehensively building a modern socialist country. High-quality development covers economic growth, social undertakings, ecological security, scientific and technological innovation, regional culture, urban governance and other aspects, which runs through the whole process of social reproduction such as production, circulation, distribution and consumption. It is a complex and systematic project that must be combined with the resource endowment characteristics of the country and the capital, carry out systematic research, and formulate reasonable and feasible development goals and paths. In order to better implement the decision-making and deployment of the Party Central Committee and Beijing Municipality, Beijing Academy of Science and Technology, together with Tsinghua University, Beijing University of Technology, University of International Business and Economics and other universities, has continued to carry out systematic research on "innovation-driven high-quality development of the capital", held seminars on "high-quality development of the capital", and released reports based on Beijing high-quality development index. Based on the new development concept, this report proposes six dimensions and establishes an indicator system to measure regional high-quality development, including high-quality economic development, high-quality social development, high-quality ecological development, high-quality innovation development, high-quality cultural development, and high-quality governance development. This report evaluates and analyzes the high-quality development level and historical trend of Beijing from 2012 to 2021, and compares with other 20 megacities in China.

In recent years, under the background of the interwoven changes and epidemic of the century, and the gradual weakening of external demand, how to improve the level of opening up to the outside world and promote the high-quality development of trade has become an issue of countries and regions, and the trend and necessity of improving the high-quality development of service trade by digital means has become increasingly obvious. The State Council issued policy documents, and Beijing put forward the "five key projects" to promote high-quality development of the regional economy. Digital trade has also become an important point for high-quality economic development of countries around the world. Taking high-quality development of trade as the theme, this report pays particular attention to the high-quality development of digital trade, and proposes an analytical framework, including the definition of concepts, six significant features and five connotations, and builds a five-dimensional high-quality development indicator system of digital trade accordingly. Based on the analysis of the influencing factors and characteristics of the high-quality development of Beijing's digital trade, this paper puts forward suggestions for the high-quality development of Beijing's digital trade.

This book is composed of 10 reports in three parts. General report, topical reports and special reports. The general report sorts out the policy progress, basic achievements and difficulties related to Beijing's high-quality development in 2022, constructs a mathematical model to evaluate the level and historical trend of Beijing's high-quality development on the theoretical basis of the connotation of high-quality development, and develops an analytical framework for the high-quality development of digital trade. On the basis of explaining the connotation of high-quality development in each dimension, the topical reports constructs evaluation index systems of high-quality development in economy, society, ecology, innovation, culture and governance, and measures the level of high-quality development in each dimension in Beijing from 2012 to 2021, comparing and analyzing with megacities that score better in each dimension index. The special reports focuses on the high quality of Beijing's digital trade, constructs the analysis framework of the high-quality development of digital trade for the first time, and constructs the evaluation index systems on the basis of the connotation of the high-quality development of trade, digital trade and service trade respectively, making an in-depth analysis of the development trend of high-quality development of Beijing's trade, digital trade and service trade.

The main achievements of this book are as follows.

1. Six dimensions support high-quality development overall, and 72 evaluation indicators measure Beijing's transformation and development. This report constructs the Beijing high-quality development evaluation index system, composing of 72 evaluation indicators from six dimensions of economy, society, ecology, innovation, culture and governance. According to the authoritative international report, the economic dimension, the social dimension and the ecological dimension are the three pillars of sustainable development. However, the realization of sustainable development not only requires the breakthrough and change of "hard support" such as technological innovation, but also depends on the optimization and improvement of "soft power" such as governance capacity and cultural construction. According to the requirements of the new development concept, compared with high-speed development, high-quality development of economy extends from focusing on a single economic dimension to simultaneously focusing on the economic development pattern, as well as multiple dimensions such as social undertakings, ecological security, scientific and technological innovation, regional culture, and urban governance. From the perspective of the strategic positioning of Beijing, in addition to high-quality economic development, social development and ecological development, high-quality innovation development, high-quality cultural development and high-quality governance development are the due meaning of Beijing's high-quality development as well. As a center of scientific and technological innovation, Beijing has gathered abundant talents and technological resources, and takes innovation as the first engine to drive economic structure optimization, quality and efficiency improvement, and achieve high-quality economic development. As a cultural center, Beijing needs to tap historical, cultural and red cultural resources, transform abundant and high-quality cultural resources into cultural industries, and enhance the driving role of high-quality development of the capital. As the center of international communication center and the first city in China leading substantially reduced development, Beijing needs

to optimize its governance system and capacity through institutional reform to meet the people's ever-growing needs for a better life in accordance with the requirements of the "seven accesses and five characteristics".

2. Beijing's high-quality development ranks in the first echelon, with prominent functions as the main engine of governance and ecology. This report evaluates the level and historical trend of Beijing's high-quality development from 2012 to 2021 from six dimensions of economy, society, ecology, innovation, culture and governance, and focuses on evaluation, analysis and horizontal comparison of Beijing's high-quality development in 2021. From 2012 to 2021, Beijing's high-quality development index showed an overall growth trend, rising from 0. 612 to 0. 960, with an increase rate of 56. 86% and an average annual growth rate of 5. 13%. From 2020 to 2021, Beijing's high-quality development index will increase by 10. 09%. The results are as follows. （1） From 2012 to 2021, Beijing's high-quality development index will accelerate, governance and ecological high-quality development will be the main driving force for Beijing's high-quality development, and the role of cultural high-quality development needs to be improved. （2） Beijing ranks first in China in terms of high-quality development, with obvious advantages in the dimensions of ecology, innovation, culture and governance, while there is still room for development in the economic and social dimensions. This newspaper proposes to seize the opportunity of China （Beijing） Free Trade Zone to enhance the scale of digital trade, improve residents' happiness with social security, in-depth implementation of the "culture +" integrated development strategy, and strengthen the awareness of administrative services, further optimize the business environment and other countermeasures and suggestions.

3. Beijing's high-quality economic development has accelerated, with scale growth and efficiency improvement playing a driving role. This report constructs an evaluation index system of high-quality economic development from four dimensions of scale growth, structure optimization, efficiency improvement and opening-up promotion, and evaluates and analyzes the level of high-quality economic development in Beijing from 2012 to 2021. The results are as follows. （1） From 2012 to 2021, Beijing's high-quality economic development index

shows an overall upward trend, from 0. 593 in 2012 to 0. 828 in 2021, with an increase rate of 39. 63% and an average annual growth rate of 3. 78%. (2) The key to the growth of Beijing's high-quality economic development index is scale growth and efficiency improvement: the contribution of scale growth index to the improvement of high-quality economic development index is 45. 96%, and the contribution rate of efficiency improvement index is slightly lower than scale growth, which is 41. 28%. (3) Compared with other megacities and megacities, Beijing's scale growth index and efficiency improvement index have obvious advantages, the structure optimization index is ahead of other cities, and the opening up and improvement index is still a certain gap compared with the best level in the country. This report puts forward targeted countermeasures and suggestions such as continuing to strengthen the construction of Beijing's international consumption center city, accelerating the development of "high-end and sophisticated" industries, and promoting high-level reform and opening up relying on the construction of "two districts".

4. Beijing's high-quality social development index shows an inverted "V" - shaped growth trend, and the happiness index needs to be strengthened. This report constructs an evaluation index system of high-quality social development from three dimensions of common prosperity, public service and happiness index, and evaluates and analyzes the level of high-quality social development in Beijing from 2012 to 2021. The results are as follows. (1) From 2012 to 2021, Beijing's social quality development index generally presents an inverted "V" -shaped growth trend, from 0. 485 in 2012 to 0. 712 in 2021, with an increase rate of 46. 80% and an average annual growth rate of 4. 36%. (2) The improvement of public service level is the key driving force for Beijing's high-quality social development, with a contribution rate of 68. 28%. The contribution rate of common prosperity index was 22. 03%. The happiness index was the least promoted, contributing only 9. 69%. (3) In terms of horizontal comparison, Beijing's high-quality social development index ranks third, its public service level is ahead of other cities, and its happiness index and public service index rank in the middle and lower reaches of 21 megacities and megacities, with a certain gap compared with the national optimal level. This report puts forward countermeasures

and suggestions for implementing the policy of giving priority to employment, promoting the integrated development of urban and rural areas, and continuously improving the living environment.

5. The level of resource utilization is outstanding, helping Beijing's high-quality ecological development. This report constructs an evaluation index system of high-quality ecological development from three dimensions of environmental quality, resource utilization and pollution reduction, and evaluates and analyzes the level of high-quality ecological development in Beijing from 2012 to 2021. The results are as follows. (1) From 2012 to 2021, the ecological quality development index of Beijing changed from fluctuating decline to accelerating growth, from 0.545 in 2012 to 0.849 in 2021, with an increase rate of 55.78% and an average annual growth rate of 5.05%. (2) The improvement of resource utilization level is the first driving force for Beijing's high-quality ecological development, with a contribution rate of 52.63%. It ranks second among 21 cities, about 1.46 times the city average. (3) The contribution rate of pollution reduction is 25.66%, which is the second driving force for Beijing's high-quality ecological development. The pollution reduction index (0.890) is at the forefront, higher than the urban average (0.834). (4) The environmental quality index is located in the upper and middle reaches, about 1.05 times the urban average level. This report puts forward countermeasures and suggestions such as carbon governance leading the prevention and control of air pollution, coordinated promotion of ecological protection and restoration, and optimization of urban waste disposal modes.

6. Beijing's innovation and high-quality development index showed an accelerated growth trend, and the improvement of innovation output played a main driving role. This report constructs an evaluation index system for innovative high-quality development from two dimensions of innovation input and innovation output, and analyzes and evaluates the level of innovative high-quality development in Beijing from 2012 to 2021. The results are as follows. (1) From 2020 to 2021, the innovation and high-quality development index of Beijing will increase from 0.731 to 1.000, with an increase rate of 36.80% and an average annual growth rate of 3.54%. (2) The improvement of innovation output is the main driving force for Beijing's innovative and high-quality development, with a

contribution rate of 62. 08%. Beijing ranked first in the innovation input index, about 1. 74 times the average of 21 cities. (3) The contribution rate of innovation input is 37. 92%, which is about half of the contribution rate of innovation output. The innovation output index is also ahead of other cities, at about 1. 66 times the city average. This report puts forward specific countermeasures and suggestions to promote high-quality development of basic research, strengthen the construction of scientific research personnel, and accelerate the transformation of innovation results into productive forces.

7. The degree of cultural resources and civilization led the fluctuation decline of Beijing's high-quality cultural development index in the early period and strong growth in the later period. This report constructs an evaluation index system of high-quality cultural development from four dimensions: cultural resources, cultural facilities, cultural industry and degree of civilization, and analyzes and evaluates the level of high-quality cultural development in Beijing from 2012 to 2021. The results are as follows. (1) From 2012 to 2021, Beijing's high-quality cultural development index shows an overall upward trend, from 0. 556 in 2012 to 0. 628 in 2021, with an increase rate of 12. 95% and an average annual growth rate of 1. 36%. (2) Cultural resources, civilization level and cultural facilities play a positive role in promoting the high-quality cultural development of Beijing, and their contribution rates decrease successively, being 66. 67%, 59. 72% and 18. 06%, respectively. The cultural industry has a negative inhibitory effect, and the contribution rate is -44. 44%. (3) Compared with megacities and megacities, it is found that in 2021, Beijing's high-quality cultural development index ranks first. The index values of cultural resources (0. 755), cultural facilities (0. 094), cultural industry (0. 345) and civilization degree (0. 909) were about 2. 22, 0. 62, 1. 37 and 1. 87 times of the average level, respectively. This report puts forward countermeasures and suggestions on building a public cultural infrastructure network, innovating the supply model of cultural products and services, and promoting the protection and rational development of cultural resources.

8. The high-quality development index of Beijing governance shows an "N" type growth trend, and attention should be paid to the improvement of infrastructure and optimization of layout. This report constructs an evaluation index

system of high-quality governance development from three dimensions: infrastructure, administrative regulation and administrative services, and analyzes and evaluates the level of high-quality governance development in Beijing from 2012 to 2021. The results are as follows. (1) From 2012 to 2021, the quality development index of Beijing governance presents an N-shaped growth trend, increasing from 0.431 in 2012 to 0.784 in 2021, with an increase rate of 81.90% and an average annual growth rate of 6.87%. (2) The contribution rates of administrative services and administrative regulation are 51.84% and 43.63% respectively, which are the core driving forces for the high-quality development of Beijing's governance. The contribution rate of infrastructure to the high-quality development of Beijing's governance (4.53%) is significantly lower. (3) Compared with megacities and megacities, it is found that Beijing's high-quality governance development level is superior to other cities. The level of administrative regulation and administrative services is better than that of most cities, and the infrastructure index is slightly higher than the average level of cities. This report puts forward countermeasures and suggestions on improving the level of administrative services, improving the construction and layout of infrastructure, and improving the construction and layout of infrastructure.

9. Trade has become an important starting point for the high-quality development of the capital, which needs to be transformed from "quantity" to "quality". This report reviews the status quo of Beijing's trade development, and on the basis of explaining the connotation of high-quality trade development, fully considers China's trade development stage and Beijing's trade development situation, and constructs an evaluation index system of Beijing's trade high-quality development, including 16 secondary indexes, from five dimensions of innovation trade, coordinated trade, open trade, shared trade and trade competitiveness. Based on the detailed analysis of the development of Beijing's trade value chain and high-quality exports, the paper puts forward the path selection of Beijing's trade high-quality development. The results are as follows. (1) The high-quality development index of Beijing trade shows an upward trend on the whole, the export trade value of mechanical and electrical products and high-tech products ranks high, and the export technology complexity is basically the same as that of Shanghai over the

years, higher than that of Tianjin and Chongqing. (2) The import and export of goods trade in Beijing shows a growing trend. The countries with close trade with Beijing are countries with high-tech products and monopoly products, as well as countries rich in local resources. Among them, the largest import and export trade of the country is the United States. (3) Beijing trade presents a trend of mutual cooperation and common development of overseas economy, private economy and foreign-funded enterprises. Trade mode 1 general trade, bonded logistics has also played an important role. (4) The quality of trade development in Beijing is mainly reflected in the high-tech industry, and the import and export trade volume of high-tech products such as life technology, life science and technology, computer and communication technology and electronic technology is relatively high. (5) Domestic trade in Beijing is active, and the manufacturing industry and Tianjin and Hebei develop together. This report proposes to foster trade innovation, enhance the comprehensive competitiveness of foreign trade, traditional industries, emerging industries, continuously optimize the trade structure, reform and open drive, create international first-class business environment, deepen bilateral and multilateral trade relations, expand the space of foreign trade development, vigorously develop green trade, promote sustainable trade development.

10. The high-quality development of Beijing's digital trade plays a leading role in the country, showing six characteristics. This report constructs an analytical framework for the high-quality development of digital trade, proposes the definition and connotation of the high-quality development of digital trade, constructs an index system for the high-quality development of digital trade from five dimensions, analyzes the influencing factors of the high-quality development of digital trade, and puts forward countermeasures and suggestions for the high-quality development of digital trade. The results are as follows. (1) Digital trade has six characteristics: data becomes a new production factor, trade operation is virtualized, digital platform is an important carrier of trade activities, trade production is intensive management, trade entities are more diversified, and trade supervision is more complex. (2) The high-quality development of digital trade is aimed at building a trade power and achieving a more efficient, balanced and

sustainable development of digital trade. It reflects the construction level of digital network infrastructure, the construction of logistics environment, the development of digital technology, the integration of digital and industry, and the trade potential. (3) From 2013 to 2020, the high-quality development index of Beijing digital trade shows a constant upward trend. The country's concentration of innovation factors, strong information infrastructure construction, rapid development of the tertiary industry such as financial technology and strong policy support, digital ecology in the forefront of the country and other factors jointly drive the high-quality development of Beijing's digital trade. The report puts forward the following countermeasures and suggestions: first, strengthen the top-level design and consolidate the digital infrastructure; second, improve the level of digital technology, improve the digital talent training system; third, make every effort to build a digital trade demonstration zone and promote the development of digital industrialization and industrial digitalization; fourth, we should play a leading role in tapping the development potential of the region; fifth, we need to strengthen the function of an international exchange center and build a world-class business environment.

11. The overall trend of high-quality development of Beijing's service trade is improving, which is an important starting point for building an international exchange center. From the five dimensions of trade structure, competitiveness, openness, sustainability and innovation, this report selects 18 indicators to construct the high-quality development evaluation index system of Beijing's service trade, analyzes and evaluates the high-quality development status of Beijing's service trade, analyzes the driving role of service trade on Beijing's macro economy, and makes a comparative analysis with other free trade zones. The results are as follows. (1) the overall development trend of Beijing's service trade is good, its sustainable ability is strong and it has a very competitive advantage, but the export trade needs to be strengthened, the innovation level and balance still need to be improved, and the life service trade should be paid more attention. (2) The driving effect of Beijing's service trade on Beijing's macro-economy is mainly reflected in the following aspects: first, optimize the structure of human resources and promote industrial transformation and upgrading; second, ease the contradiction of

unemployment and maintain social harmony and stability; third, improve the economic structure and promote sustained economic growth; fourth, attract foreign investment and stimulate economic vitality. Based on this, this report puts forward policy measures such as continuously promoting service trade exports, focusing on promoting emerging service trade, further expanding opening-up, improving market access and exit systems, giving full play to the positive role of exchange and cooperation platforms, stimulating the potential of life service trade, and improving the integration degree of service trade and goods trade.

**Keywords**: High-quality; Digital Trade; Service Trade; Beijing

# Contents

## I  General Report

**Abstract**: High-quality development is the primary task of comprehensively building Chinese path to modernization. Beijing high-quality development has also attracted wide attention. This report reviews the policy effectiveness and challenges of high-quality development in Beijing, constructs an evaluation index system on the basis of conceptual connotations, measures and analyzes the status, and puts forward suggestions. The main conclusions are as follows. (1) From 2012 to 2021, the growth of Beijing's high-quality development index speeds up, and governance and ecological high-quality development plays a vital role. (2) Beijing ranks first among the 21 cities in terms of high-quality development, with obvious advantages in ecology, innovation, culture and governance. (3) The growth of Beijing's economical high-quality development index has accelerated, with scale growth and efficiency improvement as key driving forces. In the same time, Beijing has significant advantages in structural optimization, while it's urgent need to strengthen the level of opening-up. (4) Beijing's social high-quality development index showed an inverted "V" shaped trend. The improvement of public service is in a leading position among 21 cities, and is the main driving force of Beijing's social high-quality development. However, the common prosperity index is below average. (5) The ecological high-quality development index of Beijing shows a growing trend on the whole. Resource utilization is the main driving force, ranking the top three among 21 cities, in the meanwhile, pollution reduction and environmental quality in Beijing are better than the average. (6) The growth of Beijing's innovative high-quality development index has accelerated, with the promotion of innovation output as a key driving force. Innovation input and output in Beijing are better than other megalopolis. (7) Beijing's cultural high-quality development index grew strongly in the later period, with cultural resources and civilization as the core driving force. However, there still be potential for the cultural facilities to be improved. (8) The high-quality development index of Beijing governance showed an N-shaped growth. Administrative services and administrative regulation are the main driving force and both are upstream, and infrastructure is slightly better than the average of 21 megalopolis.

**Keywords**: Economical High-quality Development; Social High-quality Development; Ecological High-quality Development; Innovation High-quality Development; Cultural High-quality Development; Governance High-quality Development; Beijing

# II  Topical Reports

**Abstract**: High-quality economic development is one of the important dimensions of high-quality development. This report constructed an evaluation index system of high-quality economic development from four dimensions: scale growth, structure optimization, efficiency improvement and opening-up. Firstly, this paper quantitatively measured the level of high-quality development of Beijing's economy from 2012 to 2021, and analyzed the key driving forces of high-quality development of Beijing's economy from four dimensions. Secondly, comparative analysis was made between Beijing and megacities with better scores in each dimension to identify the weak variables in each dimension of Beijing's high-quality economic development. Finally, based on the shortcomings of Beijing's high-quality economic development, the paper put forward targeted policy suggestions. It was found that the key to the accelerated growth of Beijing's high-quality development index from 2012 to 2021 was the scale growth and the efficiency improvement, while the growth of opening-up index was slow and the contribution rate was relatively low. The scale growth index and efficiency improvement index had obvious advantages, the structure optimization index was ahead of other cities, and the opening-up index was still a certain gap compared with the best level in the country. In order to stabilize economic growth and promote quality and efficiency, this report put forward targeted countermeasures and suggestions such as continuing to make efforts to build Beijing as an international consumption center city, accelerating the development of "high-end and sophisticated" industries, and promoting high-level reform and opening up relying on the construction of "two districts".

**Keywords:** Economical High-quality Development; Structural Optimization; Efficiency Improvement; Opening-up; Beijing

## B.3 Beijing Social High-quality Development Report (2023)

/ 049

**Abstract:** High-quality social development is one of the important dimensions of high-quality development. This report constructs an evaluation index system of high-quality social development from three dimensions: common prosperity, public service and happiness index. Firstly, the paper quantitatively measured the level of high-quality social development in Beijing from 2012 to 2021, and evaluated and analyzed the promotion of common prosperity, public service and happiness index to the high-quality social development in Beijing. Secondly, comparative analysis was made between Beijing and megacities with better scores in each dimension to identify the weak variables in each dimension of Beijing's high-quality social development. Finally, the paper put forward targeted policy suggestions based on the shortcomings of Beijing's high-quality social development. The results show that from 2012 to 2021, Beijing's social quality development index increased first and then declined, and the improvement of public service level played a key driving role. Beijing's high-quality social development index ranked third among megacities. In terms of specific indicators, the level of public services was ahead of other cities, but there were still room for improvement in the ratios of income and consumption urban and rural, life expectancy, and per capita disposable income. Therefore, the report put forward countermeasures and suggestions such as implementing the policy of giving priority to employment, promoting the integrated development of urban and rural areas, and continuously improving the living environment, so as to comprehensively promote the high-quality development of Beijing society.

**Keywords:** Social High-quality Development; Common Prosperity; Public Service; Happiness Index; Beijing

## B.4 Beijing Ecological High-quality Development Report (2023) / 063

**Abstract:** As an important part of high-quality development, ecological high-quality development is of great significance for promoting high-quality development. This report constructed an evaluation index system of high-quality ecological development from three dimensions: environmental quality, resource utilization and pollution reduction. Firstly, the paper quantitatively measured the level of Beijing's high-quality ecological development from 2012 to 2021, and analyzed the key driving forces of Beijing's high-quality ecological development from three dimensions. Secondly, comparative analysis was made between Beijing and megacities with better scores in each dimension to identify the weak variables in each dimension of Beijing's high-quality ecological development. Finally, based

on the shortcomings of Beijing's high-quality ecological development, the paper put forward targeted policy suggestions. The results show that from 2012 to 2021, Beijing's ecological quality development index increased rapidly, and the improvement of resource utilization level played a main driving role. Beijing's ecological high-quality development index ranked second among megacities. From the specific indicators, Beijing's resource utilization level was in the first echelon, and there were still room for improvement in environmental quality and pollution reduction. In view of the shortcomings of Beijing's high-quality ecological development, this report put forward countermeasures and suggestions such as leading the prevention and control of air pollution by carbon governance, coordinating the promotion of ecological protection and restoration, and optimizing the mode of urban waste treatment.

**Keywords**：Ecological High-quality Development；Environmental Quality；Resource Utilization；Pollution Reduction；Beijing

**B**.5　Beijing Innovation High-quality Development Report
　　（2023）　　　　　　　　　　　　　　　　　／ 076

**Abstract**：As an important part of high-quality development, innovation development plays an important role in driving high-quality development. This report constructed an innovation high-quality development evaluation index system from two dimensions of innovation input and innovation output. Firstly, the paper quantitatively measured the level of innovative high-quality development of Beijing from 2012 to 2021, and analyzed the key driving forces of innovative high-quality development from two dimensions. Secondly, a comparative analysis was made between Beijing and megacities with better scores in each dimension to identify the weak variables in each dimension of Beijing's innovative high − quality development. Finally, targeted policy suggestions based on the shortcomings of Beijing's innovative high-quality development were put forward. It is found that from 2012 to 2021, Beijing's innovation high-quality development speed was steadily increasing, and the improvement of innovation output played a main driving role. Beijing's innovation high-quality development index, innovation input index and innovation output index all ranked first, ahead of other cities. In order to continuously promote the high-quality development of innovation in Beijing, this report put forward specific countermeasures and suggestions including promoting the high-quality development of basic research, strengthening the construction of scientific research personnel, and accelerating the transformation of innovation results into productive forces.

**Keywords:** Innovation High-quality Development; Innovation Input; Innovation Output; Beijing

## B.6 Beijing Cultural High-quality Development Report (2023) / 088

**Abstract:** Cultural high-quality development is one of the important dimensions of high-quality development. This report constructed an evaluation index system of cultural high-quality development from four dimensions: cultural resources, cultural facilities, cultural industry and civilization degree. Firstly, this paper quantitatively measured the level of cultural high-quality development of Beijing from 2012 to 2021, and evaluated and analyzed the efforts of cultural resources, cultural facilities, cultural industries and civilization degree to promote the cultural high-quality development in Beijing. Secondly, comparative analysis was made between Beijing and megacities with better scores in each dimension to identify the weak variables in each dimension of Beijing's cultural high-quality development. Finally, based on the shortcomings of Beijing's cultural high-quality development, the paper put forward targeted policy suggestions. It is found that from 2012 to 2021, Beijing's cultural high-quality development index showed a trend of fluctuation decline in the early period and strong growth in the later period. Cultural resources and civilization level were the key driving factors. Beijing's cultural high-quality development index ranked first among

275

megacities. And cultural resource index was ahead of other cities. From the specific indicators, the number of historical and cultural towns and villages and their growth, the number of urban libraries, the number of urban parks, the level and speed of tourism development, as well as the number of national labor awards and their growth still had room for optimization. Therefore, the report put forward countermeasures and suggestions such as building a public cultural infrastructure network, innovating the supply mode of cultural products and services, and promoting the protection of cultural resources and rational development, so as to comprehensively promote the high-quality development of Beijing's culture.

**Keywords**: Cultural High-quality Development; Cultural Resources; Cultural Racilities; Cultural Industry; Civilization Degree; Beijing

## B.7 Beijing Governance High-quality Development Report (2023)                                                    / 103

**Abstract**: Governance high-quality development is one of the important dimensions of high-quality development. This report constructed an evaluation index system of governance high-quality development from three dimensions: infrastructure, administrative regulation and administrative services. Firstly, the paper quantitatively measured the high-quality development level of Beijing governance from 2012 to 2021, and evaluated and analyzed the efforts of infrastructure, administrative regulation and administrative services to promote the high-quality development of Beijing governance. Secondly, a comparative analysis was made between Beijing and megacities with better scores in each dimension to identify the weak variables in each dimension of Beijing's governance high-quality development. Finally, it put forward targeted policy suggestions based on Beijing's shortcomings in governance high-quality development. It is found that from 2012 to 2021, Beijing's governance high-quality development index showed an N-shaped growth trend, and administrative regulation and administrative services played a key driving role. Beijing's governance high-quality development index ranked first among megacities. From the specific indicators, there were still room for optimization of the construction level of urban transportation and water supply and drainage, the income and expenditure level of the per capita local financial budget and their growth rates, the business environment, and the mutual power of government affairs. Therefore, the report put forward countermeasures and suggestions of improving the level of administrative services, enhancing the construction and layout of infrastructure, so as to comprehensively promote the high-quality development of Beijing's governance.

**Keywords:** Governance High-quality Development; Infrastructure; Administrative Regulation; Administrative Services; Beijing

# Ⅲ　Special Reports

**Abstract:** Promoting trade high-quality development is an important part of implementing the new development concept and building a "dual circulation" development pattern. As the international communication center, the exploration of Beijing's tradehigh-quality development play a leading role in raising China's position in the international industrial chain, value chain and innovation chain. The improvement of the quality of Beijing's trade also helps to clarify the division of domestic trade. Firstly, this report first analyzes the status quo and trend of Beijing's trade through various trade data, and identifies the advantages and disadvantages of current trade development. Secondly, an index system is constructed to measure and evaluate the quality of trade development in Beijing. At the same time, the development status and trend of Beijing's value chain and the quality of export are analyzed. Finally, based on the data analysis and index measurement, we put forward policy suggestions for the shortcomings of quality of the trade development in Beijing. The research shows that Beijing's trade quality has been increasing year

by year, the international competitiveness of high-tech industries has been enhanced, and the main exporting countries are mainly developing countries. This report puts forward policy recommendations such as building a first-class business environment, expanding the space for foreign trade development, and strengthening both foreign trade and domestic trade.

**Keywords:** Trade High-quality Development; Value Chain; High-quality Export; Beijing

## B.9 Beijing Digital Trade High-quality Development Report (2023)

**Abstract:** Digital trade is becoming a new engine and trend for economic development, making important contributions to driving economic recovery after the pandemic. The development of digital trade in Beijing plays a leading role nationwide. This report constructs an analytical framework for the high-quality development of digital trade—proposing the definition and connotation of high-quality development of digital trade, constructing an indicator system for high-quality development of digital trade from five dimensions, analyzing the influencing factors of high-quality development of digital trade, and proposing countermeasures and suggestions for high-quality development of digital trade. The research results show that the quality of digital trade development in Beijing continues to rise, and the per capita GDP is most closely related to it. To promote the development of digital trade in Beijing, it should consolidate the digital infrastructure, improve the digital talent training system, promote the development of digital industrialization and industrial digitalization, strive to tap the regional development potential, and build a world-class business environment.

**Keywords:** Digital Trade High-quality Development; Economic Structure; Beijing

**B**.10 Beijing Service Trade High-quality Development

Report（2023）

**Abstract:** In the context of weak trade in goods, the high-quality development of trade in services is an inevitable requirement to maintain the impetus of trade growth and promote China's volume and quality in trade. As the international communication center, Beijing is an important platform for service trade, and the high-quality development of Beijing's service trade plays an important demonstration role for other cities in China. From the five dimensions of trade structure, competitiveness, openness, sustainability and innovation, this report selects 18 indicators to build an index system, and to evaluate the quality of Beijing's service trade by entropy method. This report analyzes the situation of Beijing's service trade in five aspects, and extract the advantages and disadvantages of Beijing's service trade development. In addition to that, this report analyzes the driving effect of service trade on Beijing's macro-economy and compares it with other free trade zones. The research shows that the overall development trend of Beijing's service trade is good. It has a strong sustainable ability and a very competitive advantage. However, it also shows that the export trade, innovation level, balance degree, and life service trade are all still need to be improved. Based on this, this paper puts forward policies and measures such as continuously promoting the export of service trade, focusing on promoting the emerging service trade, further expanding the opening up, improving the market access and exit system, giving full play to the positive role of exchange and cooperation platforms, stimulating the potential of life service trade, and improving the integration degree of service trade and goods trade.

**Keywords:** Services Trade High-quality Development; Trade Structure; Beijing

北京高质量发展蓝皮书

# 权威报告·连续出版·独家资源

# 皮书数据库
## ANNUAL REPORT(YEARBOOK)
## DATABASE

## 分析解读当下中国发展变迁的高端智库平台

### 所获荣誉

- 2020年，入选全国新闻出版深度融合发展创新案例
- 2019年，入选国家新闻出版署数字出版精品遴选推荐计划
- 2016年，入选"十三五"国家重点电子出版物出版规划骨干工程
- 2013年，荣获"中国出版政府奖·网络出版物奖"提名奖
- 连续多年荣获中国数字出版博览会"数字出版·优秀品牌"奖

皮书数据库

"社科数托邦"
微信公众号

### 成为用户

登录网址www.pishu.com.cn访问皮书数据库网站或下载皮书数据库APP，通过手机号码验证或邮箱验证即可成为皮书数据库用户。

### 用户福利

- 已注册用户购书后可免费获赠100元皮书数据库充值卡。刮开充值卡涂层获取充值密码，登录并进入"会员中心"—"在线充值"—"充值卡充值"，充值成功即可购买和查看数据库内容。
- 用户福利最终解释权归社会科学文献出版社所有。

数据库服务热线：400-008-6695
数据库服务QQ：2475522410
数据库服务邮箱：database@ssap.cn
图书销售热线：010-59367070/7028
图书服务QQ：1265056568
图书服务邮箱：duzhe@ssap.cn

社会科学文献出版社 皮书系列
SOCIAL SCIENCES ACADEMIC PRESS (CHINA)

卡号：373284348545
密码：

# S 基本子库
## UB DATABASE

### 中国社会发展数据库（下设 12 个专题子库）

紧扣人口、政治、外交、法律、教育、医疗卫生、资源环境等 12 个社会发展领域的前沿和热点，全面整合专业著作、智库报告、学术资讯、调研数据等类型资源，帮助用户追踪中国社会发展动态、研究社会发展战略与政策、了解社会热点问题、分析社会发展趋势。

### 中国经济发展数据库（下设 12 专题子库）

内容涵盖宏观经济、产业经济、工业经济、农业经济、财政金融、房地产经济、城市经济、商业贸易等 12 个重点经济领域，为把握经济运行态势、洞察经济发展规律、研判经济发展趋势、进行经济调控决策提供参考和依据。

### 中国行业发展数据库（下设 17 个专题子库）

以中国国民经济行业分类为依据，覆盖金融业、旅游业、交通运输业、能源矿产业、制造业等 100 多个行业，跟踪分析国民经济相关行业市场运行状况和政策导向，汇集行业发展前沿资讯，为投资、从业及各种经济决策提供理论支撑和实践指导。

### 中国区域发展数据库（下设 4 个专题子库）

对中国特定区域内的经济、社会、文化等领域现状与发展情况进行深度分析和预测，涉及省级行政区、城市群、城市、农村等不同维度，研究层级至县及县以下行政区，为学者研究地方经济社会宏观态势、经验模式、发展案例提供支撑，为地方政府决策提供参考。

### 中国文化传媒数据库（下设 18 个专题子库）

内容覆盖文化产业、新闻传播、电影娱乐、文学艺术、群众文化、图书情报等 18 个重点研究领域，聚焦文化传媒领域发展前沿、热点话题、行业实践，服务用户的教学科研、文化投资、企业规划等需要。

### 世界经济与国际关系数据库（下设 6 个专题子库）

整合世界经济、国际政治、世界文化与科技、全球性问题、国际组织与国际法、区域研究 6 大领域研究成果，对世界经济形势、国际形势进行连续性深度分析，对年度热点问题进行专题解读，为研判全球发展趋势提供事实和数据支持。

# 法律声明